上海调查年鉴 2020

SHANGHAI SURVEY YEARBOOK

国家统计局上海调查总队
SURVEY OFFICE OF THE NATIONAL BUREAU OF STATISTICS IN SHANGHAI

上海市统计局
SHANGHAI MUNICIPAL STATISTICS BUREAU

中国统计出版社
China Statistics Press

上海市生产总值
Gross Domestic Product

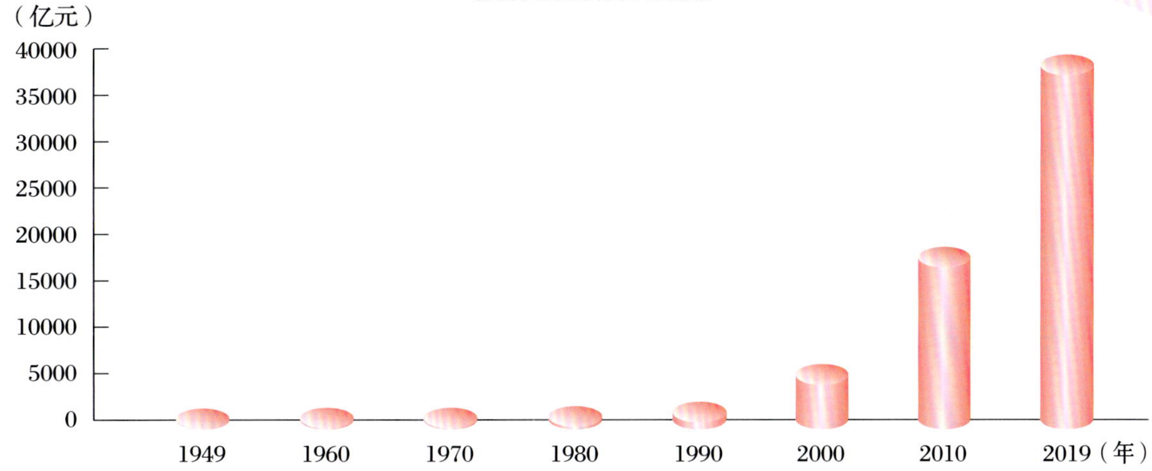

上海市人均生产总值
Per Capita Gross Domestic Product

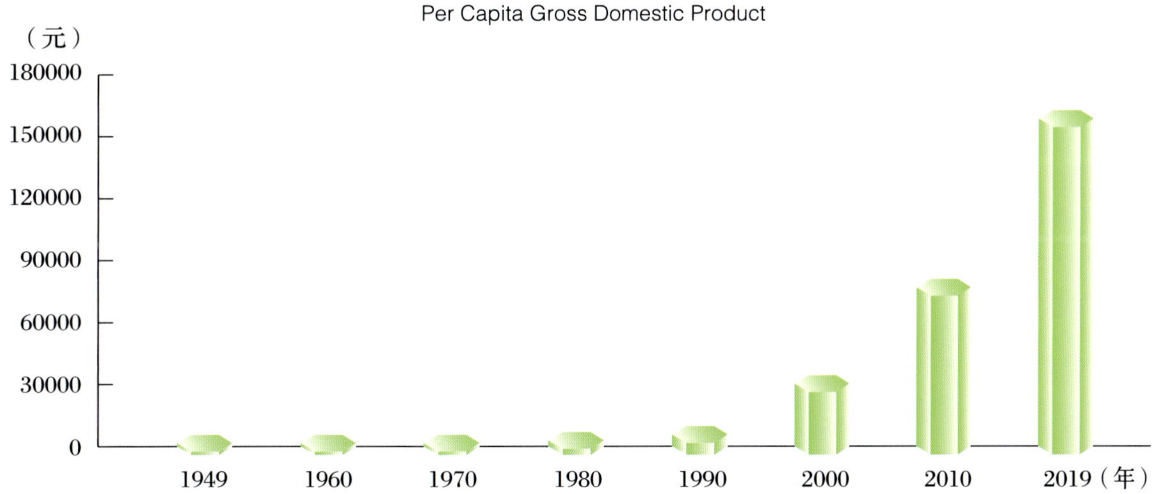

上海市生产总值结构
Composition of Gross Domestic Product

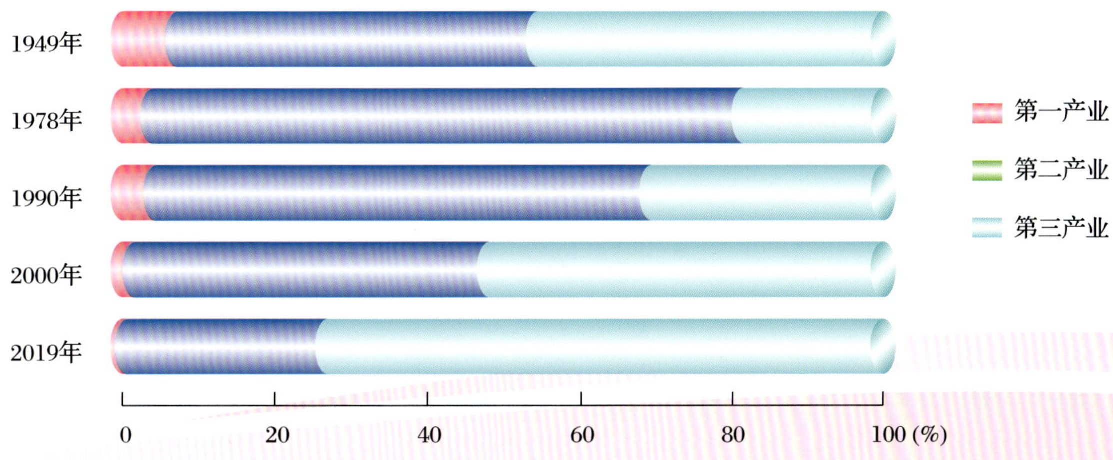

总体经济 Overall Economy

上海市地方一般公共预算收入
General Budgetary Revenue of The Local Governmentt

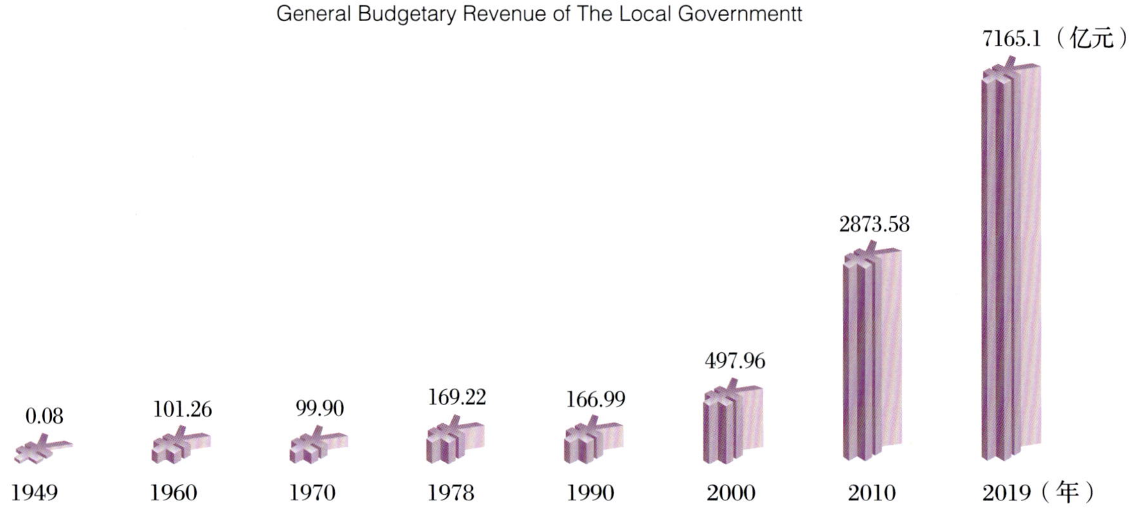

上海市税收收入
Tax Revenue

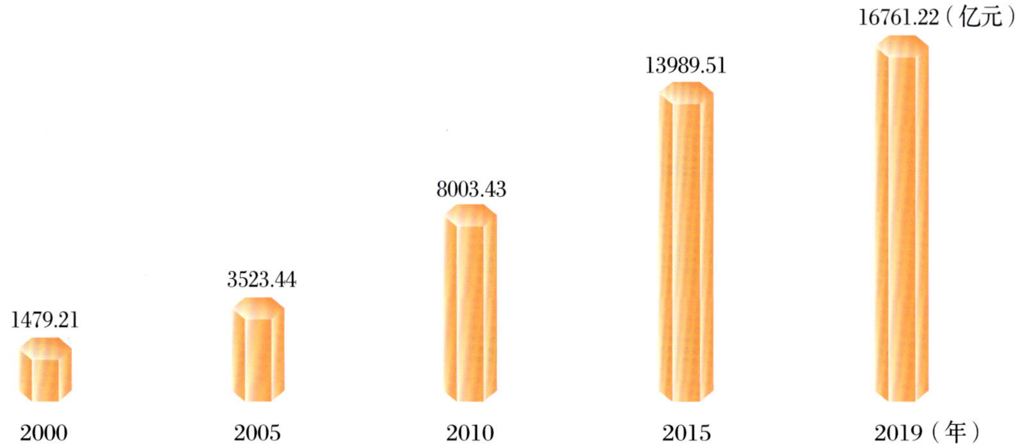

上海市金融市场成交总额
Turnover of Fanancial Market

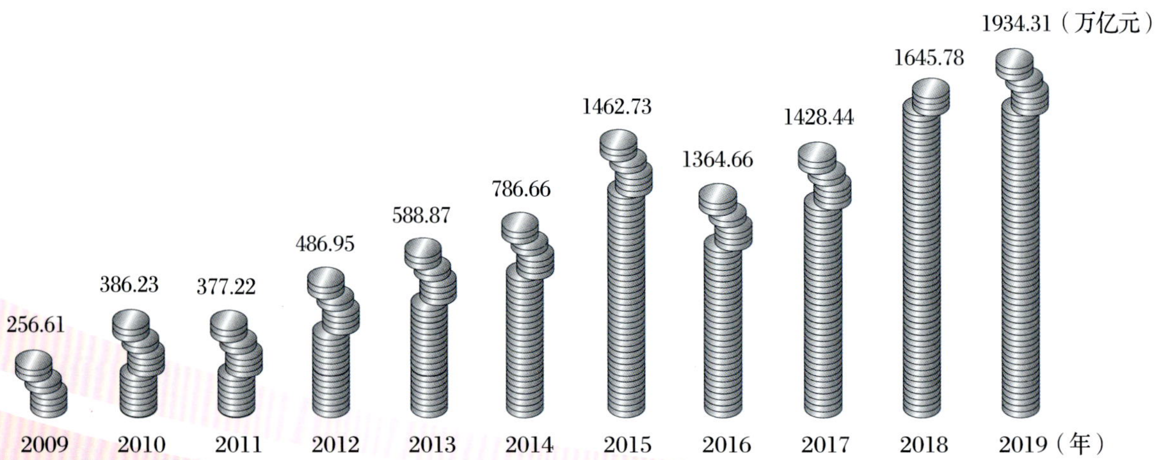

上海市常住人口

Resident Population at Year-end

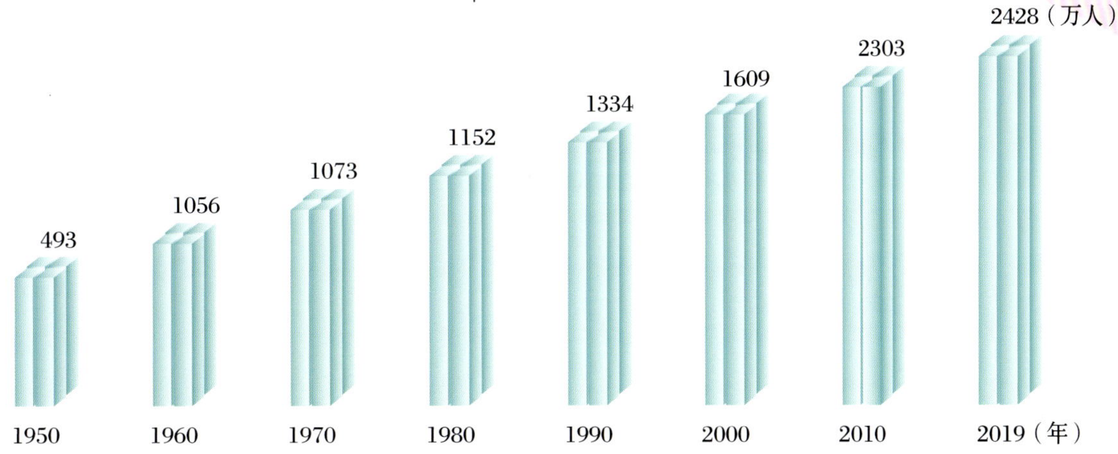

2019年上海市各区年末常住人口

Year-end Resident Population in Districts

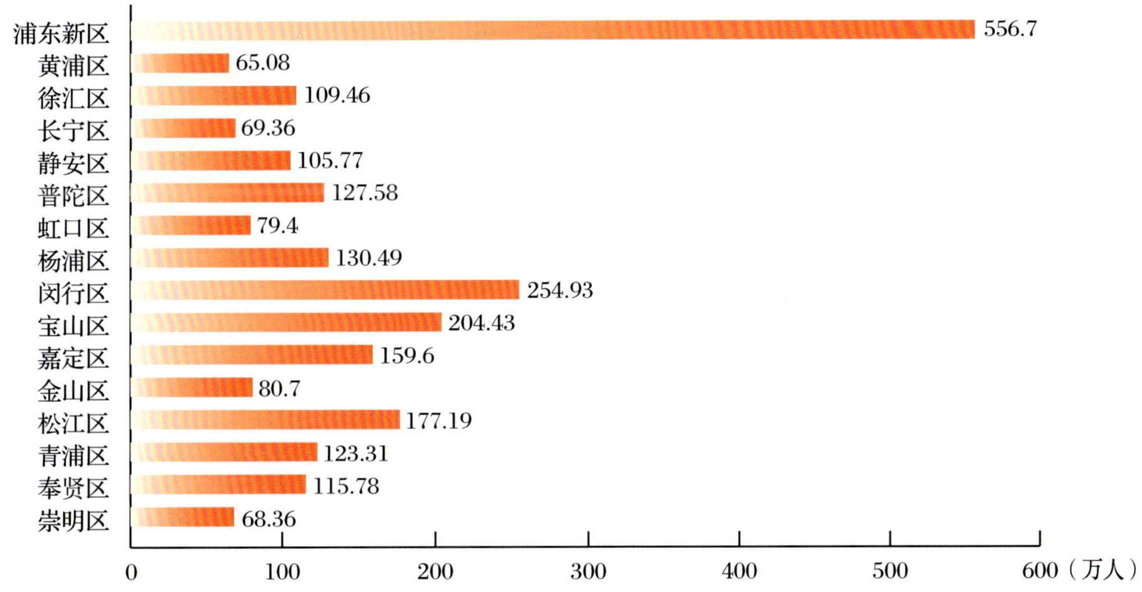

上海市平均期望寿命

Life Expectancy

就业和社会保障 Employment and Social Security

上海市从业人员数
Number of Employed Persons

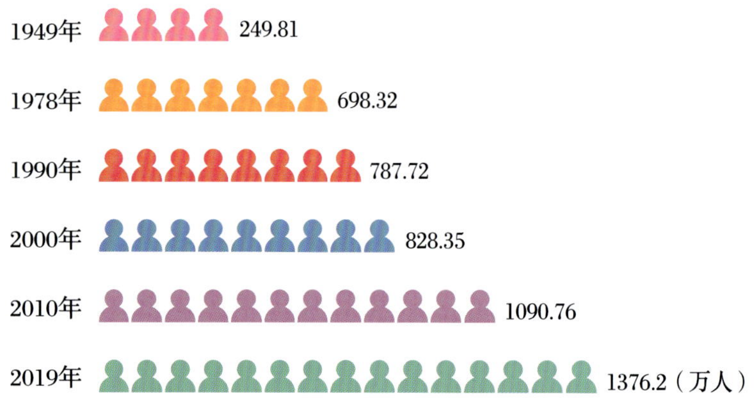

上海市三大从业人员构成
Composition in Percentage of Employed Persons

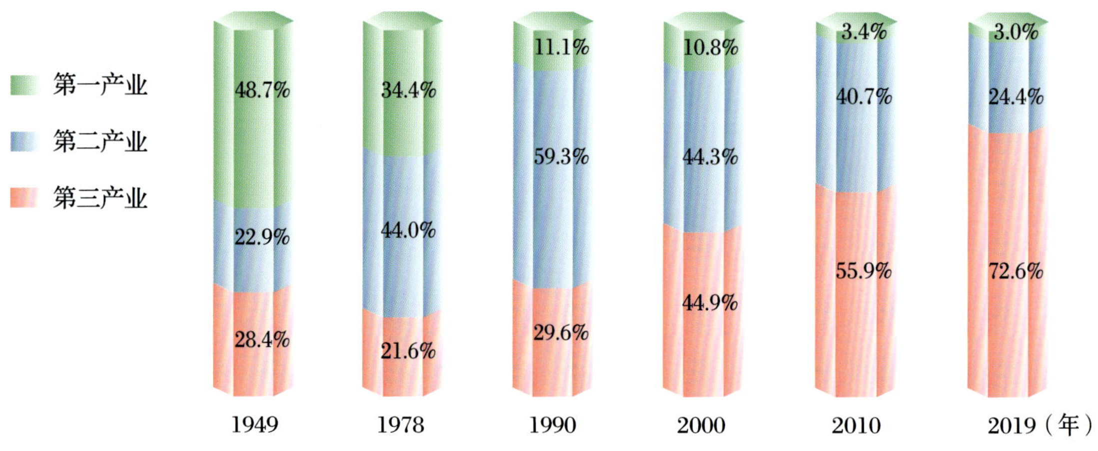

上海市城镇职工基本养老保险及城镇职工基本医疗保险参保人数
Urban Employee Basic Pension Insurance and Urban Employee Basic Medical Care Insurance Contributors

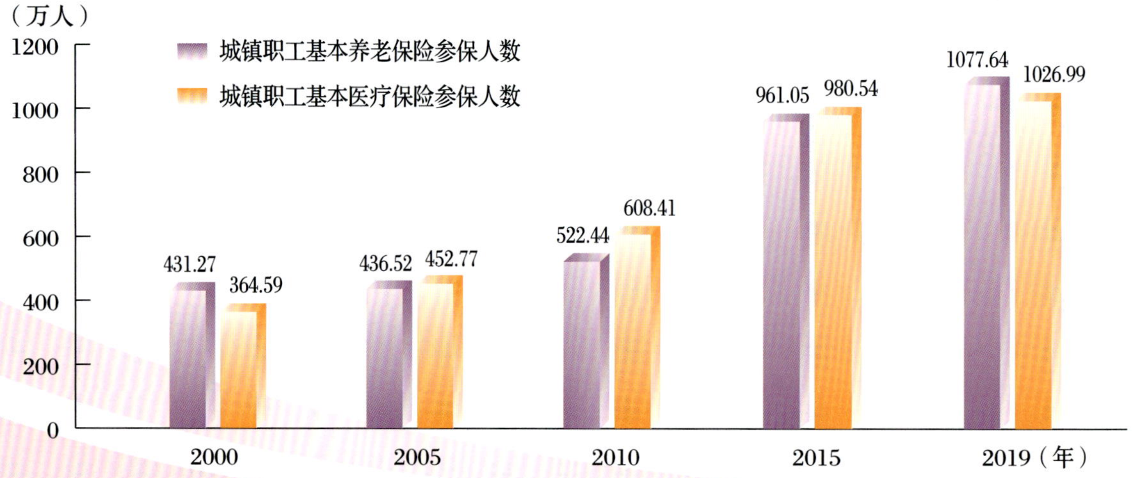

上海市居民消费价格指数（上年价格=100）

Consumer Price Indices (preceding year=100)

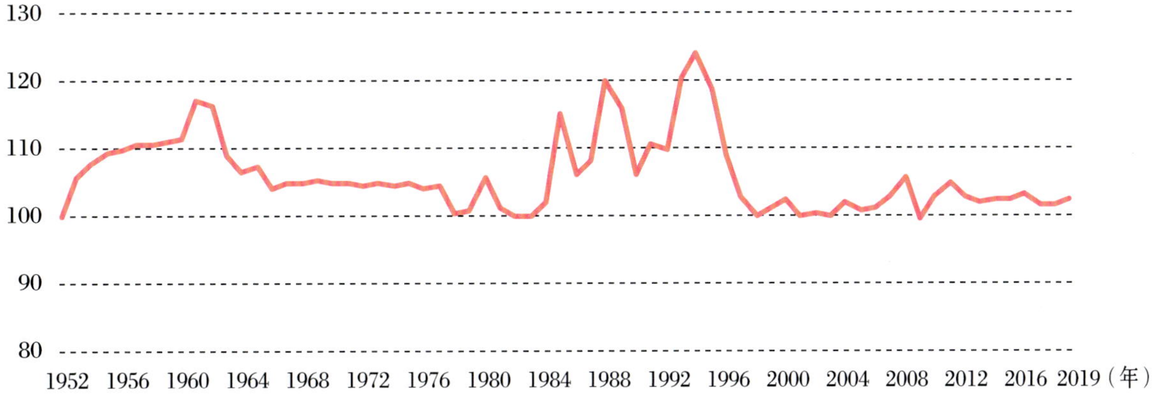

上海市工业生产者出厂价格及购进价格指数（上年价格=100）

Producer Price Indices for Industrial Products and Purchasing Price Indices for Industrial Producers (preceding year=100)

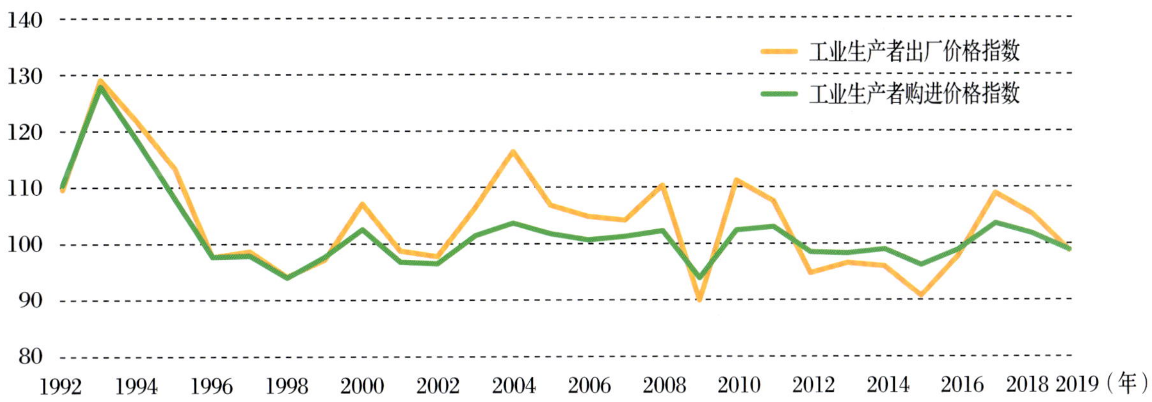

上海市新建商品住宅及二手住宅价格指数（上年价格=100）

Newly Built Commodity Residential Housing and Existing Residential Housing Price Indices (preceding year=100)

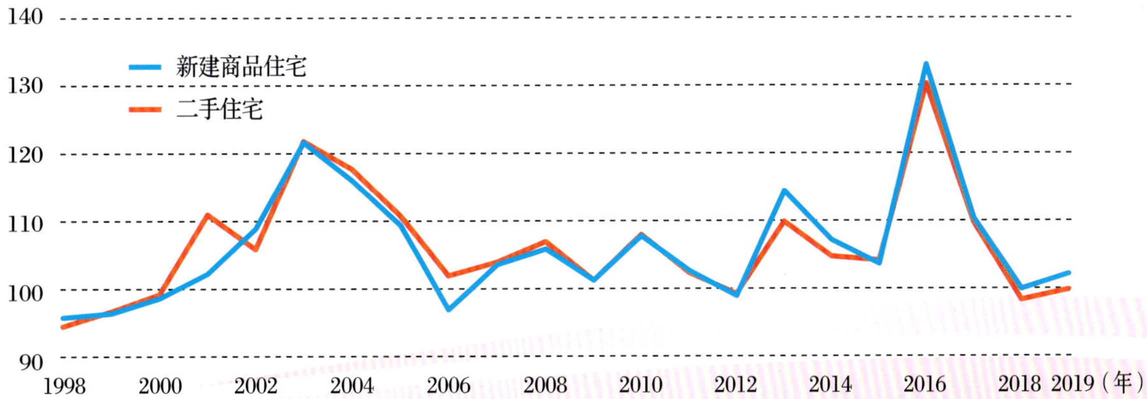

上海市城镇居民和农村居民人均可支配收入

Per Capita Disposable Income of Urban And Rural Households

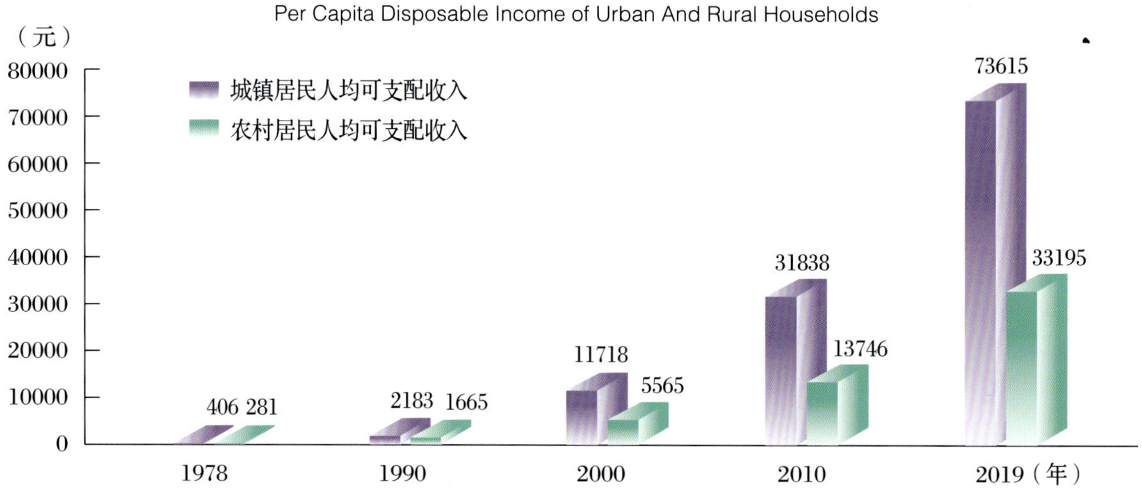

上海市城镇居民和农村居民人均消费支出

Per Capita Consumption Expenditure of Urban and Rural Households

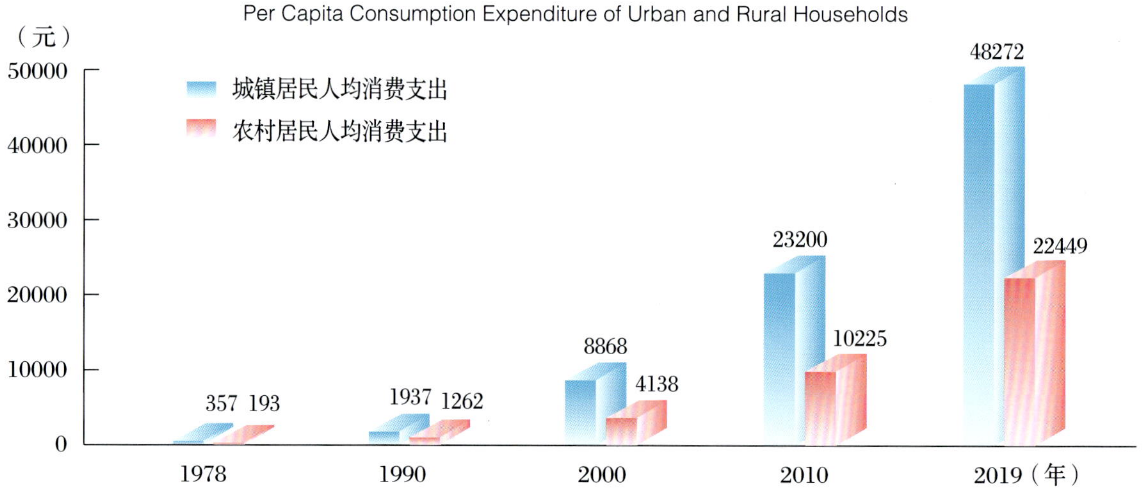

上海市1980年和2019年城镇居民消费结构

Composition of Per Capita Consumption Expenditure of Urban Households in 1980 and 2019

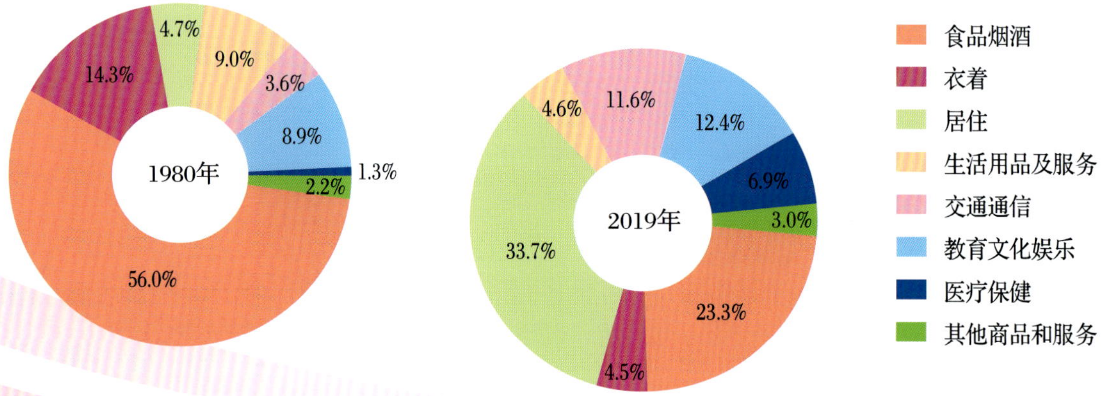

上海市轨道运营线路长度
Length of Operation Lines of Urban Metro

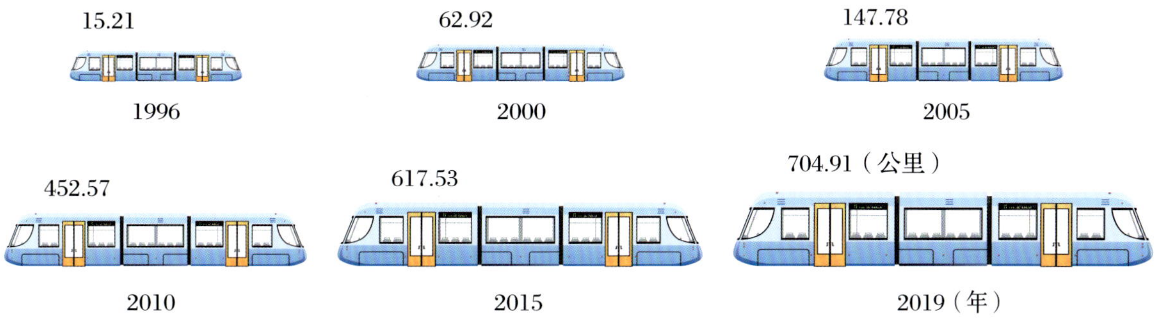

上海市城市绿化覆盖率
Coverage Rate of Urban Green Areas

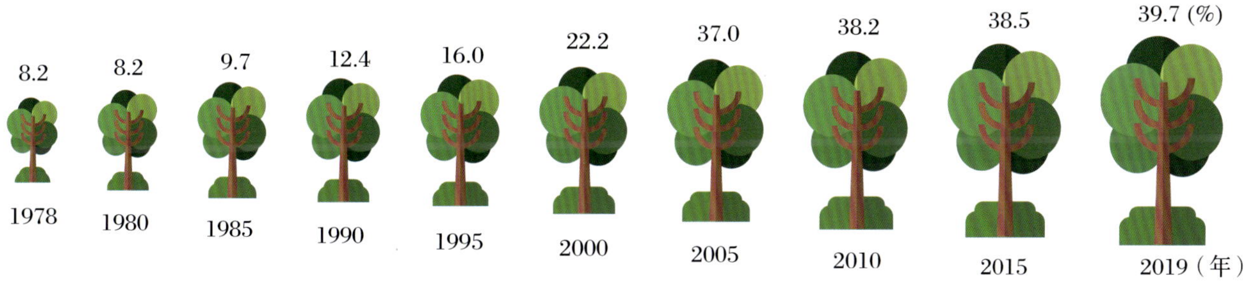

上海市城镇人均居住面积和城镇居民人均住房建筑面积
Per Capita Net Floor Space and Construction Area Per Capita of Urban Residents

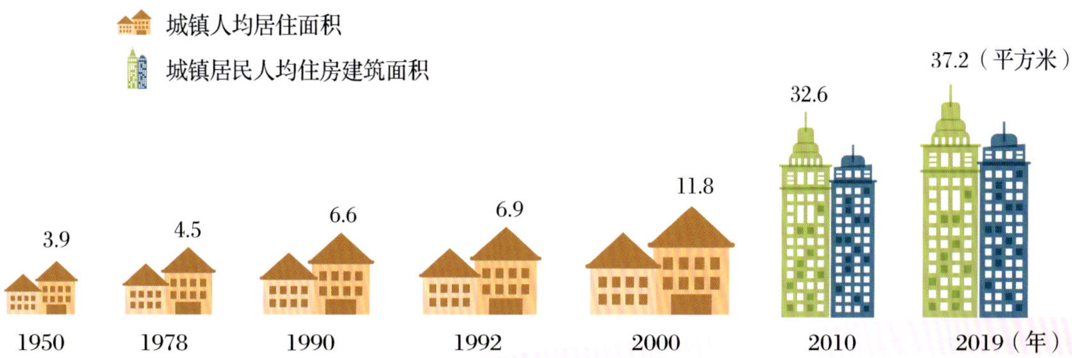

上海市孕产妇死亡率及婴儿死亡率

Death Rate of Pregnant and Lying-in Women and Mortality Rate Of Infant

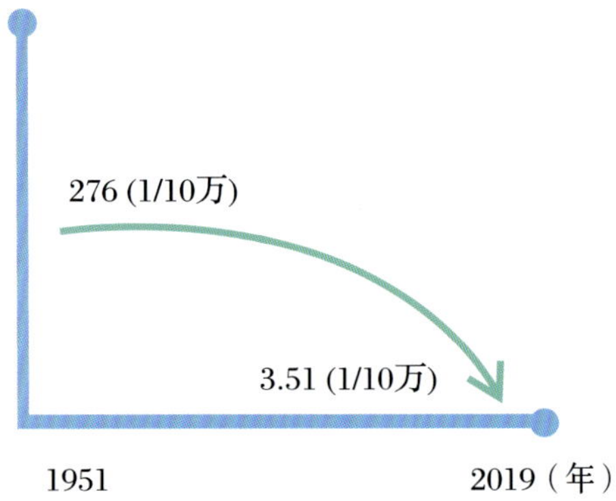

孕产妇死亡率

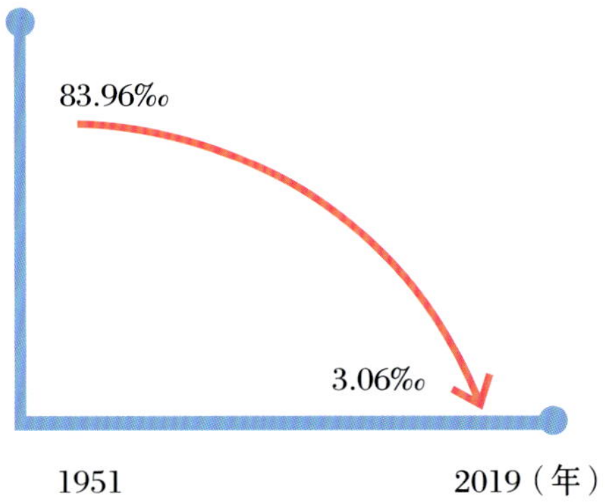

婴儿死亡率

上海市各级学校在校学生数

Number of Enrolments of Formal Education

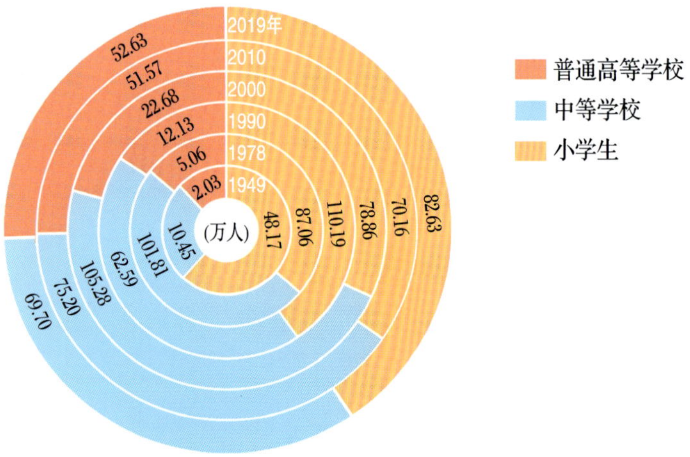

上海市研究生在读人数

Number of Postgraduate Students

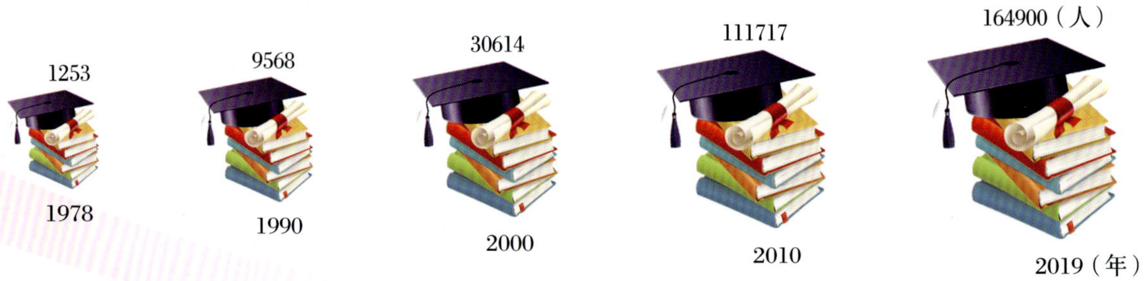

浦东新区生产总值

Gross Output Value of Pudong New Area (100 million yuan)

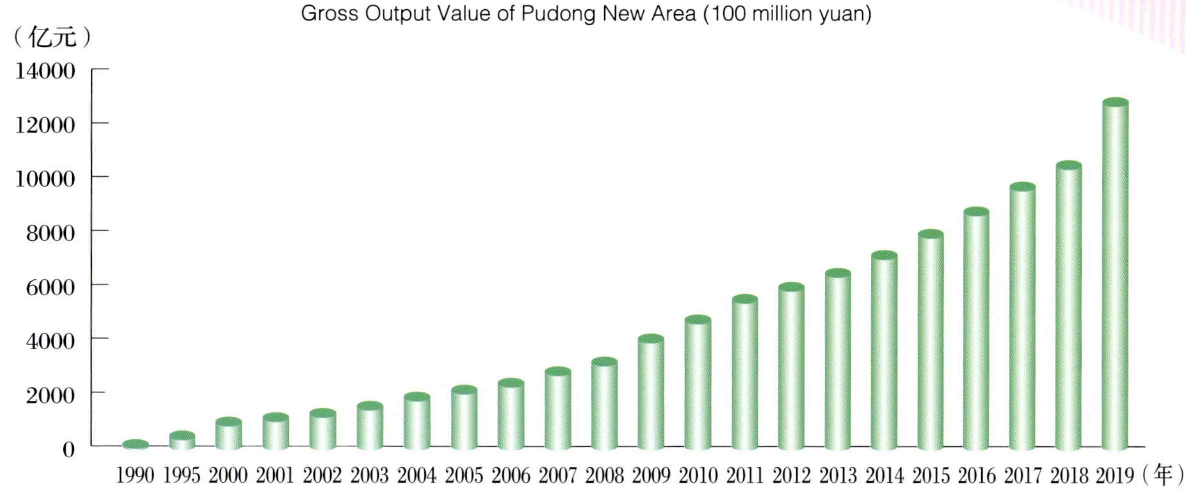

浦东新区生产总值构成

Composition of Gross Domestic Product of Pudong New Area

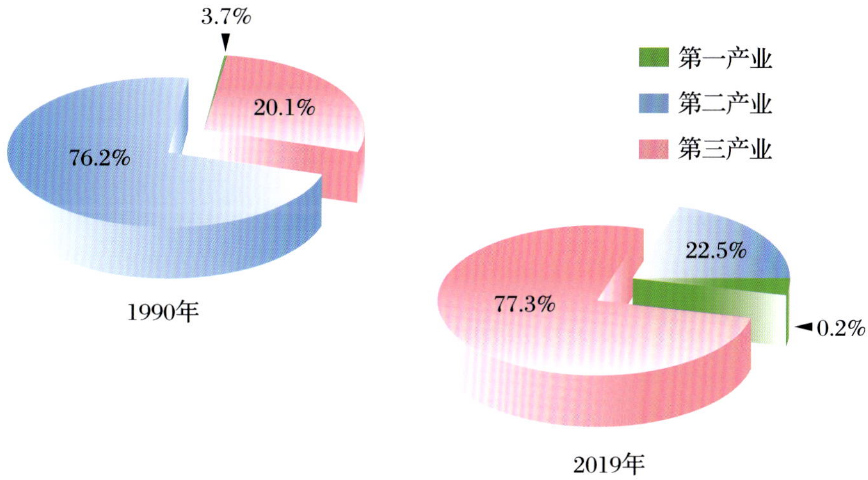

浦东新区财政收支

Financial Revenue and Expenditure of Pudong New Area

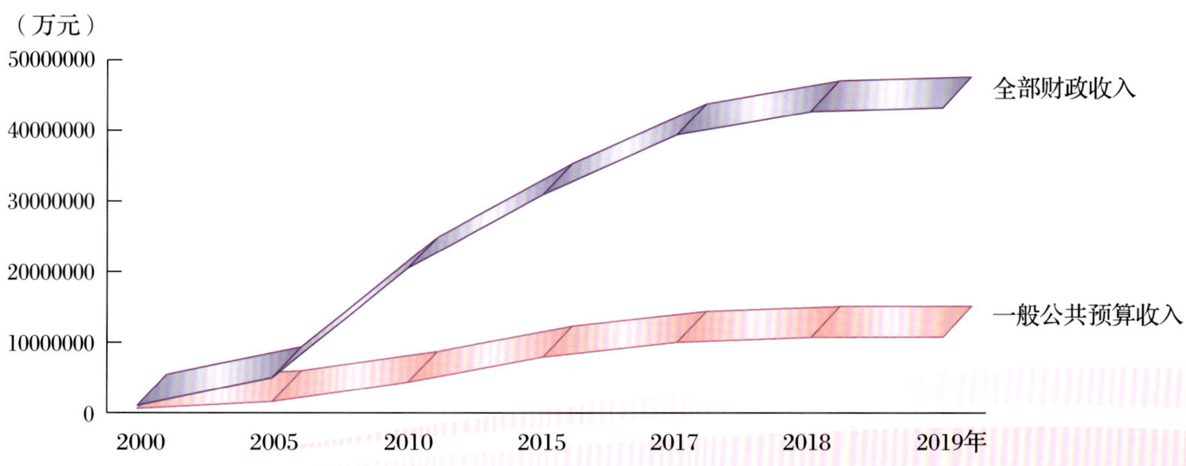

浦东新区固定资产投资和城市基础设施投资

Total Investment in Fixed Assets and Urban Infrastructure of Pudong New Area (100 million yuan)

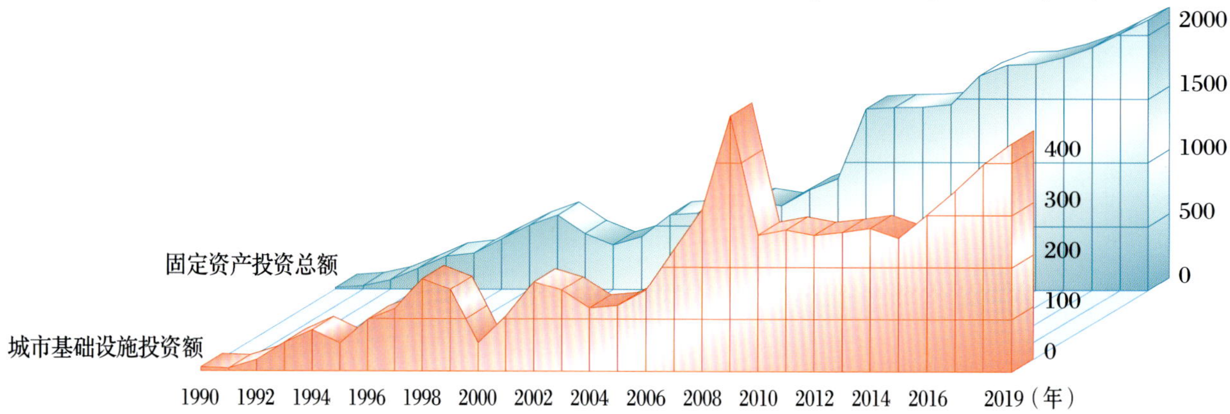

浦东新区社会消费品零售总额

Total Retail Sales of Consumer Goods of Pudong New Area (100 million yuan)

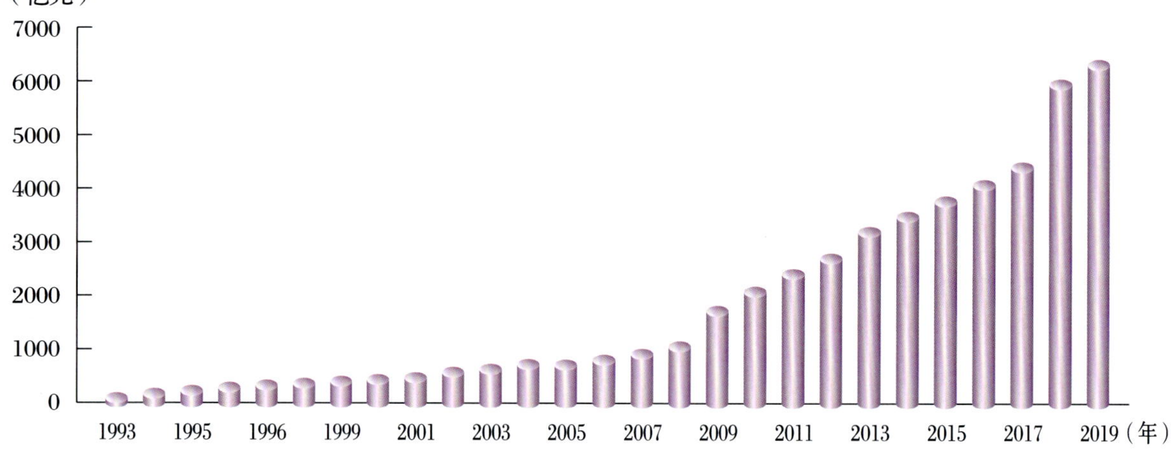

浦东新区进出口货物总值

Total Value of Imports and Exports of Pudong New Area

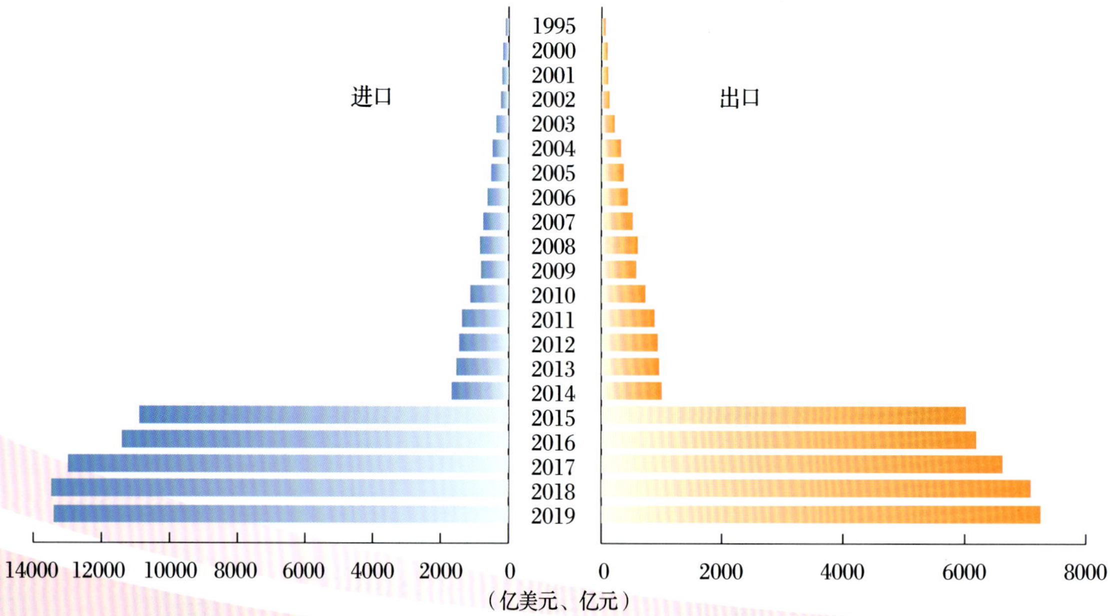

注：2015年前以美元计价，2015年开始以人民币计价。

浦东新区全区居民人均可支配收入
Per Capita Disposable Income of Pudong New Area Families

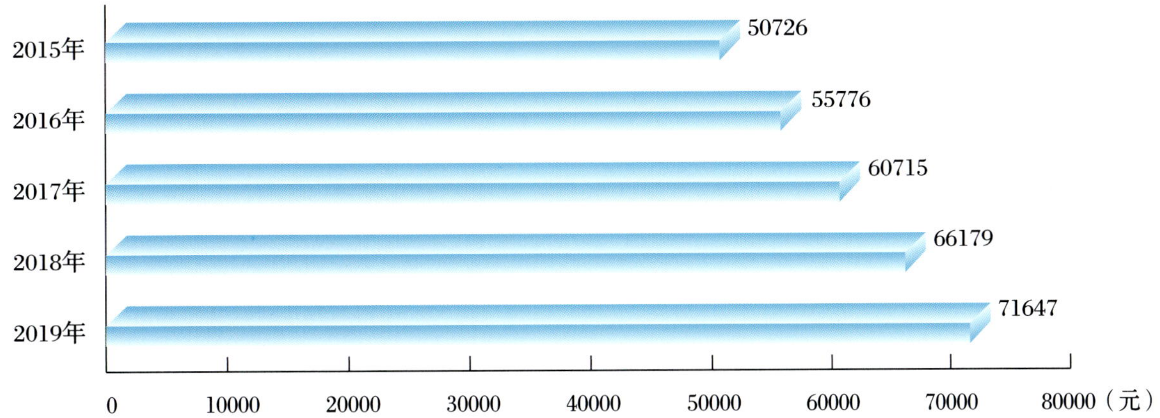

浦东新区全区居民人均消费支出
Per Capita Consumption Expenditure of Pudong New Area Families

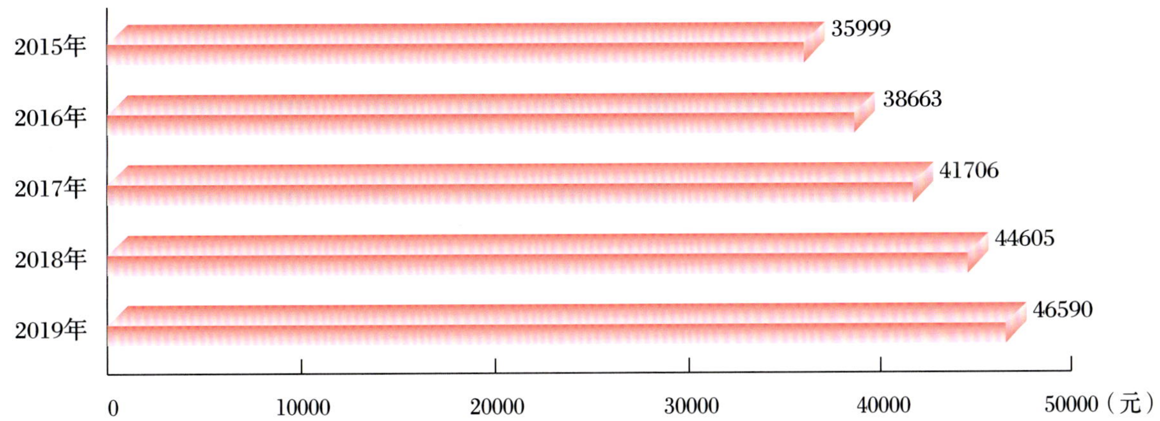

2019年浦东新区全区居民家庭消费支出构成
Composition of Consumption Expenditure of Pudong New Area Families in 2019

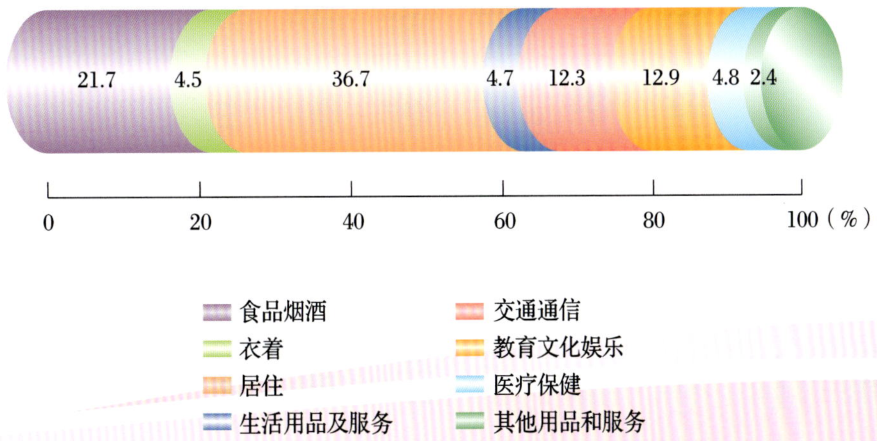

编者说明

一、《上海调查年鉴—2020》是一本记录上海城乡居民生活质量、物价变动和农业生产等内容的资料工具书。本年鉴收录了历年上海城乡居民家庭收支，生产、流通、消费与房地产领域的价格变化和农业的统计调查数据，以及上述领域改革开放以来历年的主要统计调查数据；同时包括全国各省(自治区、直辖市)和主要城市价格统计比较数据资料。

二、年鉴共分六个部分：第一部分，综述；第二部分，城乡居民家庭收支；第三部分，价格和消费者信心指数；第四部分，农业；第五部分，全国及主要城市比较资料；第六部分，浦东开发开放30周年特篇。为便于读者使用资料，各篇章前设有简要说明，对本篇章的主要内容、资料来源、统计范围和统计方法予以简要概述；篇末附有主要统计指标解释。

三、城乡居民家庭收支、价格和农业调查数据资料，是由国家统计局上海调查总队依据国家统计局统一制定的抽样调查方案实施抽样调查的结果。

四、年鉴中有关经济发展、城市居民生活质量与环境等数据来源于上海市统计局。

五、年鉴中第五部分"全国及主要城市比较资料数据"来源于国家统计局城市司提供的统计资料。

六、年鉴中第六部分"浦东开发开放30周年特篇"数据来源于上海市浦东新区统计局和国家统计局浦东调查队提供的统计资料。

七、年鉴中涉及到的历史数据，均以最新出版的本年鉴数据为准；年鉴中部分数据合计数或相对数由于单位取舍不同而产生的计算误差，未做调整；年鉴中2019年部分指标采用快报数口径。

八、年鉴符号使用说明："空格"表示该项统计数据不详或无该项数据；"#"表示其中主要项；"…"表示数据不足本表最小计量单位数。

EDITOR'S NOTES

I. SHANGHAI SURVEY YEARBOOK 2020 is an annual statistical publication, which reflects comprehensively the urban and rural residents' living conditions, price changes of production, circulation, consumption and real estate, and development of agriculture industry in Shanghai. It covers historical data and provides key statistics of the years since China adopted the reform and opening policy. It also lists price indices of the nation, other provinces (autonomous regions and municipalities) and major cities.

II. The yearbook contains six chapters. 1. Statistical Communique 2. Income and Expenditure of Urban and Rural Households; 3. Price and Consumer Confidence Index; 4.Agriculture; 5.Comparative Information of the Nation and Major Cities; 6.Special Chapter for the 30th Anniversary of the Opening and Development of Pudong New Area. To facilitate readers, the Brief Introduction at the beginning of each chapter provides a summary of the main contents, data sources, statistical scope, statistical methods. At the end of each chapter, Explanatory Notes on Main Statistical Indicators are included.

III. The data information of urban and rural households' income and expenditures, prices and agriculture are collected through sample surveys carried out by the Survey Office of the National Bureau of Statistics in Shanghai, in accordance with the uniform sample survey scheme stipulated by the National Bureau of Statistics.

IV. Aggregated data about the economic development, city's resources, environment, and urban residents' living quality are provided by Shanghai Municipal Statistics Bureau.

V. The data of Chapter 5 (Comparative Information of the Nation and Major Cities) are provided by the Department of Urban Surveys of the National Bureau of Statistics.

VI. The data of Chapter 6 (Special Chapter for the 30th Anniversary of the Opening and Development of Pudong New Area) are provided by Shanghai Pudong New District Bureau of Statistics and Survey Office of the National Bureau of Statistics in Pudong New Area.

VII. Please refer to the newly published version of the yearbook for updated historical data. Statistical discrepancies on totals and relative figures due to rounding are not adjusted in the yearbook. Part of the 2019 indices in the yearbook takes the measure of quick estimation.

VIII. Notations used in the yearbook: "blank space" indicates that the data are either unclear or not available; "#" indicates a major breakdown of the total; "..." indicates a figure not big enough to be rounded into the least unit of measurement in the chart.

目　　录
CONTENTS

第一篇　综　述　CHAPTER　1　STATISTICAL COMMUNIQUE

第二篇　城乡居民家庭收支
CHAPTER　2　INCOME AND EXPENDITURE OF URBAN AND RURAL HOUSEHOLDS

第三篇　价格和消费者信心指数
CHAPTER　3　PRICE AND CONSUMER CONFIDENCE INDEX

第四篇 农 业 CHAPTER 4 AGRICULTURE

第五篇 全国及主要城市比较资料
CHAPTER 5 COMPARATIVE INFORMATION OF THE NATION AND MAJOR CITIES

第六篇 浦东开发开放30周年特篇
CHAPTER 6 SPECIAL CHAPTER FOR THE 30TH ANNIVERSARY OF THE OPENING AND DEVELOPMENT OF PUDONG NEW AREA

Chapter 1

第一篇

综 述

STATISTICAL COMMUNIQUE

2019 年上海市国民经济和社会发展统计公报

2019 年,全市在以习近平同志为核心的党中央坚强领导下,以习近平新时代中国特色社会主义思想为指导,全面贯彻落实党的十九大和十九届二中、三中、四中全会精神,深入贯彻落实习近平总书记考察上海重要讲话精神,坚决贯彻落实党中央、国务院和中共上海市委、市政府的决策部署,当好新时代全国改革开放排头兵、创新发展先行者,坚持稳中求进工作总基调,坚持新发展理念,坚持以供给侧结构性改革为主线,推动高质量发展,继续打好三大攻坚战,着力提升城市能级和核心竞争力,全市经济社会延续了总体平稳、稳中有进、进中固稳的发展态势,改革开放全面深化,社会民生持续改善。

一、综　合

初步核算,全年实现上海市生产总值(GDP)38155.32 亿元,比上年增长 6.0%。其中,第一产业增加值 103.88 亿元,下降 5.0%;第二产业增加值 10299.16 亿元,增长 0.5%;第三产业增加值 27752.28 亿元,增长 8.2%。第三产业增加值占上海市生产总值的比重为 72.7%,比上年提高 1.8 个百分点。按常住人口计算的上海市人均生产总值为 15.73 万元。

在上海市生产总值中,公有制经济增加值 18328.67 亿元,比上年增长 6.1%;非公有制经济增加值 19826.64 亿元,增长 5.8%。非公有制经济增加值占上海市生产总值的比重为 52.0%。

全年战略性新兴产业增加值 6133.22 亿元,比上年增长 8.5%。其中,工业增加值 2710.43 亿元,增长 3.3%;服务业增加值 3422.79 亿元,增长 13.3%(见表 1)。战略性新兴产业增加值占上海市生产总值的比重为 16.1%,比上年提高 0.4 个百分点。

表 1　2019 年战略性新兴产业增加值及其增长速度

指　标	绝对值(亿元)	比上年增长(%)
战略性新兴产业增加值	6 133.22	8.5
工　业	2 710.43	3.3
服务业	3 422.79	13.3

全年新设立各类市场主体 43.15 万户,比上年增长 7.9%。其中,新设企业 36.76 万户,增长 11.6%;新设个体工商户 6.35 万户,减少 9.2%;新设农民专业合作社 349 户,减少 15.1%。日均新设企业 1476 户,增长 12.0%。至年末,上海市共有各类市场主体 270.43 万户,比上年增长 5.8%。其中,企业 220.77 万户,增长 6.5%;个体工商户 48.59 万户,增长 2.9%;农民专业合作社 1.07 万户,减少 2.4%。

全年地方一般公共预算收入 7165.10 亿元,比上年增长 0.8%;非税收入占全市一般公共预算收入比重为 13.2%。地方一般公共预算支出 8179.28 亿元,下降 2.1%(见表 2)。全年税务部门组织的税收收入完成 13697.99 亿元(不含关税及海关代征税),下降 0.9%。

表 2　2019 年地方一般公共预算收支及其增长速度

指　标	绝对值(亿元)	比上年增长(%)
地方一般公共预算收入	**7 165.10**	**0.8**
#增值税	2 766.85	5.4
个人所得税	603.73	-21.6
企业所得税	1 452.11	-4.4
契　税	315.18	10.6
地方一般公共预算支出	**8 179.28**	**-2.1**
#一般公共服务支出	365.08	-2.6
公共安全支出	413.34	5.0
教育支出	995.70	8.5
社会保障和就业支出	999.77	7.4
卫生与健康支出	493.44	6.0
节能环保支出	184.07	-21.1
城乡社区支出	1 634.92	-21.7

全年全社会固定资产投资总额比上年增长 5.1%。其中,第二产业投资增长 11.6%;非国有经济投资增长 3.9%(见表 3)。

表 3　2019 年全社会固定资产投资增长速度

指　标	比上年增长(%)
全社会固定资产投资总额	**5.1**
按经济类型分	
国有经济	7.9
非国有经济	3.9
#私营经济	-17.3
股份制经济	9.2
外商及港澳台经济	20.8
按产业分	
第一产业	90.4
第二产业	11.6
第三产业	3.8
按行业分	
#工　业	11.3
交通运输、仓储和邮政业	-10.7
信息传输、软件和信息技术服务业	14.8
金融业	20.9
教　育	-16.4
卫生和社会工作	4.6
文化、体育和娱乐业	32.5

以上年价格为 100,全年居民消费价格指数为 102.5。其中,食品烟酒类价格指数为 105.0,居住类价格指数为 101.9,医疗保健类价格指数为 103.3(见表 4);固定资产投资价格指数为 101.4;工业生产者出厂价格指数为 98.8,工业生产者购进价格指数为 98.7。

以上年12月价格为100,新建商品住宅销售价格指数为102.3,二手住宅销售价格指数为101.3;以上年价格为100,全年新建商品住宅销售价格指数为102.0,二手住宅销售价格指数为99.7。

表4 2019年居民消费价格指数

指 标	指数(以上年价格为100)
居民消费价格指数	**102.5**
食品烟酒	105.0
衣 着	103.2
居 住	101.9
生活用品及服务	100.9
交通和通信	97.8
教育文化和娱乐	101.2
医疗保健	103.3
其他用品和服务	103.3

二、农 业

全年全市实现农业总产值280.74亿元,比上年下降4.8%。其中,种植业143.48亿元,下降4.9%;林业18.06亿元,增长17.1%;牧业48.42亿元,下降17.5%;渔业53.89亿元,下降0.2%;农林牧渔专业及辅助性活动16.90亿元,增长9.6%。

全年全市农作物播种面积26.43万公顷,比上年减少7.4%。其中,粮食播种面积11.74万公顷,减少9.6%。粮食产量95.90万吨,比上年下降7.6%;生牛奶产量29.74万吨,下降11.1%;水产品产量32.47万吨,增长5.3%(见表5)。

至年末,全市有效期内绿色食品企业数共654家,产品1132个,全年获证产量104.78万吨,地产农产品绿色食品认证率达到20%;农产品地理标志14个。

至年末,全市累计建成市级蔬菜标准园198家;纳入统计范围的农民专业合作社2757家,其中市级农民合作社示范社124家,国家级农民合作社示范社86家;农业产业化重点龙头企业269家,其中市级以上龙头企业88家,国家级龙头企业24家;经农业农村部门认定的家庭农场4347家,其中市级示范家庭农场76家。

表5 2019年主要农副产品产量

产品名称	单 位	全市产量	比上年增长(%)
粮 食	万吨	95.90	-7.6
蔬 菜	万吨	259.15	-9.0
生猪出栏	万头	117.82	-20.9
生牛奶	万吨	29.74	-11.1
家禽出栏	万羽	844.46	-14.2
水产品	万吨	32.47	5.3

三、工业和建筑业

全年实现工业增加值9670.68亿元,比上年增长0.4%。全年完成工业总产值35487.05亿元,下降0.3%。其中,规模以上工业总产值34427.17亿元,下降0.3%。在规模以上工业总产值中,国有控股企业总产值 13501. 66 亿元,增长 1. 3%。

全年节能环保、新一代信息技术、生物、高端装备、新能源、新能源汽车、新材料等工业战略性新兴产业完成工业总产值 11163. 86 亿元,比上年增长 3. 3%,占全市规模以上工业总产值比重达到 32. 4%。

全年六个重点工业行业完成工业总产值 23279. 15 亿元,比上年增长 0. 1%,占全市规模以上工业总产值的比重为 67. 6%(见表 6)。

表 6　2019 年六个重点行业工业总产值及其增长速度

指　标	绝对值(亿元)	比上年增长(%)
六个重点行业工业总产值	**23 279. 15**	**0. 1**
电子信息产品制造业	6 140. 93	-2. 1
汽车制造业	6 409. 57	-4. 4
石油化工及精细化工制造业	3 923. 83	8. 6
精品钢材制造业	1 169. 87	-2. 5
成套设备制造业	4 315. 06	1. 3
生物医药制造业	1 319. 88	7. 3

全年规模以上工业产品销售率为 99. 9%。全年燃料油产量 360448 吨,比上年增长 84. 0%;新能源汽车产量 8. 30 万辆,增长 29. 6%;3D 打印设备产量 780 台,增长 34. 9%(见表 7)。

表 7　2019 年主要工业产品产量及其增长速度

产品名称	单　位	产　量	比上年增长(%)
燃料油	吨	360 448	84. 0
钢　材	万吨	1 819. 69	-4. 3
商品混凝土	万立方米	4 651. 35	11. 7
合成纤维单体	万吨	207. 95	2. 1
汽　车	万辆	274. 90	-7. 7
#新能源汽车	万辆	8. 30	29. 6
运动型多用途乘用车(SUV)	万辆	94. 51	14. 2
3D 打印设备	台	780	34. 9
电力电缆	万千米	268. 55	-3. 4
智能手机	万台	4 173. 06	-11. 4
服务器	万台	19. 93	4. 9
智能电视	万台	134. 09	-2. 6

全年规模以上工业企业实现利润总额 2906. 25 亿元,比上年下降 13. 7%;实现税金总额 2253. 73 亿元,下降 8. 1%。规模以上工业企业亏损面为 21. 1%。

全年实现建筑业总产值 7812. 65 亿元,比上年增长 10. 5%;房屋建筑施工面积 50918. 88 万平方米,增长 7. 0%;竣工面积 9231. 95 万平方米,增长 16. 0%。

四、批发和零售业

全年实现批发和零售业增加值 5023. 23 亿元,比上年增长 2. 4%。

全年实现商品销售总额 12. 08 万亿元,比上年增长 1. 1%。其中,批发销售额 10. 85 万亿元,增长 0. 5%。

全年实现社会消费品零售总额 13497. 21 亿元,比上年增长 6. 5%(见表 8)。其中,无店铺零售额 2403. 19

亿元,增长 13.0%。网上商店零售额 1896.51 亿元,增长 15.8%,占社会消费品零售总额的比重为 14.1%。

表 8　2019 年社会消费品零售总额及其增长速度

指　标	绝对值(亿元)	比上年增长(%)
社会消费品零售总额	**13 497.21**	**6.5**
#批发和零售业	12 306.97	6.8
住宿和餐饮业	1 190.25	4.3
#国　有	57.05	12.5
私　营	2 555.94	2.3
股份有限公司	896.36	1.6
港澳台商投资	2 665.47	12.8
外商投资	3 024.41	13.7
#无店铺零售额	2 403.19	13.0
#网上商店零售额	1 896.51	15.8

全年完成电子商务交易额 33186.10 亿元,比上年增长 14.7%。其中,B2B 交易额 19997.6 亿元,增长 7.8%,占电子商务交易额的比重为 60.3%;网络购物交易额(含服务类交易)13188.50 亿元,增长 27.0%,占电子商务交易额的比重为 39.7%。

至年末,全市已开业城市商业综合体达 277 家。其中,商场商业建筑面积 10 万平方米以上的有 69 家。全年全市城市商业综合体实现营业额 1972 亿元,比上年增长 14.6%。

全年全市新集聚商业零售品牌首店 986 家,其中全球首店及亚洲首店、全国首店及大陆首店、华东区域首店、全市首店占比分别为 2%、22%、13%和 63%。

五、交通、邮电和旅游

全年实现交通运输、仓储和邮政业增加值 1650.44 亿元,比上年增长 3.6%。

全年各种运输方式完成货物运输量 109608.51 万吨,比上年增长 2.1%。旅客发送量 22237.84 万人次,增长 3.4%(见表 9)。

表 9　2019 年货物运输量与旅客发送量及其增长速度

指　标	单　位	绝对值	比上年增长(%)
货物运输量	**万吨**	**109 608.51**	**2.1**
铁　路	万吨	471.79	0.7
水　运	万吨	69 980.95	4.6
公　路	万吨	38 750.00	-2.1
机　场	万吨	405.78	-2.8
旅客发送量	**万人次**	**22 237.84**	**3.4**
铁　路	万人次	12 833.85	4.6
港　口	万人次	115.04	-27.2
公　路	万人次	3 167.07	0.5
机　场	万人次	6 120.85	3.4

全年上海港口货物吞吐量达到 72031.32 万吨,比上年下降 1.4%;集装箱吞吐量 4330.26 万国际标准箱,增长 3.1%。集装箱水水中转比例达 48.3%,其中国际中转比例 10.8%,分别比上年提高 1.5 和 2.0 个百分

点。上海浦东、虹桥两大国际机场全年共起降航班78.5万架次，增长1.7%；进出港旅客达到12179.14万人次，增长3.5%。其中，国内航线进出港旅客7985.70万人次，增长4.2%；国际及地区航线进出港旅客4193.44万人次，增长2.3%。

全年上海港接待国际邮轮靠泊259艘次。其中，以上海为母港的邮轮226艘次。邮轮旅客吞吐量189.35万人次，比上年下降31.2%。邮轮母港旅客吞吐量占95.6%。

有序推进10号线二期、14号线、15号线、18号线等4条地铁项目建设。至年末，全市轨道交通运营线路17条，长度达到704.91公里，运营车站415个。至年末，地面公交运营车辆达1.79万辆。其中，国V及以上和零排放公交车13614辆，占全部公交运营车辆的76.1%。公交运营线路达1575条，线网长度8997公里；运营出租车4.0万辆，客运量5.63亿人次。全年公共交通客运总量60.12亿人次，日均1647万人次，比上年增长2.7%。其中，轨道交通客运量38.84亿人次，增长4.7%；公共汽电车客运量20.85亿人次，下降0.8%。

至年末，全市拥有各类民用汽车441.55万辆，比上年增长12.2%。其中，私人汽车339.90万辆，增长12.5%。

全年完成邮政业务总量770.04亿元，比上年下降6.2%；电信业务总量2244.05亿元，增长56.7%。邮政业全年完成邮政函件业务4.57亿件、包裹业务210.94万件、快递业务31.33亿件；快递业务收入1288.84亿元。

全年实现旅游产业增加值2309.43亿元，比上年增长7.6%。

至年末，全市已有星级宾馆195家，旅行社1758家，A级旅游景区(点)113个，红色旅游基地34个(见表10)。

表10　2019年旅游设施情况

指　标	单　位	绝对值
星级宾馆	**家**	**195**
#五星级	家	71
四星级	家	61
旅行社	**家**	**1 758**
#经营出境旅游业务的旅行社	家	297
A级旅游景区(点)	**个**	**113**
#5A级景区(点)	个	3
4A级景区(点)	个	62
红色旅游基地	**个**	**34**
#全国红色旅游基地	个	12
旅游咨询服务中心	**个**	**63**
旅游集散中心站点	**个**	**9**

全年接待国际旅游入境者897.23万人次，比上年增长0.4%(见图1)。其中，入境外国人692.12万人次，增长0.9%；港、澳、台同胞205.11万人次，减少1.3%。在国际旅游入境者中，过夜旅游者734.69万人次，减少1.0%。全年接待国内旅游者36140.51万人次，增长6.4%，其中外省市来沪旅游者17186.41万人次，增长6.0%。全年入境旅游外汇收入83.76亿美元，增长13.6%；国内旅游收入4789.30亿元，增长7.0%。

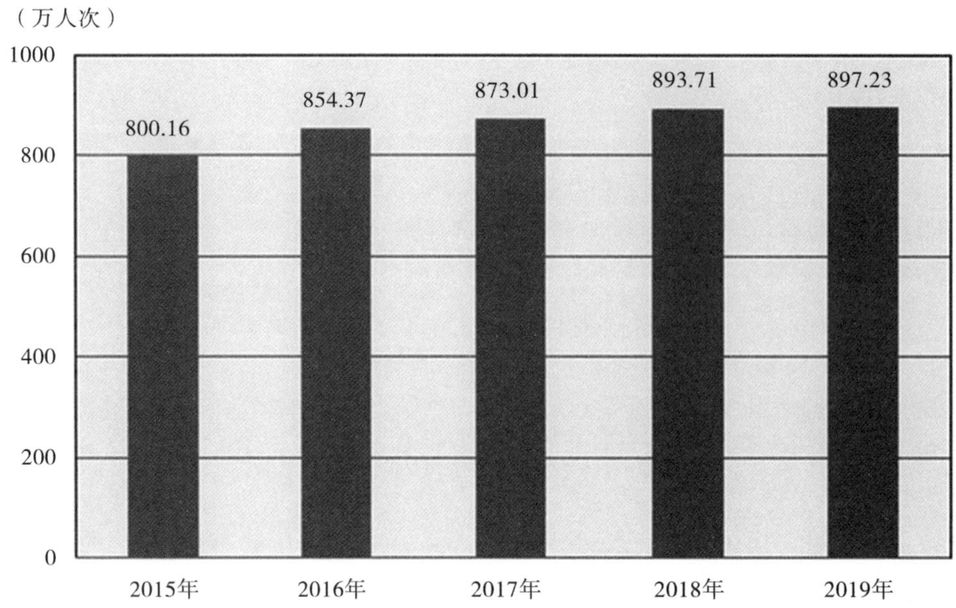

图 1　2015~2019 年国际旅游入境人数

六、金融业

全年实现金融业增加值 6600.60 亿元，比上年增长 11.6%。

金融中心开放创新深入推进。全年持牌金融机构新增 54 家，“沪伦通”、沪深 300ETF 期权及股指期权、长三角一体化 ETF、天然橡胶期权等金融创新产品成功推出。

至年末，全市中外资金融机构本外币各项存款余额 132820.27 亿元，比年初增加 11679.94 亿元；贷款余额 79843.01 亿元，比年初增加 5609.84 亿元（见表 11）。

表 11　2019 年中外资金融机构本外币存贷款情况

指　标	绝对值（亿元）	比年初增减额（亿元）
各项存款余额	**132 820.27**	**11 679.94**
#住户存款	33 295.40	4 712.03
非金融企业存款	56 339.73	2 708.56
财政性存款	2 774.37	267.99
机关团体存款	14 111.15	731.10
非银行业金融机构存款	19 695.91	2 599.70
各项贷款余额	**79 843.01**	**5 609.84**
#住户贷款	25 280.22	2 059.18
非金融企业及机关团体贷款	50 030.78	3 361.87
非银行业金融机构贷款	427.18	81.77
#人民币个人消费贷款	22 393.43	1 486.73
#住房贷款	14 351.73	1 037.72
汽车消费贷款	4 227.64	101.23

全年金融市场交易总额达到 1934.31 万亿元，比上年增长 16.6%。上海证券交易所总成交额 283.48 万亿元，增长 7.1%。其中，股票成交额 54.38 万亿元，增长 35.3%；债券成交额 6.41 万亿元，增长 25.0%。全年通过上海证券市场股票筹资 5145.33 亿元，比上年减少 15.8%；发行公司债 34986.49 亿元，增长 37.9%。至

年末,上海证券市场上市证券 17623 只,比上年末增加 3554 只。其中,股票 1615 只,增加 121 只。

全年上海期货交易所总成交金额 112.52 万亿元,比上年增长 19.3%。中国金融期货交易所总成交金额 69.62 万亿元,增长 1.7 倍。银行间市场总成交金额 1454.31 万亿元,增长 15.2%。上海黄金交易所总成交金额 14.38 万亿元,增长 33.2%。

全年保险公司原保险保费收入 1720.01 亿元,比上年增长 22.4%。其中,财产险公司原保险保费收入 643.39 亿元,增长 10.5%;人身险公司原保险保费收入 1076.62 亿元,增长 30.7%。全年保险赔付支出 654.90 亿元,增长 12.6%。其中,财产险业务原保险赔款支出 306.12 亿元,增长 12.7%;寿险业务原保险给付 225.15 亿元,增长 8.3%;健康险业务原保险赔款给付 100.77 亿元,增长 22.6%;意外险业务原保险赔款支出 22.87 亿元,增长 15.5%。

七、对外经济

全年上海口岸货物进出口总额 84267.90 亿元,比上年下降 1.2%,继续位居世界城市首位。其中,进口 35453.00 亿元,下降 2.6%;出口 48814.90 亿元,下降 0.2%。全年上海关区货物进出口总额 63457.78 亿元,比上年下降 0.9%。其中,进口 26221.24 亿元,下降 2.8%;出口 37236.54 亿元,增长 0.4%。

全年上海市货物进出口总额 34046.82 亿元,比上年增长 0.1%。其中,进口 20325.91 亿元,下降 0.1%;出口 13720.91 亿元,增长 0.4%(见表 12)。高新技术产品出口占全市比重为 41.2%。按市场分,对欧盟进口 4905.14 亿元,增长 5.8%;出口 2370.55 亿元,下降 2.6%;对美国进口 1735.37 亿元,下降 10.3%;出口 2793.71 亿元,下降 10.9%;对东盟进口 2893.38 亿元,增长 14.5%;出口 1808.00 亿元,增长 6.7%;对日本进口 2351.38 亿元,下降 1.1%;出口 1357.95 亿元,下降 4.2%(见表 13)。与"一带一路"沿线国家和重要节点城市货物贸易额占全市比重达到 22.4%。

表 12　2019 年上海市货物进出口总额及其增长速度

指　标	绝对值(亿元)	比上年增长(%)
上海市货物进出口总额	**34 046.82**	**0.1**
上海市货物进口总额	**20 325.91**	**-0.1**
#国有企业	2 981.21	-17.1
外商投资企业	13 307.76	1.8
私营企业	3 862.24	9.5
#一般贸易	11 481.21	1.5
加工贸易	2 242.62	-0.9
#机电产品	9 705.41	1.7
#高新技术产品	6 315.68	8.5
上海市货物出口总额	**13 720.91**	**0.4**
#国有企业	1 565.02	2.1
外商投资企业	8 530.16	-3.8
私营企业	3 471.90	10.0
#一般贸易	6 396.12	1.0
加工贸易	4 798.34	-8.4
#机电产品	9 488.11	0.1
#高新技术产品	5 647.20	-1.7

表 13　2019 年上海对主要国家和地区货物进、出口总额及其增长速度

国家和地区	出口额(亿元)	比上年增长(%)	进口额(亿元)	比上年增长(%)
美　国	2 793. 71	-10. 9	1 735. 37	-10. 3
欧　盟	2 370. 55	-2. 6	4 905. 14	5. 8
东　盟	1 808. 00	6. 7	2 893. 38	14. 5
日　本	1 357. 95	-4. 2	2 351. 38	-1. 1
中国香港	1 411. 56	6. 8	107. 31	-4. 8
韩　国	485. 82	7. 1	1 236. 93	-5. 5
中国台湾	700. 64	37. 4	1 435. 28	11. 3
俄罗斯	187. 56	0. 1	159. 28	4. 8
“一带一路”沿线国家	3 330. 00	5. 9	4 312. 80	12. 1

全年新设外商直接投资项目 6800 项,比上年增长 21. 5%;合同金额 502. 53 亿美元,增长 7. 1%;全年外商直接投资实际到位金额 190. 48 亿美元,增长 10. 1%。全年制造业外商直接投资实际到位金额 17. 12 亿美元,下降 2. 0%,占全市实际利用外资比重为 9. 0%;第三产业外商直接投资实际到位金额 172. 86 亿美元,增长 11. 6%,占比为 90. 7%。“一带一路”沿线国家在沪投资合同金额占全市比重达 8. 2%。至年末,在上海投资的国家和地区达 188 个,在上海落户的跨国公司地区总部累计达到 720 家。其中,亚太区总部 116 家;外资研发中心 461 家。年内新增跨国公司地区总部 50 家。其中,亚太区总部 28 家;外资研发中心 20 家。

全年备案和核准对外直接投资项目 845 项,比上年增长 6. 7%;对外直接投资中方投资额 139. 94 亿美元,下降 17. 1%。签订对外承包工程合同金额 125. 44 亿美元,增长 5. 4%;实际完成营业额 94. 01 亿美元,增长 24. 7%;派出人员 9226 人次,增长 5. 3%。对外劳务合作派出人员 19843 人次,增长 102. 3%。

全年全市共举办各类展会及活动 1043 个,总面积 1941. 67 万平方米,比上年增长 3. 3%。其中,举办国际展 310 个,展览面积 1502. 65 万平方米,增长 7%;举办国内展 496 个,展览面积 272. 71 万平方米,增长 7. 2%;举办活动 237 个,活动面积 166. 31 万平方米,下降 24. 8%。

成功举办第二届中国国际进口博览会。共有 181 个国家、地区和国际组织参会,3800 多家企业参展,展览总面积达 36 万平方米,比首届增加 6 万平方米。按一年计累计意向成交 711. 3 亿美元,比首届增长 23%。

八、中国(上海)自由贸易试验区建设

上海自贸试验区临港新片区正式设立,落实国务院批准的总体方案,出台管理办法,完善体制机制,制定实施特殊支持政策,推动重大改革优先在新片区试点、重大项目优先在新片区布局、重大政策优先在新片区适用。新片区新设企业 4025 家,签约重点项目 168 个、总投资 821. 9 亿元。

投资环境进一步优化。市场准入管理新体制不断完善。《市场准入负面清单(2019 年版)》正式印发实施,共列入事项 131 项,相比 2018 年版减少了 20 项,放开一批有含金量的措施,移出部分不符合清单定位的措施,持续推动缩短负面清单长度。服务“一带一路”的桥头堡作用持续发挥。目前,浦东企业在新加坡、捷克等 32 个“一带一路”沿线国家投资近 454 个项目,中方投资额达 74. 2 亿美元。

金融市场体系日益完备。自由贸易账户功能不断拓展,实现本外币一体化管理,成为境外融资、结售汇便利化等许多重要金融改革的基础。截至 12 月底,累计开立 FT 账户 13. 1 万个,全年跨境人民币结算总额 38112 亿元,比上年增长 49. 4%,占全市 39. 0%;跨境人民币境外借款总额 42. 63 亿元,增长 6. 9 倍。

政务服务更加高效透明。商事登记制度改革不断深化,在超市、药店、便利店等 14 个行业全覆盖实现“一业一证”改革,平均办理时间缩短约 90%。注重放管结合,建立健全事中事后监管机制,加强协同监管、集约监管、信用监管,目前发出《行业综合许可证》40 张,确保行业健康发展。

表 14　2019 年中国(上海)自由贸易试验区主要经济指标及其增长速度

指　标	单　位	绝对值	比上年增长(%)
一般公共预算收入	亿元	588.60	-9.2
外商直接投资实际到位金额	亿美元	79.63	17.6
全社会固定资产投资总额	亿元	725.68	13.7
规模以上工业总产值	亿元	4 652.35	-2.5
社会消费品零售额	亿元	1 602.90	5.8
商品销售总额	亿元	43 008.39	4.5
服务业营业收入	亿元	5 787.30	9.9
外贸进出口总额	亿元	14 841.80	4.4
# 出口额	亿元	4 493.50	3.8
期末监管类金融机构数	个	921	3.8

九、城市基础设施和房地产

全年城市基础设施建设投资比上年下降 2.6%。其中,电力建设投资下降 21.2%;交通运输投资下降 13.5%;公用事业投资下降 14.6%;邮电通信投资增长 33.9%;市政建设投资增长 23.9%(见表 15)。

表 15　2019 年城市基础设施投资增长速度

指　标	比上年增长(%)
城市基础设施投资	**-2.6**
电力建设	-21.2
交通运输	-13.5
邮电通信	33.9
公用事业	-14.6
市政建设	23.9

至年末,全市公交专用道路长度 395.8 公里。完成黄浦江两岸 45 公里岸线景观灯光提升改造。完成 120.5 公里架空线入地及合杆整治。完成 126.3 公里燃气隐患管网改造及 15.8 万户立管改造。

全市自来水供水能力为 1250 万立方米/日,与上年持平。全年供水总量为 29.79 亿立方米,比上年下降 2.5%;售水总量为 23.99 亿立方米,下降 1.5%。其中,工业用水量、生活用水量分别为 4.04 亿立方米、19.95 亿立方米,分别下降 6.7%和 0.4%。全年全市用电量 1568.58 亿千瓦时,增长 0.1%(见表 16)。至年末,全市家庭液化气用户 215 万户,下降 10.3%;家庭天然气用户 733 万户,增长 4.8%。

表 16　2019 年公用事业主要指标及其增长速度

指　标	单　位	绝对值	比上年增长(%)
自来水日供水能力	万立方米	1 250	平
自来水供水总量	亿立方米	29.79	-2.5
自来水售水总量	亿立方米	23.99	-1.5
# 工业用水	亿立方米	4.04	-6.7
用电量	亿千瓦时	1 568.58	0.1
# 城乡居民生活用电	亿千瓦时	245.04	0.6
液化气销售总量	万吨	33	4.7
天然气销售总量	亿立方米	94	10.3

全年完成房地产开发投资额比上年增长 4.9%。其中,住宅投资增长 4.1%;办公楼投资下降 0.5%;商业营业用房投资下降 0.9%。商品房施工面积 14802.97 万平方米,增长 0.9%;竣工面积 2669.67 万平方米,下降 14.3%。商品房销售面积 1696.34 万平方米,下降 4.0%。其中,住宅销售面积 1353.70 万平方米,增长 1.5%。全年商品房销售额 5203.82 亿元,增长 9.5%。其中,住宅销售额 4457.16 亿元,增长 15.4%。全年二手存量房买卖登记面积 2099.00 万平方米,增长 36%。

大力推进旧区改造,完成中心城区成片二级旧里以下房屋改造 55.3 万平方米、受益居民 2.9 万户;完成 1184 万平方米三类旧住房综合改造,受益居民约 20 万户;完成 104 万平方米各类里弄房屋修缮改造;完成 624 幢既有多层住宅加装电梯计划立项,挽弓运行 131 台。新建和转化租赁房源 10.1 万套,新增代理经租房源 12.8 万套。全年新增供应各类保障房 6.3 万套。

十、城市信息化

全年实现信息产业增加值 4250.79 亿元,比上年增长 12.7%。其中,信息服务业增加值 3019.31 亿元,增长 19.0%。

至年末,千兆接入能力覆盖家庭数达到 959 万户,比上年末增加 59 万户。光纤到户能力覆盖家庭数达 959 万户,比上年末增加 3 万户。家庭宽带用户平均接入带宽达 181M,比上年末增加 42M。4G 用户数达 3583 万户,比上年末增加 331 万户。城域网出口带宽 21860GB,比上年末增加 5768GB;互联网国际出口带宽 4777GB,比上年末增加 1213GB。IPTV 用户数达 557 万户,比上年末增加 159 万户。全国首次跨省 5G 视频通话实现互联,年内完成建设 16672 个 5G 宏基站,14614 个 5G 室内小站,实现 5G 网络中心城区和郊区重点区域全覆盖。以行业示范应用带动 5G 产业链、业务链、创新链融合发展,在智能制造、健康医疗、智慧教育等十大领域推进 234 项 5G 应用项目。加快部署新型城域物联专网,至年末,智能传感终端累计超过 50 万个。

政务服务"一网通办"实现新突破。"一网通办"总门户接入事项达到 2261 个,线上办事 651 万件。审批事项提交材料和办理时限分别平均减少 52.9%和 59.8%,全市通办事项和业务流程再造事项分别新增 177 个和 105 个。

十一、教育和科学技术

至 2019 学年末,全市共有普通高等学校 64 所,普通中等学校 929 所,普通小学 698 所,特殊教育学校 31 所。普通高等学校在校生数有所增加,毕业生数有所减少(见表 17)。全市共有 49 家机构培养研究生,全年招收全日制研究生 5.60 万人,在校全日制研究生 16.49 万人,毕业全日制研究生 4.52 万人。九年义务教育入学率保持在 99.9%以上,高中阶段新生入学率达 99.7%。

至 2019 学年末,全市共有民办普通高校 19 所,在校学生 11.62 万人;民办普通中学 133 所,在校学生 8.68 万人;民办小学 111 所,在校学生 10.56 万人。全市共有成人中高等学历教育学校 24 所,成人职业技术培训机构 726 所,老年教育机构 287 所。全市共有校外教育机构 23 所。其中,青少年活动中心(含少年宫)19 所,少年科技站 3 所,少年之家 1 所。

表 17 2019 学年各级各类学校学生情况及其增长速度

类 别	在校学生数(万人)	比上学年增长(%)	毕业学生数(万人)	比上学年增长(%)
普通高等学校	52.63	1.6	13.17	-0.6
普通中等学校	69.70	2.5	16.67	0.6
普通中学	61.04	3.5	13.82	1.5
高 中	15.94	-0.4	5.16	-0.6
初 中	45.10	5.1	8.66	2.7
中等专业学校	5.70	-4.6	1.95	-6.0
职业学校	1.97	-1.1	0.64	4.4
技工学校	0.99	6.4	0.26	-5.6
普通小学	82.63	3.3	14.54	-3.2
特殊教育学校	0.48	10.3	0.07	0.6

全年研究与试验发展(R&D)经费支出约1500亿元。全市科技小巨人和小巨人培育企业共2155家,技术先进型服务企业216家。年内新认定高新技术企业5950家,有效期内高新技术企业数累计达12848家。全年共落实高新技术企业减免所得税额167.24亿元,享受企业数3339家。落实技术先进型企业减免所得税额6.60亿元,享受企业数169家。全年共认定高新技术成果转化项目822项,比上年增长25.3%,认定数量创历史新高。其中,电子信息、生物医药、新材料、先进制造与自动化等重点领域项目占86.0%。至年末,共认定高新技术成果转化项目12940项。

全年专利申请量17.36万件,比上年增长15.5%。其中,发明专利7.14万件,增长13.8%;实用新型专利8.06万件,增长15.9%;外观设计专利2.16万件,增长20.5%。全年专利授权量为10.06万件,比上年增长8.8%。其中,发明专利2.27万件,增长6.6%;实用新型专利6.16万件,增长10.9%;外观设计专利1.62万件,增长4.3%。全年PCT国际专利申请量为0.32万件,比上年增长28.0%。至年末,全市有效发明专利达12.98万件,比上年增长12.9%,有效发明专利五年以上维持率为80.9%,位于全国第三;每万人口发明专利拥有量达53.5件,增长12.7%。

全年商标申请量为43.88件,比上年增长7.3%,位于全国第六;商标注册量为36.10万件,同比增长23.8%,位于全国第六。至2019年末,商标有效注册量达147.26万件,增长28.1%,位于全国第五;商标活跃度(每新增1户市场主体同时新增注册商标)达到0.84件,增长15.1%;商标集聚度(每万户市场主体等的平均有效注册商标拥有量)达到5450件,增长21.3%。全年经认定登记的各类技术交易合同36324件,比上年增长67.9%;合同金额1522.21亿元,增长16.8%。

科创板在上海证券交易所成功开板运行,受理205家企业上市申请,70家企业成功上市,筹资额达到824亿元。

长三角科技资源共享服务平台正式开通,集聚了2422家服务机构31165台(套)大型科学仪器设施。

十二、文化、卫生和体育

年内成功举办第十二届中国艺术节、第二十二届国际电影节等重大文化活动。第二十一届中国上海国际艺术节推出7大板块350余项活动,42台96场参演剧目中全球首演7台、亚洲首演6台、上海原创8台;500余个演艺项目达成交易意向。

现代公共文化服务体系率先基本建成。“文化进地铁”推出19列地铁文化列车、20余场文化长廊、100场音乐角演出;“文化进机场”在浦东和虹桥机场艺术馆推出4场展览。深化“建筑可阅读”等品牌,黄浦、静安等6个中心城区开放历史建筑1237处,设置建筑二维码1827处,推出327种建筑可阅读文创产品和87条建筑微旅行线路,全年接待游客 1830 万人次。建成程十发美术馆、上音歌剧院等文化设施,完成隧道调频广播工程、市级广播电视发射塔基础设施运维工程。全年共出版报纸 7.84 亿份、各类期刊 0.74 亿册、图书 5.33 亿册;摄制完成 102 部影片。

至年末,全市共有医疗卫生机构 5610 所,卫生技术人员 21.33 万人(见表 18)。全年全市医疗机构共完成诊疗人次 2.82 亿人次;上海地区婴儿死亡率 3.06‰;上海地区孕产妇死亡率 3.51/10 万,其中户籍人口孕产妇死亡率 2.25/10 万。

表 18　2019 年卫生机构基本情况

指　标	单　位	绝对值
卫生机构数	**所**	**5 610**
#医　院	所	387
门诊部	所	1 067
社区卫生服务中心(不含分支机构)	所	246
疾病预防控制中心	所	19
卫生监督所	所	17
卫生技术人员数	**万人**	**21.33**
#执业(助理)医师	万人	7.77
#医院执业(助理)医师	万人	4.88
注册护士	万人	9.71

注:卫生机构数中含部队医院、医疗卫生机构的分支机构。

"量质并举"推进家庭医生"1+1+1"签约服务,签约居民 756 万人,常住居民签约率超过 30%,签约居民年内门诊就诊 70%在签约医疗机构组合内,55%在社区卫生服务中心内,签约社区就诊率 46%,比上年提高 1 个百分点。

儿科医疗服务能力进一步增强,全市提供儿科诊疗服务的医疗机构增加到 276 家,其中提供儿童常见病、多发病诊疗服务的社区卫生服务中心增加到 125 家。首批 28 家综合医院儿科门急诊建设基本完成。上海儿童医学中心新增 500 张儿科床位投入使用。全年累计抢救危重孕产妇 652 例、危重新生儿 4638 例,抢救成功率分别为 99.2%和 90.3%。

顺利完成市政府实事项目"新建 10 个医疗急救分站",全市急救分站增至 174 个,急救平均反应时间缩短至 12.4 分钟。超额完成市政府实事项目,建成 85 家智慧健康驿站。大力推动医疗机构间医学影像检查资料和医学检验结果互联互通互认,37 家市级医院之间率先实现 35 项医学检验和 9 项医学影像检查项目互联互通互认,并逐步向区级公立医疗机构扩展。医保异地门诊费用直接结算覆盖三省一市主要医疗机构,长三角全部 41 个城市实现医保"一卡通",覆盖医疗机构超过 5000 家。

年内成功举办国际国内重大赛事 163 场。成功举办 F1 第 1000 站、国际篮联篮球世界杯上海赛区比赛和第十五届世界武术锦标赛。上海城市业余联赛共开展赛事活动近 6000 场,参赛市民 330 万余人次。在第四届全国智力运动会上共获得 12 枚金牌、9 枚银牌、6 枚铜牌,实现金牌数与奖牌数双料第一,连续四届蝉联金牌榜第一;在全国第二届青运会上获得 73 枚金牌、72 枚银牌、76 枚铜牌;上海男排实现联赛五连冠;上海绿地申花足球俱乐部获得中国足协杯冠军。完善崇明体育训练基地功能,建成市民体育公园一期(足球公园)。在公园、绿地和社区中新建改建 112 条市民健身步道、76 个市民球场、345 个市民益智健身苑点。

十三、人口和就业

至年末,全市常住人口总数为 2428.14 万人。其中,户籍常住人口 1450.43 万人,外来常住人口 977.71 万人。全年常住人口出生 16.9 万人,出生率为 7.0‰;死亡 13.3 万人,死亡率为 5.5‰;常住人口自然增长率为 1.5‰;常住人口出生性别比为 105。全年户籍常住人口出生 9.2 万人,出生率为 6.3‰;死亡 12.5 万人,死亡率为 8.6‰;户籍常住人口自然增长率为-2.3‰。

全市户籍人口平均期望寿命达到 83.66 岁。其中,男性 81.27 岁,女性 86.14 岁。

全年新增就业岗位 58.91 万个(见图 2)(其中战略性新兴产业 16.84 万个)。全年新安置就业困难人员 53579 人,新消除零就业家庭 391 户。全年帮扶引领成功创业 11339 人,其中,青年大学生 6966 人;帮助 8698 名长期失业青年实现就业创业。全年共完成职业培训 106.64 万人。其中,农民工职业培训 44.67 万人。高技能人才占技能劳动者比例达到 34.18%。至年末,全市城镇登记失业人员 19.34 万人,城镇登记失业率为 3.6%,城镇调查失业率稳定在 4.3%以内。

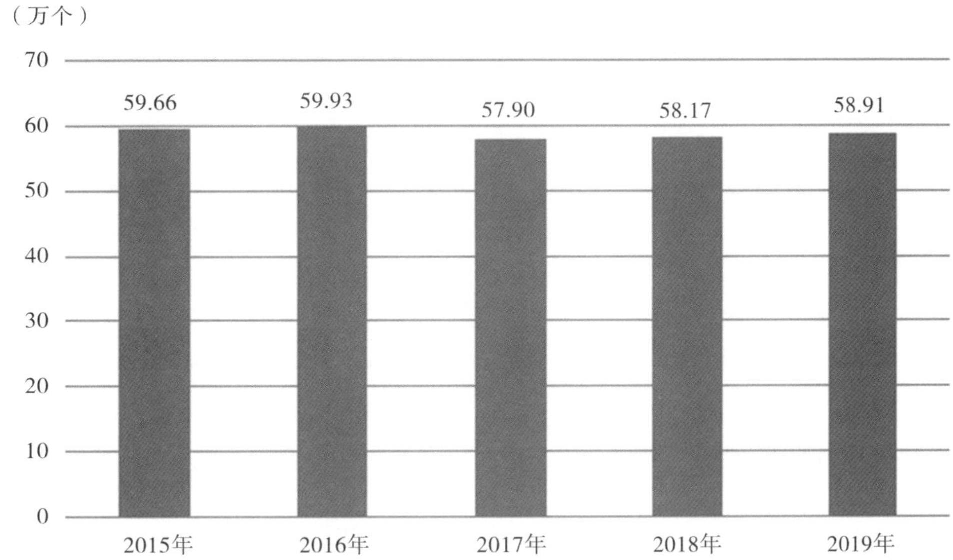

图 2　2015~2019 年新增就业岗位情况

十四、人民生活和社会保障

据抽样调查,全年全市居民人均可支配收入 69442 元,比上年增长 8.2%,扣除价格因素,实际增长 5.6%。其中,城镇常住居民人均可支配收入 73615 元,增长 8.2%,扣除价格因素,实际增长 5.6%;农村常住居民人均可支配收入 33195 元,增长 9.3%,扣除价格因素,实际增长 6.6%。全市居民人均消费支出 45605 元,比上年增长 5.2%。其中,城镇常住居民人均消费支出 48272 元,增长 4.9%;农村常住居民人均消费支出 22449 元,增长 12.4%。

至年末,城镇居民人均住房建筑面积 37.2 平方米。

至年末,全市共有 1589.57 万人(包括离退休人员)参加城镇职工基本养老保险,有 77.10 万人参加城乡居民基本养老保险。月最低工资标准从 2420 元提高到 2480 元,小时最低工资标准从 21 元提高到 22 元。

至年末,全市共有 1540.69 万人(包括离退休人员)参加职工基本医疗保险,有 349.83 万人参加城乡居民基本医疗保险。

加快建设社区嵌入式养老设施,实现综合为老服务中心街镇全覆盖。年内新增社区综合为老服务中心 88 家、老年人日间服务中心 83 家和社区老年助餐场所 217 个。新建养老床位 7202 张,改建 1485 张老年认知障碍照护床位,改造 89 家郊区农村薄弱养老机构。长期护理保险服务惠及 49.3 万老年人。至年末,全市部门共有养老机构 724 家,床位 15.16 万张。其中,由社会投资开办 359 家,床位 6.65 万张。全市建有社区老年人日间服务中心 720 家,社区老年人助餐服务场所 1020 个。

落实残疾人集中就业企业社会保险费补贴政策,对 648 家企业发放 1.12 亿元社保补贴,惠及残疾职工 1.3 万人。全年发放残疾人两项补贴 8.15 亿元。其中,困难残疾人生活补贴 2.96 亿元,惠及 9.03 万残疾人;

重度残疾人护理补贴 5.19 亿元，惠及 21.81 万残疾人。

全年各级政府支出城镇居民最低生活保障金 19.18 亿元、农村居民最低生活保障金 3.3 亿元、特困供养金 0.8 亿元、粮油帮困 0.81 亿元。

十五、环境保护

全年全社会用于环境保护的资金投入 1079.25 亿元，相当于上海市生产总值的比例为 2.8%。

全年环境空气质量（AQI）优良率为 84.7%；二氧化硫年日均值 7 微克/立方米，可吸入颗粒物（PM10）年日均值 45 微克/立方米，细颗粒物（PM2.5）年日均值 35 微克/立方米，二氧化氮年日均值 42 微克/立方米，一氧化碳年日均值 0.7 毫克/立方米，臭氧日最大 8 小时滑动平均值达标率 92.9%。年末，城市污水处理厂日处理能力达 834.3 万立方米，比上年末提高 2.6%。全市生活垃圾末端处理能力达 40200 吨/日，其中焚烧 19300 吨/日、填埋 15350 吨/日、湿垃圾处理能力 5550 吨/日。全年干垃圾清运量 647.18 万吨，下降 17.5%；湿垃圾处理量 272.03 万吨，增长 88.8%；可回收物收运量 147.79 万吨，增长 4.3 倍；有害垃圾处理量 219 吨，增长 5.0 倍；生活垃圾无害化处理率达 100%。大力推进生活垃圾全程分类，建成两网融合回收点 1.5 万个、两网融合回收站 201 个、两网融合回收场 10 个，建成 8 个垃圾资源化利用设施。

全年完成新建绿地 1321.02 公顷，新建林地 11.3 万亩，新建城市绿道 210.14 公里，新建立体绿化 40.63 万平方米。黄浦江滨江绿道 45 公里核心段贯通，外环绿道浦西段基本贯通，持续推进建设市级重点生态廊道 17 条（片）。全市森林覆盖率达 17.6%。至年末，人均公园绿地面积达到 8.4 平方米，城市公园数达 352 座，林荫道达 245 条，湿地保有量 46.46 万公顷。

十六、生产安全和食品药品安全

全年共发生生产安全死亡事故 427 起、死亡 452 人，分别比上年下降 22.6%和 26.3%。其中，工矿商贸事故 185 起，死亡 200 人；生产经营性道路交通死亡事故 228 起，死亡 234 人；生产经营性火灾死亡事故 7 起，死亡 11 人；水上交通死亡事故 5 起、死亡 5 人；农业机械死亡事故 1 起，死亡 1 人；渔业船舶死亡事故 1 起，死亡 1 人。全年亿元生产总值生产安全事故死亡人数为 0.014 人，工矿商贸企业从业人员 10 万人死亡率为 1.498/10 万，道路交通事故万车死亡率为##人/万车。

全市食品监测总体合格率为 98.1%。市民食品安全知识知晓率得分为 86.2 分，市民食品安全满意度得分为 83.9 分。全年共接到集体性食物中毒报告 3 起，中毒人数 65 人（无死亡），中毒发生率为 0.27 例/10 万人，未发生重大食品安全事故。全年共收到食品类投（申）诉、举报和咨询 71915 件，比上年减少 41.5%。共查处食品安全违法案件 7981 起，罚没金额 1.34 亿元。

上海市统计局
国家统计局上海调查总队
2020 年 3 月 6 日

Chapter 2
第二篇

上海调查年鉴 SHANGHAI SURVEY YEARBOOK

城乡居民家庭收支
INCOME AND EXPENDITURE OF URBAN AND RURAL HOUSEHOLDS

简要说明

第一部分　上海居民收支与生活状况调查主要数据（新口径，表 2-1 到表 2-18）

一、主要内容

第一部分资料反映 2015 年以来上海常住居民生活收入、消费及其他生活状况。

二、资料来源

上海常住居民生活状况数据来源于国家统计局上海调查总队居民收支与生活状况抽样调查。

三、住户调查对象

上海居民收支与生活状况调查（简称住户调查，下同）对象为"本市常住居民"，既包括本地户籍，也包括外地户籍；既包括以家庭形式居住的户，也包括以集体形式居住的户，即在本市常住的外来务工人员也被纳入调查对象。调查区域扩展到全市 16 个区县的城镇、农村地区。2013 年至 2017 年，全市城镇、农村调查样本量分别为 4600 户和 1400 户，合计为 6000 户。2018 年，全市城镇、农村调查样本量分别为 3390 户和 610 户，合计为 4000 户。

四、调查内容

调查主要内容包括居民现金和实物收支情况、住户成员及劳动力从业情况、居民家庭食品和能源消费情况、住房和耐用消费拥有情况、家庭经营和生产投资情况、收入分配影响因素情况、社区基本情况以及其他民生状况等。

五、指标发布的变化

根据国家统计局要求，国家统计局上海调查总队从 2015 年 1 季度起，发布城乡一体化住户调查新口径调查数据。主要指标包括：上海居民人均可支配收入、城镇常住居民人均可支配收入、农村常住居民人均可支配收入；上海居民人均消费支出、城镇常住居民人均消费支出、农村常住居民人均消费支出等。

六、数据主要变化情况

根据城乡一体化住户调查改革后，遵照"统计上的城乡划分标准"，新口径城镇常住居民收入、消费等数据覆盖范围在原有基础上扩大，包括城乡结合部，而农村常住居民范围缩小，不再以行政村划分；新口径城镇常住居民"人均可支配收入"指标加入了自有住房折算净租金，扣除了财产性支出和转移性支出等。计算城镇和农村常住居民消费支出时，包括了自有住房折算租金。

第二部分 历年城镇和农村住户调查主要数据
(老口径,表 2-19 到表 2-40)

一、主要内容

第二部分资料反映 1980-2014 年上海市居民生活现状及变化情况,分为城市居民生活和农村居民生活两部分。

二、城镇住户调查资料来源

城镇居民生活状况的数据来源于国家统计局上海调查总队的城镇住户抽样调查。主要内容包括城市居民生活基本情况、收入、生活消费支出、主要消费品消费量等。

三、城镇住户调查方法

上海城镇住户调查以城市常住户为调查对象,2003 年及之前,调查样本为 500 户,2004 年至 2014 年,调查样本增至 1000 户,分布于黄浦、徐汇、长宁、静安、普陀、闸北、虹口、杨浦、闵行、宝山、浦东等 11 个区。

城镇住户调查采用分层、多阶段与大小成比例(pps)、随机等距等方法抽选调查样本户,采用日记账与问卷调查相结合的方法取得数据。首先,每月向抽中的调查户发放账本,由调查户采用日记账方式对本住户及每个成员的收支情况进行记录;然后由调查人员每月在规定的时间将账本回收并进行审核、编码和录入;最后由国家统计局上海调查总队将数据汇总得出人均可支配收入等数据资料。另外,家庭和个人基本情况以及部分调查户的收支情况通过问卷的形式取得数据。

四、农村住户调查资料来源

农村居民生活状况的数据来源于国家统计局上海调查总队的住户收支与生活状况调查。主要内容包括农村居民生活基本情况、收入、生活消费支出、主要消费品消费量等。

五、农村住户调查方法

农村住户调查是以农村常住户为调查对象,农村常住户指长期(半年以上)居住在农村范围内的住户。户口不在本地而在本地居住半年及以上的住户也包括在本地农村常住户范围内。按国家统计局住户收支与生活状况调查方案,采用抽样调查方法在全市郊区县抽取约 1200 户农村居民家庭作为调查样本,分布于浦东、闵行、宝山、嘉定、金山、松江、青浦、奉贤、崇明 9 个区县。为保证农村住户调查资料的准确性,住户收支与生活状况调查在 95%的概率把握程度下要求抽样误差不得超过±3%。调查数据采用农村居民记账与一次性调查相结合的方法取得,调查户按照国家统计局上海调查总队统一编制的账本和要求记账,现金收支账、实物收支账发生一笔记一笔,由区县调查员每月收取调查户的账本,录入计算机,通过乡镇、区县、总队多级审核确保调查数据真实可靠。

BRIEF INTRODUCTION

Part 1 Data of Survey on Income, Expenditure and Living Conditions of Residents in Shanghai (New Statistics Scope, from Chart 2-1 to 2-18)

Ⅰ. Main Contents

Data in this chapter shows the income, expenditure and living conditions of residents in Shanghai since 2015.

Ⅱ. Sources of Data

Survey on Income and Expenditures and Living Conditions is conduncted by NBS Survey Office in Shanghai.

Ⅲ. Respondents of the Survey

Respondents of survey on income, expenditure and living conditions of residents in Shanghai (household survey for short) includes household registered and nonlocal registered residence, family household and institutional household in Shanghai. In other words, migrant workers are included. Region of the survey covers all 16 districts of Shanghai, both urban and rural area. From 2015-2017, sample number of urban and rural survey changes to 4600 and 1400 respectively, a total of 6000 households. Since 2018, sample number of urban and rural survey changes to 3390 and 610 respectively, a total of 4000 households.

Ⅳ. Survey Contents

The main contents of the survey include the residents´ income and expenditure, household members and labor force, food and energy consumption, housing and durable goods, household management and production investment, income distribution factors, the basic situation of the community and other people´s livelihood condition.

Ⅴ. Changes of Index Releasing

In terms of the system of Integrated Urban and Rural Households on Income and Expenditures and Living Conditions conducted since 2015, NBS Survey office in Shanghai releases integrated urban and rural household survey data, including per capita disposable income of citywide households, per capita disposable income of urban households, per capita disposable income of rural households, per capita consumption expenditure of citywide households, per capita consumption expenditure of urban households, per capita consumption expenditure of rural households.

VI. Main Changes in Data

According to the integrated household survey, main changes of population covered by data of per capita disposable income of urban and rural households: migrant workers resided in urban areas are included in the denominator when calculating per capita disposable income of urban household, migrant workers are not included in denominator when calculating per capita disposable income of rural households; college students of their households are regarded as permanent residents. Main changes of urban household and rural household per capita disposable income and expenditure of new coverage: converted rents of self-owned housing are included when calculating per capita disposable income and expenditure of urban and rural households.

Part 2 Historical data of urban and rural household survey
(Old Statistics Scope, from Chart 2-19 to 2-40)

Ⅰ. Main Contents

Data in this chapter show the living conditions of residents in Shanghai from 1980 to 2014. This chapter consists of two parts: living conditions of urban households and living conditions of rural households.

Ⅱ. Sources of Data for Survey on Urban Households

Data on living conditions of urban residents come from data collected through a sample survey on urban households conducted by NBS Survey Office in Shanghai. The main contents of the survey include basic living conditions of urban residents, income, consumption expenditure and the consumption of major consumer goods, etc.

Ⅲ. Methodology for Survey on Urban Households

Objects of the urban household survey are resident households in urban areas. Before 2003, the sample size is 500 households. It increased to 1,000 between 2004 and 2014, covering 11 districts of Shanghai, which are Huangpu, Xuhui, Changning, Jing'an, Putuo, Zhabei, Hongkou, Yangpu, Minhang, Baoshan and Pudong District.

Samples of the urban household survey are selected by using stratified sampling, multistage sampling, probability proportional to size (PPS) sampling and systematic random sampling, etc. Data are obtained from daily expense record and survey questionnaires. Selected households receive account books each month and keep taking down daily expenses to record income and expenditure of the households and its individual members. Professional surveyors collect the account books at a fixed time each month and then verify, encode and record the data. The raw data are later delivered to NBS Survey Office in Shanghai to calculate into processed data such as the average disposable income per capita. In addition, basic information of the family and individuals in that household as well as the income and expenditure situation of some objects are obtained through questionnaires.

IV. Sources of Data for Survey on Rural Households

Data on living conditions of rural residents come from data collected through the survey on household income, expenditure and living condition, which is conducted by NBS Survey Office in Shanghai. The main contents of the survey include basic living condition of rural residents, income, consumption expenditure and the consumption of major consumer goods, etc.

V. Methodology for Survey on Rural Households

Objects of the rural household survey are rural resident households. Rural resident households refer to households residing in rural villages on a long-term basis (for half a year or more). Households without local residential household registrations but residing in the current addresses for half a year or more are included as local resident households. According to the schema of the survey on income, expenditure and living conditions of rural households, a combination of various sampling approaches are used to select 1,200 rural households from 9 districts and counties across the whole city, which are Pudong, Minhang, Baoshan, Jiading, Jinshan, Songjiang, Qingpu, Fengxian, and Chongming.

In order to guarantee accuracy of the survey data on income, expenditure and living conditions of rural households, it is required that the sampling error should not exceed±3%, with a 95% confidence level. A combinition of daily expense record kept by rural households and one-time survey is used for data collection. Surveyed households record expenses according to unified requirements complied by NBS Survey Office in Shanghai on specifically designed account books. Income and expenditure of cash and real goods are recorded case by case. Surveyors collect account books from districts and counties and compile and record data into computers. Surveyors and inspectors from townships, counties, districts and the headquarters will verify the data to ensure accuracy and reliability.

第一部分　上海居民收支与生活状况调查主要数据（新口径，表 2-1 到表 2-18）

Part 1　Main Data from Survey on Income, Expenditure and Living Conditions of Residents in Shanghai（New Statistical Scale, from Chart 2-1 to 2-18）

全市居民家庭基本情况
Basic Conditions of Citywide Households

表 2-1

指 标	Indicators	2015 年	2016 年	2017 年	2018 年	2019 年
基本情况(人)	**Basic Statistics(person)**					
户均人口	Average Family Size	2.62	2.69	2.69	2.53	2.55
户均从业人口	Number of Employed Persons per Household	1.29	1.28	1.25	1.19	1.19
平均每一从业人口负担人数(包括从业者本人)	Number of Dependents per Employee (Including Employed Person)	2.03	2.09	2.16	2.13	2.15
家庭收入与支出(元/人)	**Income and Expenditure of Resident Household (yuan/person)**					
人均可支配收入	Per Capita Disposable Income	49 867	54 305	58 988	64 183	69 442
人均消费支出	Per Capita Consumption Expenditure	34 784	37 458	39 792	43 351	45 605

城镇常住居民家庭基本情况
Basic Conditions of Urban Households

表 2-2

指 标	Indicators	2015 年	2016 年	2017 年	2018 年	2019 年
基本情况(人)	**Basic Statistics(person)**					
户均人口	Average Family Size	2.64	2.69	2.69	2.54	2.57
户均从业人口	Number of Employed Persons per Household	1.26	1.25	1.22	1.18	1.17
平均每一从业人口负担人数(包括从业者本人)	Number of Dependents per Employee (Including Employed Person)	2.09	2.14	2.21	2.16	2.19
家庭收入与支出(元/人)	**Income and Expenditure of Resident Household (yuan/person)**					
人均可支配收入	Per Capita Disposable Income	52 962	57 692	62 596	68 034	73 615
人均消费支出	Per Capita Consumption Expenditure	36 946	39 857	42 304	46 015	48 272

农村常住居民家庭生活基本情况
Basic Conditions of Rural Households

表 2-3

指 标	Indicators	2015 年	2016 年	2017 年	2018 年	2019 年
基本情况(人)	**Basic Statistics(person)**					
户均人口	Average Family Size	2.47	2.69	2.69	2.39	2.45
户均从业人口	Number of Employed Persons per Household	1.54	1.54	1.48	1.28	1.31
平均每一从业人口负担人数(包括从业者本人)	Number of Dependents per Employee (Including Employed Person)	1.60	1.75	1.82	1.87	1.87
家庭收入与支出(元/人)	**Income and Expenditure of Resident Household (yuan/person)**					
人均可支配收入	Per Capita Disposable Income	23 205	25 520	27 825	30 375	33 195
人均消费支出	Per Capita Consumption Expenditure	16 152	17 071	18 090	19 965	22 449

全市居民收支情况(绝对额)
Per Capita Income and Consumption Expenditure of Citywide Households

表 2-4　　单位:元/人(Unit:yuan/person)

指　标	Indicators	2015 年	2016 年	2017 年	2018 年	2019 年
居民人均可支配收入	**Per Capita Disposable Income**	**49 867**	**54 305**	**58 988**	**64 183**	**69 442**
工资性收入	Income of Wages and Salaries	30 499	32 718	34 365	37 137	40 025
经营净收入	Net Business Income	1 319	1 399	1 533	1 821	2 209
财产净收入	Net Income from Property	7 173	7 684	9 030	9 666	10 055
转移净收入	Net Income from Transfer	10 876	12 504	14 060	15 559	17 153
居民人均消费支出	**Per Capita Consumption Expenditure**	**34 784**	**37 458**	**39 792**	**43 351**	**45 605**
食品烟酒	Food, Tobacco and Liquor	9 272	9 564	10 006	10 728	10 952
衣　着	Clothing	1 623	1 734	1 733	2 037	2 072
居　住	Residence	11 308	12 264	13 709	14 209	15 046
生活用品及服务	Household Facilities, Articles and Services	1 485	1 755	1 825	2 096	2 123
交通通信	Transport and Communication	4 206	4 228	4 058	4 881	5 356
教育文化娱乐	Education, Cultural and Recreation	3 718	4 174	4 686	5 049	5 495
医疗保健	Health Care and Medical Services	2 268	2 721	2 602	3 070	3 205
其他用品及服务	Miscellaneous Goods and Services	904	1 018	1 173	1 281	1 356

城镇常住居民收支情况(绝对额)
Per Capita Income and Consumption Expenditure of Urban Households

表 2-5　　单位:元/人(Unit:yuan/person)

指　标	Indicators	2015 年	2016 年	2017 年	2018 年	2019 年
居民人均可支配收入	**Per Capita Disposable Income**	**52 962**	**57 692**	**62 596**	**68 034**	**73 615**
工资性收入	Income of Wages and Salaries	32 010	34 339	35 995	39 146	42 328
经营净收入	Net Business Income	1 303	1 400	1 551	1 829	2 192
财产净收入	Net Income from Property	7 915	8 487	9 976	10 653	11 064
转移净收入	Net Income from Transfer	11 734	13 466	15 074	16 406	18 031
居民人均消费支出	**Per Capita Consumption Expenditure**	**36 946**	**39 857**	**42 304**	**46 015**	**48 272**
食品烟酒	Food, Tobacco and Liquor	9 691	10 015	10 456	11 104	11 273
衣　着	Clothing	1 711	1 835	1 827	2 139	2 162
居　住	Residence	12 137	13 216	14 749	15 376	16 253
生活用品及服务	Household Facilities, Articles and Services	1 573	1 868	1 928	2 205	2 215
交通通信	Transport and Communication	4 457	4 447	4 253	5 108	5 626
教育文化娱乐	Education, Cultural and Recreation	4 046	4 534	5 087	5 491	5 966
医疗保健	Health Care and Medical Services	2 362	2 840	2 735	3 222	3 332
其他用品及服务	Miscellaneous Goods and Services	969	1 102	1 269	1 370	1 445

全市居民收支情况(比上年同期名义增长)
Growth Rates of Per Capita Income and Consumption Expenditure of Citywide Households

表 2-6　　单位:%(Unit:%)

指　标	Indicators	2015 年	2016 年	2017 年	2018 年	2019 年
居民人均可支配收入	**Per Capita Disposable Income**	**8.5**	**8.9**	**8.6**	**8.8**	**8.2**
工资性收入	Income of Wages and Salaries	6.1	7.3	5.0	8.1	7.8
经营净收入	Net Business Income	-4.2	6.0	9.6	18.8	21.3
财产净收入	Net Income from Property	10.3	7.1	17.5	7.0	4.0
转移净收入	Net Income from Transfer	16.5	15.0	12.4	10.7	10.2
居民人均消费支出	**Per Capita Consumption Expenditure**	**5.2**	**7.7**	**6.2**	**8.9**	**5.2**
食品烟酒	Food, Tobacco and Liquor	2.9	3.2	4.6	7.2	2.1
衣　着	Clothing	0.6	6.9	平	17.5	1.7
居　住	Residence	4.8	8.5	11.8	3.6	5.9
生活用品及服务	Household Facilities, Articles and Services	-3.1	18.2	4.0	14.8	1.3
交通通信	Transport and Communication	17.0	0.5	-4.0	20.3	9.7
教育文化娱乐	Education, Cultural and Recreation	12.3	12.3	12.2	7.7	8.8
医疗保健	Health Care and Medical Services	2.0	19.9	-4.4	18.0	4.4
其他用品及服务	Miscellaneous Goods and Services	-8.4	12.5	15.3	9.2	5.8

城镇常住居民收支情况(比上年同期名义增长)
Growth Rates of Per Capita Income and Consumption Expenditure of Urban Households

表 2-7

单位:%(Unit:%)

指　标	Indicators	2015 年	2016 年	2017 年	2018 年	2019 年
居民人均可支配收入	**Per Capita Disposable Income**	**8.4**	**8.9**	**8.5**	**8.7**	**8.2**
工资性收入	Income of Wages and Salaries	6.0	7.3	4.8	8.8	8.1
经营净收入	Net Business Income	- 4.9	7.5	10.8	17.9	19.9
财产净收入	Net Income from Property	10.3	7.2	17.5	6.8	3.9
转移净收入	Net Income from Transfer	16.4	14.8	11.9	8.8	9.9
居民人均消费支出	**Per Capita Consumption Expenditure**	**5.0**	**7.9**	**6.1**	**8.8**	**4.9**
食品烟酒	Food, Tobacco and Liquor	2.7	3.3	4.4	6.2	1.5
衣　着	Clothing	0.7	7.2	-0.4	17.1	1.0
居　住	Residence	4.4	8.9	11.6	4.3	5.7
生活用品及服务	Household Facilities, Articles and Services	-3.5	18.8	3.2	14.4	0.5
交通通信	Transport and Communication	17.2	-0.2	-4.4	20.1	10.1
教育文化娱乐	Education, Cultural and Recreation	12.2	12.0	12.2	7.9	8.7
医疗保健	Health Care and Medical Services	1.5	20.3	-3.7	17.8	3.4
其他用品及服务	Miscellaneous Goods and Services	-8.4	13.7	15.1	8.0	5.5

全市居民可支配收入及构成
Per Capita Income of Citywide Households and Its Composition

表 2-8

指　标	Indicators	单位　Unit	2015 年	2016 年	2017 年	2018 年	2019 年
可支配收入	**Disposable Income**	**元/人 yuan/person**	**49 867**	**54 305**	**58 988**	**64 183**	**69 442**
工资性收入	Income of Wages and Salaries	元/人 yuan/person	30 499	32 718	34 365	37 137	40 025
经营净收入	Net Business Income	元/人 yuan/person	1 319	1 399	1 533	1 821	2 209
财产净收入	Net Income from Property	元/人 yuan/person	7 173	7 684	9 030	9 666	10 055
转移净收入	Net Income from Transfer	元/人 yuan/person	10 876	12 504	14 060	15 559	17 153
可支配收入构成	**Composition of Disposable Income**	**%**	**100.0**	**100.0**	**100.0**	**100.0**	**100.0**
工资性收入	Income of Wages and Salaries	%	61.2	60.3	58.3	57.9	57.6
经营净收入	Net Business Income	%	2.6	2.6	2.6	2.8	3.2
财产净收入	Net Income from Property	%	14.4	14.1	15.3	15.1	14.5
转移净收入	Net Income from Transfer	%	21.8	23.0	23.8	24.2	24.7

城镇常住居民可支配收入及构成
Per Capita Income of Urban Households and Its Composition

表 2-9

指　标	Indicators	单位　Unit	2015 年	2016 年	2017 年	2018 年	2019 年
可支配收入	**Disposable Income**	**元/人 yuan/person**	**52 962**	**57 692**	**62 596**	**68 034**	**73 615**
工资性收入	Income of Wages and Salaries	元/人 yuan/person	32 010	34 339	35 995	39 146	42 328
经营净收入	Net Business Income	元/人 yuan/person	1 303	1 400	1 551	1 829	2 192
财产净收入	Net Income from Property	元/人 yuan/person	7 915	8 487	9 976	10 653	11 064
转移净收入	Net Income from Transfer	元/人 yuan/person	11 734	13 466	15 074	16 406	18 031
可支配收入构成	**Composition of Disposable Income**	**%**	**100.0**	**100.0**	**100.0**	**100.0**	**100.0**
工资性收入	Income of Wages and Salaries	%	60.4	59.5	57.5	57.5	57.5
经营净收入	Net Business Income	%	2.5	2.4	2.5	2.7	3.0
财产净收入	Net Income from Property	%	14.9	14.7	15.9	15.7	15.0
转移净收入	Net Income from Transfer	%	22.2	23.4	24.1	24.1	24.5

全市居民消费支出
Consumption Expenditure of Citywide Households

表 2-10 单位：元/人(Unit:yuan/person)

指　标	Indicators	2015 年	2016 年	2017 年	2018 年	2019 年
消费支出	**Consumption Expenditure**	**34 784**	**37 458**	**39 792**	**43 351**	**45 605**
食品烟酒	Food, Tobacco and Liquor	9 272	9 564	10 006	10 728	10 952
#食　品	Food	5 905	6 114	6 238	6 276	6 361
在外饮食(不含食堂用餐)	Dining Out (excluding the canteen)	2 191	2 267	2 576	3 207	3 279
衣　着	Clothing	1 623	1 734	1 733	2 037	2 072
衣　类	Garment	1 270	1 354	1 379	1 665	1 662
鞋　类	Shoes	353	380	354	372	410
居　住	Residence	11 308	12 264	13 709	14 209	15 046
#租赁房房租	Rent	829	717	727	1 584	1 447
水电燃料及其他	Utilities,Fuel Fee and Miscellaneous Cost	951	1 001	1 037	1 161	1 139
生活用品及服务	Household Facilities, Articles and Services	1 485	1 755	1 825	2 096	2 123
#家用器具	Household Appliances	335	449	442	515	475
家庭日用杂品	Household Articles	341	374	370	405	418
交通通信	Transport and Communication	4 206	4 228	4 058	4 881	5 356
交　通	Transport	2 913	3 017	2 826	3 669	4 183
通　信	Communication	1 293	1 211	1 232	1 212	1 173
教育文化娱乐	Education, Cultural and Recreation	3 718	4 174	4 686	5 049	5 495
教　育	Education	1 345	1 536	1 677	2 263	2 597
文化和娱乐	Cultural and Recreation	2 373	2 638	3 008	2 786	2 898
医疗保健	Health Care and Medical Services	2 268	2 721	2 602	3 070	3 205
医疗器具及药品	Medical Instrument and Medicine	400	459	482	518	495
医疗服务	Medical Services	1 868	2 262	2 121	2 552	2 710
其他用品及服务	Miscellaneous Goods and Services	904	1 018	1 173	1 281	1 356

城镇常住居民消费支出
Consumption Expenditure of Urban Households

表 2-11　　单位：元/人（Unit：yuan/person）

指　标	Indicators	2015 年	2016 年	2017 年	2018 年	2019 年
消费支出	**Consumption Expenditure**	**36 946**	**39 857**	**42 304**	**46 015**	**48 272**
食品烟酒	Food, Tobacco and Liquor	9 691	10 015	10 456	11 104	11 273
#食　品	Food	6 129	6 346	6 465	6 449	6 483
在外饮食(不含食堂用餐)	Dining Out (excluding the canteen)	2 387	2 472	2 784	3 428	3 503
衣　着	Clothing	1 711	1 835	1 827	2 139	2 162
衣　类	Garment	1 343	1 436	1 458	1 754	1 739
鞋　类	Shoes	368	399	369	385	423
居　住	Residence	12 137	13 216	14 749	15 376	16 253
#租赁房房租	Rent	870	757	753	1 701	1 551
水电燃料及其他	Utilities, Fuel Fee and Miscellaneous Cost	973	1 029	1 063	1 191	1 162
生活用品及服务	Household Facilities, Articles and Services	1 573	1 868	1 928	2 205	2 215
#家用器具	Household Appliances	355	476	458	535	493
家庭日用杂品	Household Articles	354	389	386	415	429
交通通信	Transport and Communication	4 457	4 447	4 253	5 108	5 626
交　通	Transport	3 113	3 192	2 978	3 850	4 413
通　信	Communication	1 344	1 255	1 276	1 258	1 213
教育文化娱乐	Education, Cultural and Recreation	4 046	4 534	5 087	5 491	5 966
教　育	Education	1 453	1 636	1 789	2 452	2 810
文化和娱乐	Cultural and Recreation	2 593	2 898	3 298	3 039	3 156
医疗保健	Health Care and Medical Services	2 362	2 840	2 735	3 222	3 332
医疗器具及药品	Medical Instrument and Medicine	425	485	515	534	512
医疗服务	Medical Services	1 937	2 355	2 220	2 688	2 820
其他用品及服务	Miscellaneous Goods and Services	969	1 102	1 269	1 370	1 445

全市居民消费支出及构成
Consumption Expenditure of Citywide Households and Its Composition

表 2-12

指　标	Indicators	单位　Unit	2015 年	2016 年	2017 年	2018 年	2019 年
消费支出	**Consumption Expenditure**	**元/人 yuan/person**	**34 784**	**37 458**	**39 792**	**43 351**	**45 605**
食品烟酒	Food, Tobacco and Liquor	元/人 yuan/person	9 272	9 564	10 006	10 728	10 952
衣　着	Clothing	元/人 yuan/person	1 623	1 734	1 733	2 037	2 072
居　住	Residence	元/人 yuan/person	11 308	12 264	13 709	14 209	15 046
生活用品及服务	Household Facilities, Articles and Services	元/人 yuan/person	1 485	1 755	1 825	2 096	2 123
交通通信	Transport and Communication	元/人 yuan/person	4 206	4 228	4 058	4 881	5 356
教育文化娱乐	Education, Cultural and Recreation	元/人 yuan/person	3 718	4 174	4 686	5 049	5 495
医疗保健	Health Care and Medical Services	元/人 yuan/person	2 268	2 721	2 602	3 070	3 205
其他用品及服务	Miscellaneous Goods and Services	元/人 yuan/person	904	1 018	1 173	1 281	1 356
消费支出构成	**Composition of Consumption Expenditure**	**%**	**100.0**	**100.0**	**100.0**	**100.0**	**100.0**
食品烟酒	Food, Tobacco and Liquor	%	26.6	25.5	25.1	24.7	24.0
衣　着	Clothing	%	4.7	4.6	4.4	4.7	4.5
居　住	Residence	%	32.5	32.7	34.5	32.8	33.0
生活用品及服务	Household Facilities, Articles and Services	%	4.3	4.7	4.6	4.8	4.7
交通通信	Transport and Communication	%	12.1	11.3	10.2	11.3	11.7
教育文化娱乐	Education, Cultural and Recreation	%	10.7	11.2	11.8	11.6	12.1
医疗保健	Health Care and Medical Services	%	6.5	7.3	6.5	7.1	7.0
其他用品及服务	Miscellaneous Goods and Services	%	2.6	2.7	2.9	3.0	3.0

注：因指标口径调整，"食品烟酒"占"消费支出"比重与历史数据不可比。
Note: Because of the adjustment of the coverage of the indicators, the proportion of "Food, Tobacco and Liquor" in "Composition of Consumption Expenditure" is not comparable to historical data.

城镇常住居民消费支出及构成
Consumption Expenditure of Urban Households and Its Composition

表 2-13

指　标	Indicators	单位　Unit	2015 年	2016 年	2017 年	2018 年	2019 年
消费支出	**Consumption Expenditure**	**元/人 yuan/person**	**36 946**	**39 857**	**42 304**	**46 015**	**48 272**
食品烟酒	Food, Tobacco and Liquor	元/人 yuan/person	9 691	10 015	10 456	11 104	11 273
衣　着	Clothing	元/人 yuan/person	1 711	1 835	1 827	2 139	2 162
居　住	Residence	元/人 yuan/person	12 137	13 216	14 749	15 376	16 253
生活用品及服务	Household Facilities, Articles and Services	元/人 yuan/person	1 573	1 868	1 928	2 205	2 215
交通通信	Transport and Communication	元/人 yuan/person	4 457	4 447	4 253	5 108	5 626
教育文化娱乐	Education, Cultural and Recreation	元/人 yuan/person	4 046	4 534	5 087	5 491	5 966
医疗保健	Health Care and Medical Services	元/人 yuan/person	2 362	2 840	2 735	3 222	3 332
其他用品及服务	Miscellaneous Goods and Services	元/人 yuan/person	969	1 102	1 269	1 370	1 445
消费支出构成	**Composition of Consumption Expenditure**	**%**	**100.0**	**100.0**	**100.0**	**100.0**	**100.0**
食品烟酒	Food, Tobacco and Liquor	%	26.2	25.1	24.7	24.1	23.3
衣　着	Clothing	%	4.6	4.6	4.3	4.7	4.5
居　住	Residence	%	32.8	33.2	34.9	33.4	33.7
生活用品及服务	Household Facilities, Articles and Services	%	4.3	4.7	4.6	4.8	4.6
交通通信	Transport and Communication	%	12.1	11.1	10.0	11.1	11.6
教育文化娱乐	Education, Cultural and Recreation	%	11.0	11.4	12.0	11.9	12.4
医疗保健	Health Care and Medical Services	%	6.4	7.1	6.5	7.0	6.9
其他用品及服务	Miscellaneous Goods and Services	%	2.6	2.8	3.0	3.0	3.0

注：因指标口径调整，"食品烟酒"占"消费支出"比重与历史数据不可比。
Note: Because of the adjustment of the coverage of the indicators, the proportion of "Food, Tobacco and Liquor" in "Composition of Consumption Expenditure" is not comparable to historical data.

全市居民平均每百户主要耐用消费品拥有量
Main Durable Goods Owned Per 100 Households Citywide

表 2-14

指　标	Indicators	单位　Unit	2015 年	2016 年	2017 年	2018 年	2019 年
家用汽车	Automobile	辆 unit	24	29	31	37	39
助力车	Moped	辆 unit	58	65	67	68	71
洗衣机	Washing Machine	台 set	89	93	95	93	95
电冰箱(柜)	Refrigerator	台 set	96	99	100	100	102
微波炉	Microwave Oven	台 set	84	87	88	85	86
彩色电视机	Color TV Set	台 set	174	183	186	173	177
空　调	Air Conditioner	台 set	181	197	203	200	207
热水器	Water Heater	台 set	88	93	95	95	97
排油烟机	Smoke Exhaust Ventilator	台 set	74	78	81	81	83
固定电话	Telephone	线 set	75	73	73	56	47
移动电话	Mobilephone	部 set	217	228	230	220	224
#接入互联网	Accessing to Internet	部 set	153	185	196	194	203
计算机	Computer	台 set	117	131	131	99	105
#接入互联网	Accessing to Internet	台 set	111	125	127	95	101

注：2018 年住户调查进行样本轮换，部分数据可能存在波动。
Note: Sample rotation was conducted in household survey in 2018, and some data may fluctuate.

城镇常住居民平均每百户主要耐用消费品拥有量
Main Durable Goods Owned Per 100 Households Urban

表 2-15

指　标	Indicators	单位　Unit	2015 年	2016 年	2017 年	2018 年	2019 年
家用汽车	Automobile	辆 unit	26	30	32	38	39
助力车	Moped	辆 unit	51	56	59	61	64
洗衣机	Washing Machine	台 set	92	95	96	94	96
电冰箱(柜)	Refrigerator	台 set	97	100	101	100	101
微波炉	Microwave Oven	台 set	87	89	90	86	87
彩色电视机	Color TV Set	台 set	177	185	188	175	178
空　调	Air Conditioner	台 set	191	205	210	207	213
热水器	Water Heater	台 set	91	95	97	96	98
排油烟机	Smoke Exhaust Ventilator	台 set	79	82	85	85	87
固定电话	Telephone	线 set	77	74	75	56	47
移动电话	Mobilephone	部 set	221	230	233	223	227
#接入互联网	Accessing to Internet	部 set	161	192	203	201	210
计算机	Computer	台 set	126	141	140	107	113
#接入互联网	Accessing to Internet	台 set	120	135	136	102	109

注：2018 年住户调查进行样本轮换，部分数据可能存在波动。
Note: Sample rotation was conducted in household survey in 2018, and some data may fluctuate.

农村常住居民平均每百户主要耐用消费品拥有量
Main Durable Goods Owned Per 100 Households Rural

表 2-16

指 标	Indicators	单位 Unit	2015 年	2016 年	2017 年	2018 年	2019 年
家用汽车	Automobile	辆 unit	14	21	24	28	32
助力车	Moped	辆 unit	121	139	140	129	130
洗衣机	Washing Machine	台 set	70	81	83	83	86
电冰箱(柜)	Refrigerator	台 set	84	91	93	101	104
微波炉	Microwave Oven	台 set	65	73	73	75	77
彩色电视机	Color TV Set	台 set	148	166	169	162	170
空 调	Air Conditioner	台 set	101	129	136	142	156
热水器	Water Heater	台 set	66	76	79	85	90
排油烟机	Smoke Exhaust Ventilator	台 set	38	44	46	49	55
固定电话	Telephone	线 set	61	61	60	50	41
移动电话	Mobilephone	部 set	187	208	210	197	203
#接入互联网	Accessing to Internet	部 set	94	126	134	133	147
计算机	Computer	台 set	47	51	53	37	40
#接入互联网	Accessing to Internet	台 set	40	47	50	35	37

注：2018 年住户调查进行样本轮换，部分数据可能存在波动。
Note：Sample rotation was conducted in household survey in 2018, and some data may fluctuate.

分区居民人均可支配收入
Per Capita Disposable Income by Districts

表 2-17　　单位：元/人（Unit：yuan/person）

区	District	2015 年	2016 年	2017 年	2018 年	2019 年
浦东新区	Pudong New Area	50 726	55 776	60 715	66 179	71 647
闵 行 区	Minhang	50 912	55 851	60 736	66 385	71 820
宝 山 区	Baoshan	48 499	53 371	58 249	63 491	68 721
嘉 定 区	Jiading	40 830	44 876	48 944	53 545	58 277
金 山 区	Jinshan	32 336	35 602	38 780	42 281	45 973
松 江 区	Songjiang	39 529	43 517	47 667	52 195	56 838
青 浦 区	Qingpu	36 188	39 614	43 225	47 336	51 563
奉 贤 区	Fengxian	33 062	36 680	39 987	43 586	47 396
崇 明 区	Chongming	27 380	30 503	33 489	36 647	39 953

分区居民人均可支配收入增幅
Growth Rate of Per Capita Disposable Income by Districts

表 2-18 单位:%(Unit:%)

区	District	2015 年	2016 年	2017 年	2018 年	2019 年
浦东新区	Pudong New Area	8.6	10.0	8.9	9.0	8.3
闵 行 区	Minhang	8.8	9.7	8.7	9.3	8.2
宝 山 区	Baoshan	8.9	10.0	9.1	9.0	8.2
嘉 定 区	Jiading	8.7	9.9	9.1	9.4	8.8
金 山 区	Jinshan	8.6	10.1	8.9	9.0	8.7
松 江 区	Songjiang	9.0	10.1	9.5	9.5	8.9
青 浦 区	Qingpu	8.8	9.5	9.1	9.5	8.9
奉 贤 区	Fengxian	9.0	10.9	9.0	9.0	8.7
崇 明 区	Chongming	9.1	11.4	9.8	9.4	9.0

第二部分　历年城镇和农村住户调查主要数据（老口径，表 2-19 到表 2-40）

Part 2　Main Data from Historical Urban and Rural Household Survey（Old Statistical Scale, from Chart 2-19 to 2-40 ）

城乡居民家庭人均可支配收入和消费支出(1978~2014)
Per Capita Disposable Income and Consumption Expenditures of Urban and Rural Households

表 2-19

单位:元 (Unit:yuan)

年份 Year	人均可支配收入 Per Capita Disposable Income			人均消费支出 Per Capita Consumption Expenditures		
	城市居民 Urban Residents	农村居民 Rural Residents	城乡居民收入比 (农村居民收入=100) Ratio of Urban-Rural Residents' Income (Rural Residents' Disposable Income=100)	城市居民 Urban Residents	农村居民 Rural Residents	城乡居民消费支出比 (农村居民消费=100) Ratio of Urban-Rural Residents' Consumption Expenditures (Rural Residents' Consumption Expenditures=100)
1978	406	281	144.5	357	193	185.0
1979	481	360	133.6	429	247	173.4
1980	637	401	158.9	553	323	171.2
1981	637	444	143.5	585	390	150.0
1982	659	536	122.9	576	444	129.7
1983	686	562	122.1	615	512	120.1
1984	834	785	106.2	726	619	117.3
1985	1 075	806	133.4	992	778	127.5
1986	1 293	936	138.1	1 170	896	130.6
1987	1 437	1 059	135.7	1 282	977	131.2
1988	1 723	1 301	132.4	1 648	1 229	134.1
1989	1 976	1 520	130.0	1 812	1 319	137.4
1990	2 183	1 665	131.1	1 937	1 262	153.5
1991	2 486	2 003	124.1	2 167	1 540	140.7
1992	3 009	2 226	135.2	2 509	1 967	127.6
1993	4 277	2 727	156.8	3 530	2 200	160.5
1994	5 868	3 437	170.7	4 669	2 715	172.0
1995	7 172	4 246	168.9	5 868	3 368	174.2
1996	8 159	4 846	168.4	6 763	3 868	174.8
1997	8 439	5 277	159.9	6 820	4 228	161.3
1998	8 773	5 407	162.3	6 866	4 207	163.2
1999	10 932	5 481	199.5	8 248	3 867	213.3
2000	11 718	5 565	210.6	8 868	4 138	214.3
2001	12 883	5 850	220.2	9 336	4 753	196.4
2002	13 250	6 212	213.3	10 464	5 311	197.0
2003	14 867	6 658	223.3	11 040	5 670	194.7
2004	16 683	7 337	227.4	12 631	6 329	199.6
2005	18 645	8 342	223.5	13 773	7 265	189.6
2006	20 668	9 213	224.3	14 762	8 006	184.4
2007	23 623	10 222	231.1	17 255	8 845	195.1
2008	26 675	11 385	234.3	19 398	9 115	212.8
2009	28 838	12 324	234.0	20 992	9 804	214.1
2010	31 838	13 746	231.6	23 200	10 225	226.9
2011	36 230	15 644	231.6	25 102	11 272	222.7
2012	40 188	17 401	231.0	26 253	12 096	217.0
2013	43 851	19 208	228.3	28 155	13 425	209.7
2014	47 710	21 192	225.1	30 520	15 291	199.6

注：2000 年前农村居民平均每人可支配收入按纯收入口径计算。
Note：Before 2000, per capita disposable income of rural residents refers to the net income.

城乡居民家庭人均收入消费名义指数(1980~2014)

Nominal Indices of Per Capita Disposable Income and Consumption Expenditures of Urban and Rural Households

表 2-20

年　份 Year	可支配收入指数 Nominal Indices of Per Capita Disposable Income (1980=100)		消费支出指数 Nominal Indices of Per Capita Consumption Expenditures (1980=100)	
	城市居民 Urban Residents	农村居民 Rural Residents	城市居民 Urban Residents	农村居民 Rural Residents
1980	100.0	100.0	100.0	100.0
1981	100.0	110.7	105.7	120.7
1982	103.5	133.7	104.1	137.5
1983	107.7	140.1	111.3	158.5
1984	131.0	195.8	131.3	191.6
1985	168.8	201.0	179.4	240.9
1986	203.1	233.4	211.7	277.4
1987	225.6	264.1	231.9	302.5
1988	270.6	324.4	298.1	380.5
1989	310.2	379.1	327.8	408.4
1990	342.7	415.2	350.4	390.7
1991	390.3	499.5	391.9	476.8
1992	472.5	555.1	453.9	609.0
1993	671.7	680.0	638.5	681.1
1994	921.5	857.1	844.4	840.6
1995	1 126.2	1 058.9	1 061.3	1 042.7
1996	1 281.1	1 208.5	1 223.2	1 197.5
1997	1 325.1	1 316.0	1 233.5	1 309.0
1998	1 377.6	1 348.4	1 241.9	1 302.5
1999	1 716.5	1 366.8	1 491.7	1 197.2
2000	1 840.0	1 387.8	1 603.9	1 281.1
2001	2 023.0	1 458.9	1 688.5	1 471.5
2002	2 255.6	1 549.1	1 881.0	1 644.3
2003	2 530.9	1 660.3	1 984.7	1 755.4
2004	2 840.0	1 829.7	2 270.6	1 959.4
2005	3 174.0	2 080.3	2 476.0	2 249.2
2006	3 518.3	2 297.5	2 653.7	2 478.6
2007	4 021.3	2 549.1	3 101.9	2 738.4
2008	4 540.9	2 839.2	3 487.1	2 822.0
2009	4 909.1	3 073.3	3 773.7	3 035.3
2010	5 419.1	3 427.9	4 195.3	3 165.6
2011	6 167.6	3 901.2	4 539.2	3 489.8
2012	6 841.3	4 339.4	4 719.5	3 744.9
2013	7 464.9	4 790.0	5 061.3	4 156.3
2014	8 121.8	5 284.8	5 486.5	4 734.1

注：城市和农村居民收入消费名义指数以1980年为100,未扣除价格因素。

Note: The 1980 nominal index of per capita disposable income and consumption expenditures of urban and rural households is set at 100, without excluding the price factors.

城乡居民家庭人均收入消费实际指数(1980~2014)
Real Indices of Per Capita Disposable Income and Consumption Expenditures of Urban and Rural Households

表 2-21

年份 Year	可支配收入指数 Real Indices of Per Capita Disposable Income (1980=100)		消费支出指数 Real Indices of Per Capita Consumption Expenditures (1980=100)	
	城市居民 Urban Residents	农村居民 Rural Residents	城市居民 Urban Residents	农村居民 Rural Residents
1980	100.0	100.0	100.0	100.0
1981	98.6	109.3	104.2	119.2
1982	101.8	131.5	102.4	135.2
1983	105.7	137.6	109.2	155.6
1984	125.8	188.0	126.1	184.1
1985	140.7	167.6	149.5	200.8
1986	159.2	183.1	166.0	217.6
1987	163.7	191.7	168.2	219.5
1988	163.4	196.1	180.1	229.9
1989	161.6	197.6	170.8	212.8
1990	168.0	203.6	171.7	191.6
1991	173.1	221.7	173.9	211.6
1992	190.5	223.9	183.0	245.7
1993	225.4	228.2	214.2	228.6
1994	249.5	232.2	228.7	227.7
1995	256.9	241.7	242.1	238.0
1996	267.6	252.6	255.5	250.3
1997	269.3	267.5	250.7	266.1
1998	280.0	274.1	252.4	264.8
1999	343.7	273.8	298.7	239.8
2000	359.4	271.2	313.3	250.4
2001	395.2	285.1	329.8	287.6
2002	438.4	301.2	365.6	319.7
2003	491.4	322.5	385.4	341.0
2004	539.6	347.9	431.4	372.6
2005	597.1	391.8	465.8	423.6
2006	654.0	427.5	493.3	461.2
2007	724.3	459.9	558.7	494.0
2008	773.1	484.2	593.6	481.3
2009	839.1	526.2	645.0	519.7
2010	898.6	569.1	691.4	525.8
2011	972.0	615.9	711.1	550.8
2012	1 048.8	666.2	723.5	564.5
2013	1 118.6	718.9	758.4	612.5
2014	1 185.1	772.3	800.5	679.3

注：人均可支配收入和消费支出实际指数是扣除价格因素后按同口径计算的。
Note: The real indices of per capita disposable income and consumption expenditures are calculated according to the same scale after deducting the price factors.

城乡居民家庭人均消费支出项目比较（1978~2014）

表 2-22

年　份 Year	食　品 Food		衣　着 Clothing		家庭设备用品及服务 Household Facilities, Articles and Services		医疗保健 Health Care and Medical Services	
	城市居民 Urban Residents	农村居民 Rural Residents	城市居民 Urban Residents	农村居民 Rural Residents	城市居民 Urban Residents	农村居民 Rural Residents	城市居民 Urban Residents	农村居民 Rural Residents
1978	200	117	52	29	26	12	4	
1979	242	137	63	37	30	13	5	
1980	310	167	79	35	50	5	7	
1981	332	198	89	43	53	11	6	
1982	339	221	82	39	51	13	6	
1983	360	241	90	46	55	43	6	4
1984	410	287	120	48	68	42	3	6
1985	517	341	148	67	131	65	5	8
1986	617	406	158	74	164	73	4	10
1987	698	450	181	81	165	94	6	9
1988	868	488	244	110	232	174	7	18
1989	1 011	558	208	111	215	159	9	23
1990	1 095	586	208	107	196	129	11	33
1991	1 234	739	238	134	220	151	14	35
1992	1 403	853	277	148	196	232	37	45
1993	1 873	1 022	414	157	295	259	68	50
1994	2 497	1 315	483	213	427	267	84	75
1995	3 131	1 491	561	233	637	284	113	73
1996	3 429	1 657	590	256	614	363	148	108
1997	3 526	1 756	552	267	525	338	197	174
1998	3 477	1 775	472	239	453	369	261	170
1999	3 731	1 669	551	202	772	389	347	160
2000	3 947	1 823	567	201	683	225	501	209
2001	4 056	1 915	577	226	579	294	558	265
2002	4 120	1 872	613	226	653	281	734	280
2003	4 102	2 004	751	250	792	297	603	333
2004	4 593	2 191	797	280	780	344	762	425
2005	4 940	2 676	940	367	800	458	797	562
2006	5 249	3 024	1 027	418	877	481	763	549
2007	6 125	3 259	1 330	476	959	452	857	571
2008	7 109	3 732	1 521	467	1 182	504	755	697
2009	7 345	3 639	1 593	496	1 365	481	1 002	739
2010	7 777	3 807	1 794	554	1 800	528	1 006	585
2011	8 906	4 517	2 054	644	1 826	649	1 141	909
2012	9 656	4 837	2 111	704	1 906	646	1 017	1 029
2013	9 823	5 334	2 032	771	1 706	694	1 350	1 181
2014	10 677	6 188	2 038	801	1 779	712	1 449	1 308

Items Comparison of Per Capita Consumption Expenditures of Urban and Rural Households

单位:元 (Unit: yuan)

交通和通信 Transport and Communication		教育文化娱乐服务 Education, Culture and Recreation services		居住 Housing		其他商品及服务 Miscellaneous Goods and Services	
城市居民 Urban Residents	农村居民 Rural Residents	城市居民 Urban Residents	农村居民 Rural Residents	城市居民 Urban Residents	农村居民 Rural Residents	城市居民 Urban Residents	农村居民 Rural Residents
13		30		17	25	15	10
16		33		21	50	19	10
20		49		26	82	12	34
23		38		28	96	16	42
23		33		34	128	8	43
25	1	37	6	33	165	9	6
28	2	46	12	36	215	15	7
30	2	91	34	43	254	27	7
32	4	111	40	48	286	36	3
38	3	108	39	60	287	26	14
41	4	145	50	71	343	40	42
48	4	193	68	74	344	54	52
58	6	231	59	90	272	48	70
62	15	216	85	118	324	65	57
114	31	220	121	164	451	98	86
211	65	321	220	208	357	140	70
292	79	381	222	333	454	172	90
321	159	508	256	401	761	196	111
496	200	827	347	416	816	243	121
397	240	828	414	605	921	190	118
406	226	893	463	674	876	230	89
583	197	1 094	474	842	681	328	95
759	279	1 287	559	794	724	330	118
958	340	1 422	673	796	890	390	150
1 115	462	1 668	661	1 189	1 392	372	137
1 259	587	1 834	676	1 280	1 437	419	86
1 703	720	2 195	806	1 327	1 446	474	117
1 984	739	2 273	936	1 412	1 323	627	204
2 333	780	2 432	920	1 436	1 658	645	176
3 154	884	2 654	857	1 412	2 097	764	249
3 373	880	2 875	850	1 646	1 806	937	179
3 499	1 212	3 139	943	1 913	2 103	1 136	191
4 076	1 459	3 363	1 012	2 166	2 070	1 218	210
3 808	1 309	3 746	1 139	2 226	1 806	1 395	299
4 564	1 705	3 724	1 088	1 790	1 834	1 485	253
4 736	1 719	4 122	964	2 848	2 260	1 538	502
4 885	1 891	4 931	1 069	3 031	2 747	1 730	575

城市居民家庭生活基本情况(1978~2014)

表 2-23

年　份 Year	调查户数(户) Number of Households Surveyed (household)	平均每一就业者负担人数(人) Number of Dependents Per Employee (person)	平均每户就业面 (%) Proportion of Employment per Household (%)
1978	500	1.68	59.5
1979	500	1.63	61.5
1980	500	1.68	59.4
1981	500	1.64	60.8
1982	500	1.63	61.5
1983	500	1.59	63.0
1984	500	1.56	64.2
1985	500	1.64	61.0
1986	500	1.59	62.8
1987	500	1.61	62.0
1988	500	1.63	61.5
1989	500	1.64	61.2
1990	500	1.64	60.9
1991	500	1.66	60.1
1992	500	1.69	59.2
1993	500	1.71	58.4
1994	500	1.82	55.0
1995	500	1.88	53.1
1996	500	1.94	51.5
1997	500	1.94	51.6
1998	500	1.96	51.1
1999	500	1.78	56.2
2000	500	1.85	53.9
2001	500	1.94	51.7
2002	500	1.91	52.4
2003	500	1.93	51.8
2004	1 000	1.99	50.3
2005	1 000	1.94	51.5
2006	1 000	1.89	53.0
2007	1 000	1.84	54.5
2008	1 000	1.82	54.9
2009	1 000	1.83	54.6
2010	1 000	1.81	55.2
2011	1 000	1.84	54.5
2012	1 000	1.86	53.6
2013	1 000	1.81	55.2
2014	1 000	1.83	54.7

Basic Conditions of Urban Households

人均可支配收入(元) Per Capita Disposable Income (yuan)	人均消费支出(元) Per Capita Consumption Expenditures (yuan)	恩格尔系数(%) Engel Coefficient(%)	平均消费倾向(%) Average Propensity to Consume(%)
406	357	56.0	87.9
481	429	56.4	89.2
637	553	56.0	86.8
637	585	56.8	91.8
659	576	58.9	87.4
686	615	58.5	89.7
834	726	56.5	87.1
1 075	992	52.1	92.3
1 293	1 170	52.7	90.5
1 437	1 282	54.4	89.2
1 723	1 648	52.7	95.6
1 976	1 812	55.8	91.7
2 183	1 937	56.5	88.7
2 486	2 167	56.9	87.2
3 009	2 509	55.9	83.4
4 277	3 530	53.1	82.5
5 868	4 669	53.5	79.6
7 172	5 868	53.4	81.8
8 159	6 763	50.7	82.9
8 439	6 820	51.7	80.8
8 773	6 866	50.6	78.3
10 932	8 248	45.2	75.4
11 718	8 868	44.5	75.7
12 883	9 336	43.4	72.5
13 250	10 464	39.4	79.0
14 867	11 040	37.2	74.3
16 683	12 631	36.4	75.7
18 645	13 773	35.9	73.9
20 668	14 762	35.6	71.4
23 623	17 255	35.5	73.0
26 675	19 398	36.6	72.7
28 838	20 992	35.0	72.8
31 838	23 200	33.5	72.9
36 230	25 102	35.5	69.3
40 188	26 253	36.8	65.3
43 851	28 155	34.9	64.2
47 710	30 520	35.0	64.0

城市居民家庭人均可支配收入及来源(1980～2014)
Per Capita Disposable Income and Sources of Urban Households

表 2-24　　　　单位:元 (Unit: yuan)

年　份 Year	人均可支配收入 Average Per Capita Disposable Income	工资性收入 Income from Wages and Salaries	经营净收入 Net Income from Household Business	财产性收入 Property Income	转移性收入 Transferred Income
1980	637	551			86
1981	637	567			70
1982	659	584	…		75
1983	686	607	…		79
1984	834	754	…		80
1985	1 075	794	1		280
1986	1 293	954	1		338
1987	1 437	1 049	2		386
1988	1 723	1 262	2	12	447
1989	1 976	1 447	2	18	509
1990	2 183	1 548	1	21	613
1991	2 486	1 780		29	677
1992	3 009	2 138	3	44	824
1993	4 277	3 099	4	37	1 137
1994	5 868	4 224	28	54	1 562
1995	7 172	5 002	69	92	2 009
1996	8 159	5 889	87	61	2 122
1997	8 439	5 969	150	69	2 251
1998	8 773	6 004	98	57	2 614
1999	10 932	7 326	156	68	3 382
2000	11 718	7 832	120	65	3 701
2001	12 883	7 975	119	39	4 750
2002	13 250	7 915	436	94	4 805
2003	14 867	10 097	377	130	4 263
2004	16 683	11 422	507	215	4 539
2005	18 645	12 409	798	292	5 146
2006	20 668	13 962	959	300	5 447
2007	23 623	16 598	1 158	369	5 498
2008	26 675	18 909	1 399	369	5 998
2009	28 838	19 811	1 435	474	7 118
2010	31 838	21 745	1 628	511	7 954
2011	36 230	24 454	1 994	633	9 149
2012	40 188	26 752	2 267	576	10 593
2013	43 851	28 518	2 317	788	12 228
2014	47 710	30 629	2 345	846	13 890

城市居民家庭人均可支配收入构成(1980~2014)
Composition of Per Capita Disposable Income of Urban Households

表 2-25　　单位:%(Unit: %)

年 份 Year	人均可支配收入 Average Per Capita Disposable Income	工资性收入 Income from Wages and Salaries	经营净收入 Net Income from Household Business	财产性收入 Property Income	转移性收入 Transferred Income
1980	100.0	86.5			13.5
1981	100.0	89.0			11.0
1982	100.0	88.6	…		11.4
1983	100.0	88.5	…		11.5
1984	100.0	90.4	…		9.6
1985	100.0	73.9	0.1		26.0
1986	100.0	73.8	0.1		26.1
1987	100.0	73.0	0.1		26.9
1988	100.0	73.3	0.1	0.7	25.9
1989	100.0	73.2	0.1	0.9	25.8
1990	100.0	70.9	…	1.0	28.1
1991	100.0	71.6		1.2	27.2
1992	100.0	71.0	0.1	1.5	27.4
1993	100.0	72.4	0.1	0.9	26.6
1994	100.0	72.0	0.5	0.9	26.6
1995	100.0	69.7	1.0	1.3	28.0
1996	100.0	72.2	1.1	0.7	26.0
1997	100.0	70.7	1.8	0.8	26.7
1998	100.0	68.4	1.1	0.7	29.8
1999	100.0	67.0	1.4	0.6	31.0
2000	100.0	66.8	1.0	0.6	31.6
2001	100.0	61.9	0.9	0.3	36.9
2002	100.0	59.7	3.3	0.7	36.3
2003	100.0	67.9	2.5	0.9	28.7
2004	100.0	68.5	3.0	1.3	27.2
2005	100.0	66.5	4.3	1.6	27.6
2006	100.0	67.6	4.6	1.4	26.4
2007	100.0	70.2	4.9	1.6	23.3
2008	100.0	70.9	5.2	1.4	22.5
2009	100.0	68.7	5.0	1.6	24.7
2010	100.0	68.3	5.1	1.6	25.0
2011	100.0	67.5	5.5	1.7	25.3
2012	100.0	66.6	5.6	1.4	26.4
2013	100.0	65.0	5.3	1.8	27.9
2014	100.0	64.2	4.9	1.8	29.1

按收入水平分组城市居民家庭人均可支配收入(1985~2014)
Per Capita Disposable Income of Urban Households by 5 Income Levels

表 2-26

单位:元(Unit: yuan)

年 份 Year	总平均 Total Average	低收入户 Low Income	较低收入户 Medium-low Income	中间收入户 Medium Income	较高收入户 Medium-high Income	高收入户 High Income
1985	1 075	744	918	1 043	1 216	1 506
1986	1 293	923	1 106	1 256	1 445	1 796
1987	1 437	1 007	1 231	1 380	1 610	2 086
1988	1 723	1 190	1 451	1 678	1 953	2 519
1989	1 976	1 351	1 664	1 919	2 230	2 872
1990	2 183	1 518	1 836	2 104	2 470	3 128
1991	2 486	1 683	2 092	2 434	2 754	3 713
1992	3 009	1 975	2 503	2 936	3 441	4 452
1993	4 277	2 612	3 380	4 017	4 821	6 707
1994	5 868	3 339	4 559	5 405	6 456	9 899
1995	7 172	4 057	5 412	6 600	8 005	11 906
1996	8 159	4 557	6 092	7 528	9 257	13 339
1997	8 439	4 682	6 475	7 939	9 659	13 730
1998	8 773	4 854	6 740	8 132	9 997	14 255
1999	10 932	6 246	7 949	9 534	11 893	19 624
2000	11 718	6 840	8 815	10 529	12 892	19 959
2001	12 883	6 873	9 170	11 155	13 812	23 488
2002	13 250	7 108	9 917	12 162	14 794	23 195
2003	14 867	6 546	9 816	12 602	16 363	30 282
2004	16 683	7 065	10 664	14 149	19 371	34 404
2005	18 645	7 851	11 800	15 668	21 313	37 722
2006	20 668	8 973	13 045	16 774	22 994	42 884
2007	23 623	10 297	15 131	20 249	27 286	47 149
2008	26 675	11 593	17 550	22 675	30 239	53 733
2009	28 838	13 205	19 320	24 717	32 212	57 726
2010	31 838	14 996	21 780	27 484	35 120	62 465
2011	36 230	17 206	24 824	31 414	40 771	70 067
2012	40 188	19 059	27 597	34 351	44 474	78 522
2013	43 851	20 766	30 221	36 989	48 141	87 676
2014	47 710	24 317	34 120	40 799	52 089	93 901

注:收入水平根据居民家庭人均可支配收入由低到高排序,按照调查总户数各20%分为5组。

Note: The income levels are listed from low to high according to the Per Capita Disposable Income of Urban Households and they are divided into five levels, each involving 20% of the total number of households surveyed.

城市居民家庭人均分类消费支出（1980~2014）
Per Capita Consumption Expenditures of Urban Households by Category

表 2-27 单位：元（Unit：yuan）

年 份 Year	消费支出 Total Consumption Expenditures	食 品 Food	衣 着 Clothing	家庭设备用品及服务 Household Facilities, Articles and Services	医疗保健 Health Care and Medical Services
1980	553	310	79	50	7
1981	585	332	89	53	6
1982	576	339	82	51	6
1983	615	360	90	55	6
1984	726	410	120	68	3
1985	992	517	148	131	5
1986	1 170	617	158	164	4
1987	1 282	698	181	165	6
1988	1 648	868	244	232	7
1989	1 812	1 011	208	215	9
1990	1 937	1 095	208	196	11
1991	2 167	1 234	238	220	14
1992	2 509	1 403	277	196	37
1993	3 530	1 873	414	295	68
1994	4 669	2 497	483	427	84
1995	5 868	3 131	561	637	113
1996	6 763	3 429	590	614	148
1997	6 820	3 526	552	525	197
1998	6 866	3 477	472	453	261
1999	8 248	3 731	551	772	347
2000	8 868	3 947	567	683	501
2001	9 336	4 056	577	579	558
2002	10 464	4 120	613	653	734
2003	11 040	4 102	751	792	603
2004	12 631	4 593	797	780	762
2005	13 773	4 940	940	800	797
2006	14 762	5 249	1 027	877	763
2007	17 255	6 125	1 330	959	857
2008	19 398	7 109	1 521	1 182	755
2009	20 992	7 345	1 593	1 365	1 002
2010	23 200	7 777	1 794	1 800	1 006
2011	25 102	8 906	2 054	1 826	1 141
2012	26 253	9 656	2 111	1 906	1 017
2013	28 155	9 823	2 032	1 706	1 350
2014	30 520	10 677	2 038	1 779	1 449

表 2-27 续表　Continued

单位:元(Unit: yuan)

年　份 Year	交通和通信 Transport and Communication	教育文化娱乐服务 Education, Culture and Recreation Services	居　住 Housing	其他商品和服务 Miscellaneous Goods and Services
1980	20	49	26	12
1981	23	38	28	16
1982	23	33	34	8
1983	25	37	33	9
1984	28	46	36	15
1985	30	91	43	27
1986	32	111	48	36
1987	38	108	60	26
1988	41	145	71	40
1989	48	193	74	54
1990	58	231	90	48
1991	62	216	118	65
1992	114	220	164	98
1993	211	321	208	140
1994	292	381	333	172
1995	321	508	401	196
1996	496	827	416	243
1997	397	828	605	190
1998	406	893	674	230
1999	583	1 094	842	328
2000	759	1 287	794	330
2001	958	1 422	796	390
2002	1 115	1 668	1 189	372
2003	1 259	1 834	1 280	419
2004	1 703	2 195	1 327	474
2005	1 984	2 273	1 412	627
2006	2 333	2 432	1 436	645
2007	3 154	2 654	1 412	764
2008	3 373	2 875	1 646	937
2009	3 499	3 139	1 913	1 136
2010	4 076	3 363	2 166	1 218
2011	3 808	3 746	2 226	1 395
2012	4 564	3 724	1 790	1 485
2013	4 736	4 122	2 848	1 538
2014	4 885	4 931	3 031	1 730

城市居民家庭人均分类消费支出构成（1980~2014）
Composition of Per Capita Consumption Expenditures of Urban Households

表 2-28 单位:%(Unit:%)

年 份 Year	消费支出 Total Consumption Expenditures	食 品 Food	衣 着 Clothing	家庭设备用品及服务 Household Facilities, Articles and Services	医疗保健 Health Care and Medical Services
1980	100.0	56.0	14.3	9.0	1.3
1981	100.0	56.8	15.2	9.1	1.0
1982	100.0	58.9	14.2	8.9	1.0
1983	100.0	58.5	14.6	8.9	1.0
1984	100.0	56.5	16.5	9.4	0.4
1985	100.0	52.1	14.9	13.2	0.5
1986	100.0	52.7	13.5	14.0	0.4
1987	100.0	54.4	14.1	12.9	0.5
1988	100.0	52.7	14.8	14.1	0.4
1989	100.0	55.8	11.5	11.9	0.5
1990	100.0	56.5	10.7	10.1	0.6
1991	100.0	56.9	11.0	10.2	0.6
1992	100.0	55.9	11.0	7.8	1.5
1993	100.0	53.1	11.7	8.3	1.9
1994	100.0	53.5	10.3	9.1	1.8
1995	100.0	53.4	9.6	10.8	1.9
1996	100.0	50.7	8.7	9.1	2.2
1997	100.0	51.7	8.1	7.7	2.9
1998	100.0	50.6	6.9	6.6	3.8
1999	100.0	45.2	6.7	9.3	4.2
2000	100.0	44.5	6.4	7.7	5.6
2001	100.0	43.4	6.2	6.2	6.0
2002	100.0	39.4	5.9	6.2	7.0
2003	100.0	37.2	6.8	7.2	5.4
2004	100.0	36.4	6.3	6.2	6.0
2005	100.0	35.9	6.8	5.8	5.8
2006	100.0	35.6	6.9	5.9	5.2
2007	100.0	35.5	7.7	5.5	5.0
2008	100.0	36.6	7.9	6.1	3.9
2009	100.0	35.0	7.6	6.5	4.8
2010	100.0	33.5	7.7	7.8	4.3
2011	100.0	35.5	8.2	7.3	4.5
2012	100.0	36.8	8.0	7.3	3.9
2013	100.0	34.9	7.2	6.1	4.8
2014	100.0	35.0	6.7	5.8	4.7

表 2-28 续表　Continued

单位:%(Unit:%)

年　份 Year	交通和通信 Transport and Communication	教育文化娱乐服务 Education, Culture and Recreation Services	居　住 Housing	其他商品和服务 Miscellaneous Goods and Services
1980	3.6	8.9	4.7	2.2
1981	3.9	6.5	4.8	2.7
1982	4.0	5.7	5.9	1.4
1983	4.1	6.0	5.4	1.5
1984	3.8	6.3	5.0	2.1
1985	3.0	9.2	4.4	2.7
1986	2.7	9.5	4.1	3.1
1987	3.0	8.4	4.7	2.0
1988	2.5	8.8	4.3	2.4
1989	2.6	10.6	4.1	3.0
1990	3.0	11.9	4.7	2.5
1991	2.9	10.0	5.4	3.0
1992	4.6	8.8	6.5	3.9
1993	6.0	9.1	5.9	4.0
1994	6.3	8.2	7.1	3.7
1995	5.5	8.7	6.8	3.3
1996	7.3	12.2	6.2	3.6
1997	5.8	12.1	8.9	2.8
1998	5.9	13.0	9.8	3.4
1999	7.1	13.3	10.2	4.0
2000	8.6	14.5	9.0	3.7
2001	10.3	15.2	8.5	4.2
2002	10.7	15.9	11.4	3.5
2003	11.4	16.6	11.6	3.8
2004	13.5	17.4	10.5	3.7
2005	14.4	16.5	10.2	4.6
2006	15.8	16.5	9.7	4.4
2007	18.3	15.4	8.2	4.4
2008	17.4	14.8	8.5	4.8
2009	16.7	14.9	9.1	5.4
2010	17.6	14.5	9.3	5.3
2011	15.2	14.9	8.9	5.5
2012	17.4	14.2	6.8	5.6
2013	16.8	14.6	10.1	5.5
2014	16.0	16.2	9.9	5.7

城市居民家庭人均分类消费支出名义指数(以1980年为100)
Per Capita Consumption Expenditure Nominal Indices of Urban Households by Category(1980=100)

表2-29

年 份 Year	消费支出 Total Consumption Expenditures	食 品 Food	衣 着 Clothing	家庭设备用品及服务 Household Facilities, Articles and Services	医疗保健 Health Care and Medical Services
1980	100.0	100.0	100.0	100.0	100.0
1981	105.7	107.2	112.2	106.7	93.0
1982	104.1	109.3	103.0	102.8	91.1
1983	111.3	116.4	113.6	109.2	93.3
1984	131.3	132.4	152.1	135.6	48.1
1985	179.4	166.9	186.8	263.1	72.2
1986	211.7	199.1	200.4	329.0	57.8
1987	231.9	225.5	228.2	329.9	83.7
1988	298.1	280.3	308.1	463.3	107.7
1989	327.8	326.4	262.7	431.0	130.8
1990	350.4	353.5	263.2	392.4	163.4
1991	391.9	398.6	300.9	440.0	201.3
1992	453.9	453.1	350.2	392.7	537.2
1993	638.5	604.9	523.5	589.7	973.3
1994	844.4	806.5	611.4	853.0	1 201.4
1995	1 061.3	1 011.0	709.7	1 273.7	1 617.9
1996	1 223.2	1 107.3	745.8	1 228.3	2 119.2
1997	1 233.5	1 138.8	697.7	1 050.0	2 826.3
1998	1 241.9	1 123.0	597.4	905.4	3 739.8
1999	1 491.7	1 204.8	696.6	1 544.2	4 975.1
2000	1 603.9	1 274.6	717.7	1 365.1	7 182.6
2001	1 688.5	1 309.9	730.3	1 157.8	8 001.4
2002	1 881.0	1 330.5	775.2	1 306.5	10 518.7
2003	1 984.7	1 324.8	949.7	1 584.8	8 643.4
2004	2 270.6	1 483.3	1 007.8	1 560.3	10 923.1
2005	2 476.0	1 595.2	1 189.6	1 600.3	11 426.8
2006	2 653.7	1 695.0	1 298.9	1 754.9	10 940.6
2007	3 101.9	1 978.0	1 682.4	1 918.7	12 291.4
2008	3 487.1	2 295.5	1 923.4	2 364.1	10 831.2
2009	3 773.7	2 371.8	2 015.1	2 730.3	14 371.2
2010	4 170.6	2 511.3	2 269.3	3 599.8	14 419.9
2011	4 512.5	2 875.9	2 597.8	3 651.8	16 359.9
2012	4 719.5	3 118.0	2 670.4	3 812.4	14 579.2
2013	5 061.3	3 172.0	2 570.6	3 410.4	19 363.6
2014	5 486.5	3 447.9	2 578.3	3 558.1	20 779.0

表 2-29 续表　**Continued**

年　份 Year	交通和通信 Transport and Communication	教育文化娱乐服务 Education, Culture and Recreation Services	居　住 Housing	其他商品和服务 Miscellaneous Goods and Services
1980	100.0	100.0	100.0	100.0
1981	112.7	77.2	106.8	132.0
1982	113.9	67.3	128.6	70.4
1983	123.1	75.1	126.1	78.0
1984	140.0	94.5	135.7	122.0
1985	150.7	185.7	161.9	227.4
1986	158.9	225.6	183.2	302.9
1987	191.0	221.0	227.2	221.5
1988	206.3	296.0	269.6	341.3
1989	238.8	394.7	281.9	453.3
1990	289.1	472.3	341.1	400.9
1991	312.4	441.7	446.9	542.5
1992	569.2	449.8	621.8	823.4
1993	1 054.5	654.7	790.1	1 184.1
1994	1 460.7	777.7	1 264.4	1 445.5
1995	1 605.8	1 036.5	1 523.6	1 653.1
1996	2 483.1	1 688.6	1 576.8	2 050.3
1997	1 986.9	1 689.8	2 294.8	1 601.9
1998	2 034.6	1 823.2	2 555.7	1 935.5
1999	2 917.9	2 234.3	3 192.5	2 761.7
2000	3 799.4	2 628.2	3 013.5	2 773.6
2001	4 792.8	2 903.7	3 018.2	3 284.2
2002	5 578.8	3 406.1	4 509.3	3 134.8
2003	6 299.0	3 744.2	4 857.8	3 525.6
2004	8 521.6	4 482.1	5 033.3	3 993.9
2005	9 927.1	4 640.5	5 357.4	5 281.1
2006	11 674.2	4 965.1	5 447.0	5 432.0
2007	15 782.2	5 418.3	5 357.4	6 431.2
2008	16 880.5	5 869.2	6 245.5	7 891.3
2009	17 508.3	6 409.2	7 258.5	9 565.7
2010	20 399.8	6 867.1	8 218.4	10 253.1
2011	19 058.4	7 649.4	8 444.0	11 744.8
2012	22 838.6	7 603.1	6 792.9	12 508.2
2013	23 702.2	8 416.5	10 804.5	12 948.1
2014	24 446.4	10 067.6	11 497.7	14 562.9

按收入水平分组城市居民家庭人均消费支出(1985~2014)
Per Capita Consumption Expenditures of Urban Households by 5 Income Levels

表 2-30　　　　单位:元(Unit: yuan)

年 份 Year	总平均 Total Average	低收入户 Low Income	较低收入户 Medium-low Income	中间收入户 Medium Income	较高收入户 Medium-high Income	高收入户 High Income
1985	992	724	870	973	1 123	1 309
1986	1 170	863	1 038	1 121	1 288	1 590
1987	1 282	949	1 114	1 203	1 459	1 789
1988	1 648	1 149	1 405	1 588	1 931	2 327
1989	1 812	1 299	1 625	1 743	2 079	2 428
1990	1 937	1 433	1 702	1 907	2 115	2 632
1991	2 167	1 524	1 866	2 295	2 348	2 968
1992	2 509	1 785	2 185	2 509	2 915	3 316
1993	3 530	2 407	2 967	3 416	3 895	5 061
1994	4 669	3 095	3 728	4 718	5 178	6 825
1995	5 868	3 700	4 696	5 497	6 601	8 911
1996	6 763	4 353	5 683	6 546	7 390	9 810
1997	6 820	4 533	5 624	6 659	7 395	10 072
1998	6 866	4 583	5 824	6 924	7 373	9 694
1999	8 248	5 987	7 011	7 623	8 966	11 911
2000	8 868	6 272	7 516	8 555	9 445	12 763
2001	9 336	6 900	7 647	8 473	10 010	13 666
2002	10 464	7 264	9 176	9 569	12 152	14 629
2003	11 040	6 481	8 931	10 060	12 569	17 427
2004	12 631	6 684	8 814	11 646	13 753	23 629
2005	13 773	7 698	9 807	11 524	15 024	25 470
2006	14 762	8 004	11 233	13 142	15 815	26 325
2007	17 255	9 217	12 959	15 468	18 993	30 820
2008	19 398	10 458	13 614	17 204	21 869	35 273
2009	20 992	11 654	16 155	18 487	24 253	36 063
2010	23 200	12 555	15 970	21 611	26 773	40 744
2011	25 102	13 700	18 449	23 228	30 387	41 397
2012	26 253	15 095	18 232	22 946	29 575	47 092
2013	28 155	16 210	19 263	24 325	33 183	50 218
2014	30 520	17 879	20 881	27 974	35 904	53 734

农村居民家庭生活基本情况(1978~2014)
Basic Conditions of Rural Households

表 2-31

年　份 Year	调查户数(户) Number of Households Surveyed (household)	人均可支配收入(元) Per Capita Disposable Income (yuan)	人均生活消费支出(元) Per Capita Consumption Expenditures (yuan)	恩格尔系数(%) Engel Coefficient(%)	平均消费倾向(%) Average Propensity to Consume (%)
1978	96	281	193	60.6	68.7
1979	96	360	247	55.5	68.6
1980	280	401	323	51.7	80.5
1981	360	444	390	50.8	87.8
1982	360	536	444	49.8	82.8
1983	360	562	512	47.0	91.1
1984	360	785	619	46.4	78.9
1985	1 000	806	778	43.8	96.5
1986	1 000	936	896	45.3	95.7
1987	1 000	1 059	977	46.1	92.3
1988	1 000	1 301	1 229	39.7	94.5
1989	1 000	1 520	1 319	42.3	86.8
1990	1 000	1 665	1 262	46.4	75.8
1991	600	2 003	1 540	48.0	76.9
1992	600	2 226	1 967	43.4	88.4
1993	600	2 727	2 200	46.4	80.7
1994	600	3 437	2 715	48.4	79.0
1995	600	4 246	3 368	44.3	79.3
1996	600	4 846	3 868	42.8	79.8
1997	600	5 277	4 228	41.5	80.1
1998	600	5 407	4 207	42.2	77.8
1999	600	5 481	3 867	43.1	70.6
2000	600	5 565	4 138	44.0	74.4
2001	600	5 850	4 753	40.3	81.2
2002	600	6 212	5 311	35.2	85.5
2003	600	6 658	5 670	35.4	85.2
2004	600	7 337	6 329	34.6	86.3
2005	600	8 342	7 265	36.8	87.1
2006	600	9 213	8 006	37.8	86.9
2007	600	10 222	8 845	36.8	86.5
2008	600	11 385	9 115	40.9	80.1
2009	600	12 324	9 804	37.1	79.6
2010	600	13 746	10 225	37.2	74.4
2011	1 200	15 644	11 272	40.1	72.1
2012	1 200	17 401	12 096	40.0	69.5
2013	1 200	19 208	13 425	39.7	69.9
2014	1 200	21 192	15 291	40.5	72.2

农村居民家庭人均可支配收入及来源（1978~2014）
Per Capita Disposable Income and Sources of Rural Households

表 2-32　　单位：元(Unit：yuan)

年　份 Year	人均可支配收入 Average Per Capita Disposable Income	工资性收入 Income from Wages and Salaries	家庭经营纯收入 Net Income from Household Business	财产性收入 Property Income	转移性收入 Transferred Income
1978	281	227	18	2	34
1979	360	278	34		48
1980	401	297	55	2	47
1981	444	313	71	8	52
1982	536	405	78	6	47
1983	562	359	155	6	42
1984	785	451	275	9	50
1985	806	430	323	15	38
1986	936	536	344	22	34
1987	1 059	655	338	32	34
1988	1 301	829	412	17	43
1989	1 520	1 000	461	16	43
1990	1 665	1 066	539	16	44
1991	2 003	1 235	681	33	54
1992	2 226	1 454	685	30	57
1993	2 727	1 662	949	50	66
1994	3 437	2 112	1 084	104	137
1995	4 246	2 734	1 183	155	174
1996	4 846	3 240	1 278	181	147
1997	5 277	3 736	1 226	144	171
1998	5 407	3 869	1 185	221	132
1999	5 481	4 192	929	127	233
2000	5 565	4 310	934	143	178
2001	5 850	4 491	967	157	235
2002	6 212	4 920	774	205	313
2003	6 658	5 284	813	222	339
2004	7 337	5 757	886	297	397
2005	8 342	6 364	811	430	737
2006	9 213	6 892	766	556	999
2007	10 222	7 498	754	673	1 297
2008	11 385	8 182	711	837	1 655
2009	12 324	8 721	590	932	2 081
2010	13 746	9 606	589	970	2 581
2011	15 644	10 493	877	1 243	3 031
2012	17 401	11 496	905	1 382	3 618
2013	19 208	12 378	920	1 587	4 323
2014	21 192	13 430	1 035	1 757	4 970

注：2000 年前农村居民平均每人可支配收入按纯收入口径计算。2011 年，按可比口径计算，全年家庭经营纯收入增长为 22%。

Note：Before 2000, the Per Capita Disposable Income of Rural Residents is calculated according to their net income. Since 2011, according to the calculation of comparable caliber, the growth rate of annual Household Business Income is 22%.

农村居民家庭人均可支配收入构成（1978~2014）
Composition of Per Capita Disposable Income of Rural Households

表2-33　　　　单位：%（Unit：%）

年　份 Year	人均可支配收入 Average Per Capita Disposable Income	工资性收入 Income from Wages and Salaries	家庭经营纯收入 Net Income from Household Business	财产性收入 Property Income	转移性收入 Transferred Income
1978	100.0	80.8	6.4	0.7	12.1
1979	100.0	77.2	9.4		13.4
1980	100.0	74.1	13.7	0.5	11.7
1981	100.0	70.5	16.0	1.8	11.7
1982	100.0	75.6	14.6	1.1	8.7
1983	100.0	63.9	27.6	1.1	7.4
1984	100.0	57.5	35.0	1.1	6.4
1985	100.0	53.3	40.1	1.9	4.7
1986	100.0	57.3	36.8	2.3	3.6
1987	100.0	61.9	31.9	3.0	3.2
1988	100.0	63.7	31.7	1.3	3.3
1989	100.0	65.8	30.3	1.1	2.8
1990	100.0	64.0	32.4	1.0	2.6
1991	100.0	61.7	34.0	1.6	2.7
1992	100.0	65.3	30.8	1.3	2.6
1993	100.0	60.9	34.8	1.8	2.5
1994	100.0	61.5	31.5	3.0	4.0
1995	100.0	64.4	27.9	3.6	4.1
1996	100.0	66.9	26.4	3.7	3.0
1997	100.0	70.8	23.2	2.7	3.3
1998	100.0	71.6	21.9	4.1	2.4
1999	100.0	76.5	16.9	2.3	4.3
2000	100.0	77.4	16.8	2.6	3.2
2001	100.0	76.8	16.5	2.7	4.0
2002	100.0	79.2	12.5	3.3	5.0
2003	100.0	79.4	12.2	3.3	5.1
2004	100.0	78.5	12.1	4.0	5.4
2005	100.0	76.3	9.7	5.2	8.8
2006	100.0	74.8	8.3	6.0	10.9
2007	100.0	73.3	7.4	6.6	12.7
2008	100.0	71.9	6.2	7.4	14.5
2009	100.0	70.8	4.8	7.5	16.9
2010	100.0	69.9	4.3	7.0	18.8
2011	100.0	67.1	5.6	7.9	19.4
2012	100.0	66.1	5.2	7.9	20.8
2013	100.0	64.4	4.8	8.3	22.5
2014	100.0	63.4	4.9	8.3	23.4

按收入水平分组农村居民家庭人均可支配收入(1994~2014)
Per Capita Disposable Income of Rural Households by 5 Income Levels

表 2-34 单位:元 (Unit: yuan)

年份 Year	总平均 Total Average	低收入户 Low Income	较低收入户 Medium-low Income	中间收入户 Medium Income	较高收入户 Medium-high Income	高收入户 High Income
1994	3 437	1 693	2 488	3 181	4 091	6 050
1995	4 246	1 951	3 071	3 899	5 044	7 593
1996	4 846	2 228	3 504	4 399	5 546	8 760
1997	5 277	2 361	3 727	4 854	6 222	9 461
1998	5 407	2 385	3 849	4 965	6 392	9 738
1999	5 481	2 212	3 692	4 883	6 528	10 266
2000	5 565	2 330	3 906	5 264	6 725	10 405
2001	5 850	2 351	4 078	5 649	7 122	10 930
2002	6 212	2 429	4 266	5 701	7 513	11 989
2003	6 658	2 761	4 621	6 213	7 972	12 777
2004	7 337	3 122	5 148	7 006	8 775	13 652
2005	8 342	3 347	5 594	7 612	9 755	15 309
2006	9 213	3 830	6 194	8 412	10 714	16 843
2007	10 222	4 321	7 098	9 442	11 807	18 443
2008	11 385	4 690	8 065	10 487	13 094	20 748
2009	12 324	5 279	8 785	11 184	14 039	22 465
2010	13 746	5 968	10 107	12 929	16 327	24 536
2011	15 644	7 018	11 772	14 568	18 145	27 227
2012	17 401	7 707	13 071	16 490	20 340	29 180
2013	19 208	8 708	14 415	18 152	22 618	31 196
2014	21 192	10 476	16 375	20 693	25 129	32 631

注：收入水平根据居民家庭人均可支配收入由低到高排序,按照调查总户数各20%分为5组。
Note: The income levels are listed from low to high according to the Per Capita Disposable Income of Urban Households and they are divided into five levels, each involving 20% of the total number of households surveyed.

农村居民家庭人均分类生活消费支出(1978~2014)

表 2-35

年　份 Year	生活消费支出 Total Consumption Expenditures	食　品 Food	衣　着 Clothing	居　住 Housing
1978	193	117	29	25
1979	247	137	37	50
1980	323	167	35	82
1981	390	198	43	96
1982	444	221	39	128
1983	512	241	46	165
1984	619	287	48	215
1985	778	341	67	254
1986	896	406	74	286
1987	977	450	81	287
1988	1 229	488	110	343
1989	1 319	558	111	344
1990	1 262	586	107	272
1991	1 540	739	134	324
1992	1 967	853	148	451
1993	2 200	1 022	157	357
1994	2 715	1 315	213	454
1995	3 368	1 491	233	761
1996	3 868	1 657	256	816
1997	4 228	1 756	267	921
1998	4 207	1 775	239	876
1999	3 867	1 669	202	681
2000	4 138	1 823	201	724
2001	4 753	1 915	226	890
2002	5 311	1 872	226	1 392
2003	5 670	2 004	250	1 437
2004	6 329	2 191	280	1 446
2005	7 265	2 676	367	1 323
2006	8 006	3 024	418	1 658
2007	8 845	3 259	476	2 097
2008	9 115	3 732	467	1 806
2009	9 804	3 639	496	2 103
2010	10 225	3 807	554	2 070
2011	11 272	4 517	644	1 806
2012	12 096	4 837	704	1 834
2013	13 425	5 334	771	2 260
2014	15 291	6 188	801	2 747

Per Capita Consumption Expenditures of Rural Households by Category

单位:元(Unit: yuan)

家庭设备用品及服务 Household Facilities, Articles and Services	交通和通信 Transport and Communication	文教娱乐用品及服务 Education, Culture and Recreation Articles and Services	医疗保健 Health Care and Medical Services	其他商品和服务 Miscellaneous Goods and Services
12				10
13				10
5				34
11				42
13				43
43	1	6	4	6
42	2	12	6	7
65	2	34	8	7
73	4	40	10	3
94	3	39	9	14
174	4	50	18	42
159	4	68	23	52
129	6	59	33	70
151	15	85	35	57
232	31	121	45	86
259	65	220	50	70
267	79	222	75	90
284	159	256	73	111
363	200	347	108	121
338	240	414	174	118
369	226	463	170	89
389	197	474	160	95
225	279	559	209	118
294	340	673	265	150
281	462	661	280	137
297	587	676	333	86
344	720	806	425	117
458	739	936	562	204
481	780	920	549	176
452	884	857	571	249
504	880	850	697	179
481	1 212	943	739	191
528	1 459	1 012	585	210
649	1 309	1 139	909	299
646	1 705	1 088	1 029	253
694	1 719	964	1 181	502
712	1 891	1 069	1 308	575

农村居民家庭人均分类生活消费支出构成（1978~2014）

表 2-36

年　份 Year	生活消费支出 Total Consumption Expenditures	食　品 Food	衣　着 Clothing	居　住 Housing
1978	100.0	60.6	15.0	13.0
1979	100.0	55.5	15.0	20.2
1980	100.0	51.7	10.8	25.4
1981	100.0	50.8	11.0	24.6
1982	100.0	49.8	8.8	28.8
1983	100.0	47.0	9.0	32.2
1984	100.0	46.4	7.8	34.7
1985	100.0	43.8	8.6	32.6
1986	100.0	45.3	8.3	31.9
1987	100.0	46.1	8.3	29.4
1988	100.0	39.7	9.0	27.9
1989	100.0	42.3	8.4	26.1
1990	100.0	46.4	8.5	21.6
1991	100.0	48.0	8.7	21.0
1992	100.0	43.4	7.5	22.9
1993	100.0	46.4	7.1	16.2
1994	100.0	48.4	7.9	16.7
1995	100.0	44.3	6.9	22.6
1996	100.0	42.8	6.6	21.1
1997	100.0	41.5	6.3	21.8
1998	100.0	42.2	5.7	20.8
1999	100.0	43.1	5.2	17.6
2000	100.0	44.0	4.9	17.5
2001	100.0	40.3	4.7	18.7
2002	100.0	35.2	4.3	26.2
2003	100.0	35.4	4.4	25.3
2004	100.0	34.6	4.4	22.9
2005	100.0	36.8	5.1	18.2
2006	100.0	37.8	5.2	20.7
2007	100.0	36.8	5.4	23.7
2008	100.0	40.9	5.1	19.8
2009	100.0	37.1	5.1	21.5
2010	100.0	37.2	5.4	20.2
2011	100.0	40.1	5.7	16.0
2012	100.0	40.0	5.8	15.2
2013	100.0	39.7	5.8	16.8
2014	100.0	40.5	5.2	17.9

Composition of Per Capita Consumption Expenditures of Rural Households by Category

单位:%(Unit:%)

家庭设备用品及服务 Household Facilities, Articles and Services	交通和通信 Transport and Communication	文教娱乐用品及服务 Education, Culture and Recreation Articles and Services	医疗保健 Health Care and Medical Services	其他商品和服务 Miscellaneous Goods and Services
6.2				5.2
5.3				4.0
1.6				10.5
2.8				10.8
2.9				9.7
8.4	0.2	1.2	0.8	1.2
6.8	0.3	1.9	1.0	1.1
8.4	0.3	4.4	1.0	0.9
8.2	0.4	4.5	1.1	0.3
9.6	0.3	4.0	0.9	1.4
14.1	0.3	4.1	1.5	3.4
12.1	0.3	5.2	1.7	3.9
10.2	0.5	4.7	2.6	5.5
9.8	1.0	5.5	2.3	3.7
11.8	1.6	6.1	2.3	4.4
11.8	3.0	10.0	2.3	3.2
9.8	2.9	8.2	2.8	3.3
8.4	4.7	7.6	2.2	3.3
9.4	5.2	9.0	2.8	3.1
8.0	5.7	9.8	4.1	2.8
8.8	5.4	11.0	4.0	2.1
10.1	5.1	12.3	4.1	2.5
5.4	6.7	13.5	5.1	2.9
6.2	7.1	14.2	5.6	3.2
5.3	8.7	12.4	5.3	2.6
5.2	10.4	11.9	5.9	1.5
5.4	11.4	12.7	6.7	1.9
6.3	10.2	12.9	7.7	2.8
6.0	9.7	11.5	6.9	2.2
5.1	10.0	9.7	6.5	2.8
5.5	9.7	9.3	7.7	2.0
4.9	12.4	9.6	7.5	1.9
5.2	14.3	9.9	5.7	2.1
5.8	11.6	10.1	8.1	2.6
5.3	14.1	9.0	8.5	2.1
5.2	12.8	7.2	8.8	3.7
4.7	12.4	7.0	8.5	3.8

农村居民家庭人均分类生活消费支出名义指数(以1978年为100)

表2-37

年　份 Year	生活消费支出 Total Consumption Expenditures	食　品 Food	衣　着 Clothing	居　住 Housing
1978	100.0	100.0	100.0	100.0
1979	128.2	117.2	128.4	199.4
1980	167.4	142.8	120.2	328.0
1981	202.1	169.3	147.6	384.0
1982	230.1	189.0	133.9	512.0
1983	265.3	206.1	157.9	660.0
1984	320.7	245.4	164.8	860.0
1985	403.1	291.6	230.0	1 016.0
1986	464.2	347.1	254.0	1 144.0
1987	506.2	384.7	278.1	1 148.0
1988	636.8	471.1	379.3	1 372.0
1989	683.4	477.1	381.1	1 376.0
1990	653.9	501.0	367.3	1 088.0
1991	797.9	631.8	460.0	1 296.0
1992	1 019.2	729.3	508.1	1 804.0
1993	1 139.9	873.8	539.0	1 428.0
1994	1 406.7	1 124.3	731.2	1 816.0
1995	1 745.1	1 274.8	799.9	3 044.0
1996	2 004.1	1 416.7	878.8	3 264.0
1997	2 190.7	1 501.4	916.6	3 684.0
1998	2 179.8	1 517.6	820.5	3 504.0
1999	2 003.6	1 427.0	693.4	2 724.0
2000	2 144.0	1 558.7	690.0	2 896.0
2001	2 462.7	1 637.3	775.8	3 560.0
2002	2 751.8	1 600.5	775.8	5 568.0
2003	2 937.8	1 712.8	862.1	5 748.0
2004	3 279.3	1 873.3	961.2	5 784.0
2005	3 764.2	2 288.0	1 259.9	5 292.0
2006	4 148.2	2 585.5	1 434.9	6 632.0
2007	4 582.9	2 786.4	1 634.1	8 388.0
2008	4 722.8	3 190.8	1 603.2	7 224.0
2009	5 079.8	3 111.3	1 702.7	8 412.0
2010	5 297.9	3 255.0	1 901.8	8 280.0
2011	5 840.4	3 860.7	2 220.7	7 224.0
2012	6 267.4	4 135.6	2 416.8	7 336.0
2013	6 956.0	4 560.5	2 646.8	9 040.0
2014	7 922.8	5 290.7	2 749.7	10 988.0

注：①分类生活消费支出按原始数据计算,与用取整后的数据比较有尾数上差异。
②交通和通信、文教娱乐用品及服务、医疗保健以1983年为100。

Note: ①Figures in Consumption Expenditures Indices by Category are calculated by raw data, so they may have differences compared to the indices calculated by rounding data.
②In the categories of Transport and Communication, Education and Recreation Articles and Services, Medical and Health Services, the figures of 1983 are set at 100.

Per Capita Consumption Expenditure Nominal Indices of Rural Households by Category (1978=100)

家庭设备、用品及服务 Household Facilities, Articles and Services	交通和通信 Transport and Communication	文教娱乐用品及服务 Education, Culture and Recreation Articles and Services	医疗保健 Health Care and Medical Services	其他商品和服务 Miscellaneous Goods and Services
100.0				100.0
113.7				103.2
43.4				349.1
95.5				431.2
112.8				441.5
373.3	100.0	100.0	100.0	61.6
364.6	200.0	200.0	150.0	71.9
564.2	200.0	566.7	200.0	71.9
633.7	400.0	666.7	250.0	30.8
816.0	300.0	650.0	225.0	143.7
145.00	400.0	833.3	450.0	431.2
1 380.2	400.0	1 133.3	575.0	533.9
1 119.8	600.0	983.3	825.0	718.7
1 310.8	1 500.0	1 416.7	875.0	585.2
2 013.9	3 100.0	2 016.7	1 125.0	883.0
2 248.3	6 500.0	3 666.7	1 250.0	718.7
2 317.7	7 900.0	3 700.0	1 875.0	924.0
2 465.3	15 900.0	4 266.7	1 825.0	1 139.6
3 151.0	20 000.0	5 783.3	2 700.0	1 242.3
2 934.0	24 000.0	6 900.0	4 350.0	1 211.5
3 203.1	22 600.0	7 716.7	4 250.0	913.8
3 376.7	19 700.0	7 900.0	4 000.0	975.4
1 953.1	27 900.0	9 316.7	5 225.0	1 211.5
2 552.1	34 000.0	11 216.7	6 625.0	1 540.0
2 439.2	46 200.0	11 016.7	7 000.0	1 406.6
2 475.0	58 700.0	11 266.7	8 325.0	883.0
2 986.1	72 000.0	13 433.3	10 625.0	1 201.2
3 975.7	73 900.0	15 600.0	14 050.0	2 094.5
4 175.3	78 000.0	15 333.3	13 725.0	1 807.0
3 923.6	88 400.0	14 283.3	14 275.0	2 556.5
4 375.0	88 000.0	14 166.7	17 425.0	1 837.8
4 175.3	121 200.0	15 716.7	18 475.0	1 961.0
4 583.3	145 900.0	16 866.7	14 625.0	2 156.1
5 408.3	130 900.0	18 983.3	22 725.0	2 990.0
5 607.6	170 500.0	18 133.3	25 725.0	2 597.5
6 024.3	171 900.0	16 066.7	29 525.0	5 154.0
6 180.6	189 100.0	17 816.7	32 700.0	5 903.5

按收入水平分组农村居民家庭人均生活消费支出(1994~2014)
Per Capita Consumption Expenditures of Rural Households by 5 Income Levels

表 2-38　　单位:元 (Unit: yuan)

年 份 Year	总平均 Total Average	低收入户 Low Income	较低收入户 Medium-low Income	中间收入户 Medium Income	较高收入户 Medium-high Income	高收入户 High Income
1994	2 715	1 578	1 989	2 635	2 952	4 640
1995	3 368	1 813	2 680	2 704	3 408	6 546
1996	3 868	2 229	2 860	3 182	4 221	6 995
1997	4 228	2 558	3 334	3 986	4 866	6 532
1998	4 207	2 468	3 163	3 347	4 871	7 362
1999	3 867	2 275	2 940	4 181	4 279	5 909
2000	4 138	2 390	3 387	3 887	5 487	5 880
2001	4 753	2 921	3 250	4 334	5 356	8 449
2002	5 311	2 350	4 341	4 834	5 873	9 683
2003	5 670	2 886	3 681	5 363	6 286	10 769
2004	6 329	4 076	4 914	5 309	6 992	10 971
2005	7 265	4 618	5 690	6 317	7 059	12 975
2006	8 006	4 788	6 001	6 951	8 015	15 058
2007	8 845	4 890	6 077	7 305	9 541	17 317
2008	9 115	5 024	6 280	9 555	10 700	14 517
2009	9 804	5 472	6 266	9 026	12 843	16 035
2010	10 225	5 026	7 881	8 739	15 103	15 187
2011	11 272	6 979	9 881	11 701	11 654	16 531
2012	12 096	7 784	8 813	10 802	13 725	19 773
2013	13 425	8 011	10 048	12 150	15 793	20 775
2014	15 291	9 629	12 208	13 487	17 909	22 645

平均每百户城市居民家庭年末耐用消费品拥有量(1980~2014年)
Main Durable Goods Owned Per 100 Households Urban

表 2-39

年 份 Year	彩色电视机(台) Colour TV Set(set)	照相机(台) Camera (unit)	洗衣机(台) Washing Machine (set)	电冰箱(台) Refrigerator (set)	组合音响(台) Stereo(set)
1980		7			
1981	1	10	1		
1982	1	11	4	…	
1983	3	13	9	2	
1984	6	13	13	4	
1985	22	20	26	20	
1986	36	28	39	47	
1987	44	31	50	62	
1988	54	37	62	73	
1989	66	40	67	85	
1990	77	44	72	88	1
1991	81	43	72	92	3
1992	89	42	71	93	5
1993	94	46	76	92	7
1994	101	54	73	95	11
1995	109	52	78	98	13
1996	113	52	82	101	15
1997	119	54	87	102	18
1998	128	59	92	103	21
1999	144	68	93	103	28
2000	147	71	93	102	32
2001	154	72	99	103	34
2002	160	79	92	104	33
2003	168	70	94	102	40
2004	178	80	96	104	45
2005	177	85	97	104	48
2006	179	86	98	104	48
2007	183	89	98	103	52
2008	180	86	98	104	49
2009	185	91	99	104	50
2010	188	95	99	104	52
2011	191	94	100	105	48
2012	192	98	101	106	49
2013	169	53	88	93	16
2014	175	56	90	95	17

注：国家统计局2012年进行住户调查一体化改革，上海城市居民收支调查范围自2013年起由原来的市中心城市地区扩大至郊区的城镇地区，耐用消费品拥有量有所波动。

Note: The National Bureau of Statistics carried out the reform of household survey integration in 2012. Since 2013, the scope of Shanghai urban household income and expenditure survey has expanded from the original urban areas to suburban urban areas, and the ownership of durable consumer goods fluctuates.

表 2-39 续表　Continued

年　份 Year	家用汽车(辆) Automobile (unit)	家用电脑(台) Personal Computer (set)	家用空调(台) Household Air Conditioner(set)	移动电话(台) Mobile Phone (set)	淋浴热水器(台) Water Heater (set)	摄像机(台) Video Camera (unit)
1992			2		7	
1993			5		15	
1994			20		29	
1995		2	33		37	
1996		5	50	1	42	
1997		9	62	2	51	1
1998		13	69	6	54	3
1999		20	85	16	60	3
2000		26	96	29	64	3
2001	…	38	100	50	67	4
2002	…	51	118	93	76	5
2003	2	60	136	133	81	6
2004	4	70	159	161	88	8
2005	4	81	168	181	90	10
2006	5	91	175	200	93	11
2007	9	104	189	217	96	15
2008	11	109	191	219	95	15
2009	14	123	196	223	98	16
2010	17	129	200	230	98	17
2011	18	138	207	236	101	18
2012	20	144	207	239	100	19
2013	20	110	174	202	86	11
2014	22	119	183	211	89	12

平均每百户农村居民家庭年末耐用消费品拥有量(1985~2014年)
Main Durable Goods Owned Per 100 Households Rural

表2-40

年 份 Year	彩色电视机(台) Colour TV Set (set)	照相机(台) Camera(unit)	洗衣机(台) Washing Machine (set)	电冰箱(台) Refrigerator (set)	微波炉(台) Microwave Oven (set)
1985	4	1	2		
1986	7	1	5	1	
1987	9	2	13	4	
1988	12	3	30	11	
1989	19	4	39	21	
1990	25	4	45	29	
1991	25	4	48	30	
1992	28	5	55	38	
1993	36	4	54	42	
1994	44	5	57	50	
1995	49	6	63	56	
1996	53	7	67	65	
1997	62	7	67	68	
1998	74	9	66	72	7
1999	83	9	72	73	10
2000	97	14	69	74	14
2001	105	13	70	76	20
2002	120	13	71	79	28
2003	125	13	75	81	36
2004	137	14	80	85	44
2005	157	18	86	89	66
2006	167	22	89	94	71
2007	179	21	91	96	76
2008	186	21	93	101	81
2009	190	24	93	101	82
2010	198	27	95	103	84
2011	188	20	88	99	80
2012	190	20	90	101	83
2013	178	24	82	95	80
2014	139	13	61	78	56

注：国家统计局2012年进行住户调查一体化改革，2013年起，上海农村居民收支调查范围逐步转变为乡村地区，不再包含城乡结合部地区，耐用消费品拥有量有所波动。

Note: The National Bureau of Statistics carried out the reform of household survey integration in 2012. Since 2013, the scope of Shanghai rural household income and expenditure survey has gradually changed to rural areas, excluding urban-rural fringe areas, and the ownership of durable consumer goods fluctuates.

表 2-40 续表　Continued

年　份 Year	轻骑、摩托车(辆) Moped and Motorcycle (vehicle)	家用空调(台) Household Air Conditioner(set)	抽油烟机(台) Smoke Exhaust Ventilator(set)	热水淋浴器(台) Water Heater (set)	移动电话(部) Mobile Phone (set)	家用电脑(台) Personal Computer (set)	摄像机(台) Video Camera (unit)
1995	22	1	9				
1996	33	3	15				
1997	46	4	22				
1998	55	7	26	29		1	
1999	61	8	32	37		1	
2000	73	14	35	44	19	5	
2001	73	16	39	47	35	7	
2002	83	24	42	53	63	12	1
2003	88	37	45	61	91	15	1
2004	91	55	51	66	112	23	2
2005	72	84	60	78	130	32	2
2006	74	99	65	83	148	38	3
2007	60	120	69	89	147	43	3
2008	55	129	71	90	156	47	4
2009	49	135	71	94	174	54	5
2010	46	147	74	96	194	60	5
2011	28	130	64	90	189	50	3
2012	25	136	67	91	200	49	4
2013	18	138	58	86	183	58	3
2014	12	83	31	57	171	42	1

主要统计指标解释

第一部分 上海居民收支与生活状况调查主要数据（新口径，表2-1到表2-18）

■居民可支配收入（城镇/农村常住居民）

指居民可用于最终消费支出和储蓄的总和，即居民可用于自由支配的收入。既包括现金收入，也包括实物收入。按照收入的来源，可支配收入包含四项，分别为：工资性收入、经营净收入、财产净收入和转移净收入。

■居民消费支出（城镇/农村常住居民）

指居民用于满足家庭日常生活消费需要的全部支出，既包括现金消费支出，也包括实物消费支出。消费支出可划分为食品烟酒、衣着、居住、生活用品及服务、交通通信、教育文化娱乐、医疗保健以及其他用品及服务八大类。

第二部分 历年城镇和农村住户调查主要数据（老口径，表2-19到表2-40）

■城镇居民家庭可支配收入

指居民家庭可用于最终消费支出和其他非义务性支出以及储蓄的总和，即居民家庭可以用来自由支配的收入。它是家庭总收入扣除交纳的所得税、个人交纳的社会保障费以及调查户的记账补贴后的收入。

■城镇居民家庭消费支出

指居民家庭用于满足家庭日常生活消费需要的全部支出，包括食品、衣着、居住、家庭设备及用品、交通通信、文教娱乐、医疗保健、其他等八大类。消费支出构成是按照商品或服务的用途进行分类，如果消费支出的目的与用途不一致时，必须按照用途归入相应类内。

■农村居民可支配收入

指农村居民获得的经过初次分配与再分配后的收入。可支配收入可用于住户的最终消费、非义务性支出以及储蓄。

农村居民可支配收入＝总收入-家庭经营费用支出-税费支出-生产性固定资产折旧-财产性支出-转移性支出。

■农村居民家庭生活消费支出

指农村住户用于物质生活和精神生活方面的支出。包括食品，衣着，居住，家庭设备用品及服务，医疗保健，交通和通信，文化教育娱乐用品及服务，其他商品和服务等消费支出。

■恩格尔系数

指食品支出占全部消费支出的比重，是反映人们生活水平高低的一项重要指标。国际上常用恩格尔系数来衡量一个国家和地区人民生活水平和富足程度。联合国粮农组织提出的标准，恩格尔系数在59%以上为贫困型阶段，50%-59%为温饱型阶段；40%-49%为小康型阶段；30%-39%为富裕型阶段；30%以下为最富裕阶段。

■平均消费倾向

指居民消费支出占可支配收入的比重。在实际计算居民家庭平均消费倾向时，收入通常以居民家庭可支配收入来表示。消费倾向是度量居民生活水平的重要指标，一般来说，居民收入越高，消费倾向越低；收入越低，消费倾向越高。在收入既定的前提下，居民消费倾向越高，表明消费欲望越强烈，对经济增长的拉动作用越大；反之，则相反。

EXPLANATORY NOTES ON MAIN STATISTICAL INDICATORS

Part 1 Data of Survey on Income, Expenditure and Living Conditions of Residents in Shanghai (New Statistics Scope, from Chart 2–1 to 2–18)

■Disposable Income of Households (usual resident households in urban/rural areas)

It refers to the income of households for purpose of final expenditure and savings. It includes income both in cash and in kind. By sources of income, disposable income includes four categories: income from wages and salaries, net business income, net income from properties and net income from transfer.

■Consumption Expenditure of Households (usual resident households in urban/rural areas)

It refers to all expenditure of households for living expenditure to satisfy family daily living. It includes expenditure in cash and in kind. It includes eight categories: food, tobacco and liquor; clothing; residence; household facilities, articles and services; transport and communication; education, cultural and recreational activities; health care and medical services, and miscellaneous goods and services.

Part 2 Historical data of urban and rural household survey (Old Statistics Scope, from Chart 2–19 to 2–40)

■Disposable Income of Urban Households

It refers to the actual income at the disposal of members of the urban households which can be used for final consumption, other non–compulsory expenditure and savings. This equals to total income minus income tax, personal contribution to social security and subsidy for keeping diaries in being a sample household.

■Consumption Expenditure of Urban Households

It refers to total expenditure of urban households for consumption in daily life, including expenditure on the eight categories of food; clothing; housing; household appliances; transport and communication; education, cultural and recreational activities, medical care, and miscellaneous goods and services.

■Disposable Income of Rural Households

It refers to the income of the rural households after first distribution and redistribution, which can be used for final consumption, other non–compulsory expenditure and savings.

Disposable Income of rural households = total income – household operation expenses – taxes and fees–depreciation of fixed assets for production – expenses on properties – expenses on transfers.

■Consumption Expenditure of Rural Households

It refers to total expenditure of rural households for consumption in daily life, including expenditure on the eight categories of food; clothing; housing; household appliances; transport and communication; education, cultural and recreational activities, medical care, and miscellaneous goods and services.

■Engel's Coefficient

It refers to the percentage of expenditure on food to the total consumption. It is an important indicator which reflects the living level of people. Internationally, it is often used to measure the living and prosperity level of people in a country or region. According to the standard provided by FAO, countries(regions) whose Engel's coefficient is over 59% are of the poor stage; 50%–59% are of the subsistence stage; 40%–49% are of the well–off stage; 30%–39% are of the rich stage; below 30% are of the very rich stage.

■Average propensity to consume

It refers to the percentage of income that went for comsumption. Usually, we select a household's disposable income as the income when we calculate this gauge. Propensity to consume is an important measurement of living standard. Generally speaking, the higher income will generate the lower propensity to consume, and the lower income will generate the higher propensity to consume. Given the fixed income, the higher propensity to consume indicates a stronger desire for consumption, which in turn will give a bigger push to the economic growth, and the other way around, the opposite will be true.

Chapter 3
第三篇

价格和消费者信心指数
PRICE AND CONSUMER CONFIDENCE INDEX

简要说明

一、本篇资料的主要内容

本篇价格指数资料，反映生产、流通、消费、投资与交易等环节的价格变动趋势和变动幅度。主要包括居民消费价格指数、商品零售价格指数、工业生产者出厂价格指数、工业生产者购进价格指数、固定资产投资价格指数、房地产价格指数、农产品生产者价格指数等。

二、本篇的资料来源

价格指数编制由国家统计局上海调查总队消费价格调查处、生产价格调查处、农业调查处组织实施，依据国家统计局统一制定的价格统计调查制度，由上海调查总队直接以及通过区县调查队从基层采集原始价格数据汇总后上报。

三、居民消费、商品零售价格指数调查方法

编制居民消费、商品零售价格指数的资料采用抽样调查和重点调查相结合的方法取得，即在全市选择不同经济区域和分布合理的商品销售或服务网点，以及有代表性的商品或服务作为样本，对其市场价格进行定期调查，以样本推断总体。目前，居民消费、商品零售价格调查已涉及全市 16 个区。

1. 价格调查点的抽选方法：对全市消费市场进行摸底调查、掌握市场的基本情况（经营品种、销售额等指标）基础上，将各种类型的商场（店）、超市、农贸市场、服务网点以销售额（成交额或经营规模）为标志，从高到低排队，依据所需调查点的数量进行等距抽样。选择经营品种齐全、销售额大的商场（店）、超市、农贸市场、服务网点作为价格调查点。

2. 代表规格品根据全市的消费情况确定，必须遵循以下原则：(1)选择消费量较大的消费项目；(2)价格变动趋势和变动程度有较强的代表性，即选中规格品与未选中规格品的价格变动特征愈相关愈好；(3)在市场销售份额大体相等的情况下，同一基本分类的规格品之间，性质差异愈大愈好，价格变动特征的相关性愈低愈好；(4)生产和销售前景较好；(5)选中的工业消费品必须是合格产品，工业产品包装上必须有注册商标、产地、规格等级等标识。

目前，居民消费价格调查分为 8 大类，262 个基本分类，全市每月共调查 1300 种以上的规格品价格；商品零售价格分为 16 个大类，229 个基本分类，全市每月调查 900 种以上的规格品价格。

3. 价格调查方法：居民消费、商品零售价格调查是抽样调查，主要方法是定人、定点、定时直接调查。

4. 权数的确定：居民消费价格指数的权数主要根据全市城镇居民家庭消费支出构成确定；商品零售价格指数的权数主要根据全市社会商品零售额资料确定。

5. 指数计算方法：使用链式拉氏公式计算，每 5 年更换 1 次基期，目前固定基期为 2015 年。

6. 2016 年居民消费价格调查分类变化说明

2016 年，国家统计局参考联合国制定的《按目的划分的个人消费分类》(COICOP)和《居民消费支出分类(2013)》，对 CPI 调查类别进行了较大调整。八大类调整前分为食品、烟酒、衣着、家庭设备及维修服务、医疗保健和个人用品、交通和通信、娱乐教育文化用品及服务和居住，调整后分为食品烟酒、衣着、居住、生活用品及服务、交通和通信、教育文化和娱乐、医疗保健、其他用品和服务。

此次类别结构调整较大，主要是：

（1）调整前“食品”、“烟酒”两类，合并为“食品烟酒”类。其中，调整前“食品”类包括粮食、淀粉及制品、干豆类及豆制品、油脂、肉禽及其制品、蛋、水产品、菜、调味品、糖、茶及饮料、干鲜瓜果、液体乳及乳制品、在外用膳食品和其他食品等16分类，调整后“食品”类包括粮食、薯类、豆类、食用油、菜、畜肉类、禽肉类、水产品、蛋类、奶类、干鲜瓜果类、糖果糕点类、调味品和其他食品类等16分类；

（2）调整前“医疗保健和个人用品”类，调整后此类相关指标被拆分到“生活用品及服务”类、“医疗保健”类和“其他用品和服务”类中；

（3）调整前“娱乐教育文化用品及服务”类，调整后相关指标被拆分到“教育文化和娱乐”类和“其他用品和服务”类中；

（4）调整前“家庭设备用品及维修服务”类，调整后相关指标被拆分到“生活用品及服务”类和“其他用品及服务”类中。

7. 2016年商品零售价格调查分类变化说明

2016年，国家统计局对RPI调查中的类别进行了调整。调整前“食品”类包括粮食、淀粉及制品、干豆类及豆制品、油脂、肉禽及其制品、蛋、水产品、菜、调味品、糖、干鲜瓜果、糕点饼干面包、液体乳及乳制品、在外用膳食品和其他食品等15分类，调整后包括粮食、薯类、豆类、食用油、菜、畜肉类、禽肉类、水产品、蛋类、奶类、干鲜瓜果类、糖果糕点类、调味品、其他食品类和在外餐饮等15分类；调整前“金银珠宝”类，调整后为“金银饰品”类。

四、工业生产者价格指数调查方法

工业生产者价格包括工业企业产品第一次出售时的出厂价格（以下简称工业生产者出厂价格）和企业作为中间投入的原材料、燃料、动力购进价格（以下简称工业生产者购进价格）。该项调查采用重点调查与典型调查相结合的调查方法，重点调查对象为规模以上工业法人企业；典型调查对象规模以下工业法人企业。

1. 选择代表企业的原则：（1）按工业行业选择调查企业，各中类行业原则上都要有调查企业；（2）大型企业应尽量都选上（或占相当大比重）；（3）选择生产正常、稳定的企业作为调查对象。根据以上原则，上海共选择近1000家工业企业进行工业生产者价格调查。

2. 选择代表产品的原则：（1）按工业行业选择基本分类和代表产品；（2）选择对国计民生影响大的产品；（3）选择生产较为稳定的产品；（4）选择有发展前景的产品；（5）选择具有地方特色的产品。根据《工业生产者价格调查目录》，上海工业生产者出厂价格调查涵盖全市35个工业大类行业，500余个基本分类的1000余种产品；工业生产者购进价格调查涵盖9大类，400余个基本分类的1000余种产品。

3. 工业生产者价格调查采用企业网上直报的形式。

五、固定资产投资价格指数调查方法

固定资产投资价格调查采用重点调查与典型调查相结合的方法。固定资产投资价格调查所涉及的价格是构成固定资产投资额实体的实际购进价格或结算价格。调查的内容包括构成当年建筑工程实体的钢材、木材、水泥、地方材料（如砖、瓦、灰、沙、石等）、化工材料（如油漆等）等主要建筑材料价格；作为活劳动投入的劳动力价格（单位工资）和各种施工机械使用价格；设备、工器具购置和其他费用投资价格。

1. 选择代表企业的原则：（1）按工业行业选择调查企业，各中类行业原则上都要有调查企业；（2）大型企业应尽量都选上（或占相当大比重）；（3）选择生产正常、稳定的企业作为调查对象。根据以上原则，上海共选择近1000家工业企业进行工业生产者价格调查。

2. 选择其他费用调查点的原则：在选择其他费用调查点时，所遵循的原则与建筑安装工程调查点的原则基本相同,特别是要注意选择那些投资额大的工程。但由于其他费用不易取得,所以在实际操作过程中,应同时在建设单位、施工单位开展重点调查,并辅以典型调查(从管理部门取得资料)。2019 年开始,其他费用调查的数据来源增加了行政记录等其他部门数据。

3. 价格调查方式采用企业报表形式,每季度 120 余家调查企业上报数据资料。

六、农产品生产者价格指数

农产品生产者价格是指农产品生产者直接出售其产品时实际获得的单位产品价格。农产品生产者价格调查采用抽样调查和重点调查相结合的方法。内容包括被调查单位生产并出售的主要农产品。农产品代表产品的选择涵盖农、林、牧、渔四大类、各中类以及 90%以上的小类,一般是生产量和销售量大的对国计民生影响大、稳定性强的产品,具有发展前景的新产品和具有地方特色的产品。代表品一般稳定五年。调查周期为季度。

七、消费者信心指数

消费者信心指数是对消费者消费心理感受变化的测度,上海消费者信心指数采用计算机辅助电话调查(CATI)的方式,根据全市年龄人口分布事先设计配额比例,按电信局域号随机抽样生成的电话号码,分不同时间段对全市 1000 位 20—70 岁的市民开展调查。调查内容主要包括经济发展形势、家庭收入和就业、物价水平、消费或购买意愿,每一方面由两类问题构成:对现状的看法和对未来的预期。在调查问卷中每一问题一般有六个答案:很好、较好、一般、较差、很差、不知道,由消费者根据自己的看法或判断选择其一。指数通常以加权平均法得出,结果以百分点表示。

BRIEF INTRODUCTION

I. Main Contents

Data on price indices in this chapter show the changing trends and the changing rates in the prices of production, trade, consumption, investment and transaction, mainly including consumer price indices, retail price indices, producer price indices for industrial products, purchasing price indices for industrial producers, price indices for investment in fixed assets, house price indices, producer price indices for farm products.

II. Sources of Data

Statistics on price indices, organized and compiled by NBS Survey Office in Shanghai, are collected from the grassroots units or survey offices in districts and counties in accordance with the scheme of price survey system stipulated by the National Bureau of Statistics, and then statistics are tabulated and reported to the higher agencies.

III. Consumer Price Indices and Retail Price Indices

Data for compilation of the consumer price indices and the retail price indices in Shanghai are collected through a combination of sample surveys and surveys of key units. Areas distributed in the city's economic regions, representative commodities and representative services are selected as samples. Regular surveys are conducted to collect data on their market prices. Population parameters are inferred on the basis of the sample data. At present, 16 districts in Shanghai are all included in the survey of the consumer price indices and the retail price indices.

(1) The selection of sample survey areas: Based on the basic conditions (including product varieties, their sales and etc) the city's consumer market, the city's consumer market, shops, supermarkets, wet markets and service outlets of different varieties are ranked by sales (turnover or scales) and then selected on the number of survey areas needed via systematic sampling method schemes. The price survey areas should be shops, supermarkets, wet markets and service outlets with a wide range of products and big sales.

(2) The goods are selected on the city's consumption conditions, following these principles: (a) goods sold in large quantities (b) Representative for the price changing trends and the changing rates, which means selected goods are highly relevant with those unselected (c) Under the conditions of similar market shares, the bigger the differences in nature among goods and the lower the price relevance, the better (d) Good production and sales outlook (e) Qualified industrial goods, with registered trademark, origin and grade printed on the packaging.

At present, data are collected on more than 1,300 specifications each month in the city under 262 basic headings in 8 categories in the consumer price surveys. For the retail price surveys, data are collected on more than 900 specifications each month under 229 basic headings in 16 categories.

(3) Method of data collection: Sample surveys are used for the consumer price indices and the retail price indices, with method of direct survey with fixed people, fixed location and fixed time period.

(4) Determination of the weights: The weights of the consumer price indices are determined according to the composition of the consumption expenditures of Shanghai's urban and rural households. The weights of the retail price indices are determined mainly according to the total retail sales of commodities in the city.

(5) Method of calculation: the approach of the chain Laspyres with 2015 being a base period.

(6) Revisions in category of CPI: Since 2016, the National Bureau of Statistics made a major adjustment to the category of CPI investigation, referring to the United Nations´ Classification of Individual Consumption According to Purpose (COICOP) and Classification of Consumption expenditure of Households (2013).

The major structural adjustment of this category is as follows:

①After the adjustment, category of "Food" and "Cigarettes and Liquors" are merged into category of "Food and Cigarettes and Liquors". Before the adjustment, category of "Food" was divided into Grain, Starch and Its Products, Dry Beans and Bean Products, Oil and Fat, Meat Poultry and Their Products, Eggs, Aquatic Products, Vegetables, Flavoring, Sugars, Tea and drinks, Dried and Fresh Fruits, Milk and Dairy Products, Dining Out, and Other Food. After the adjustment, category of "Food" is divided into Grain, Potato, Beans, Edible Oil, Vegetables, Meat, Poultry, Aquatic Products, Eggs, Milks, Dried and Fresh Fruits, Sweets and Cakes, Flavoring and Other Food.

②After the adjustment, category of "Medical and Health Services and Personal Articles" is split into category of "Living Articles and Services" , "Medical and Health Services" and "Other Articles and Services".

③After the adjustment, category of "Education and Culture Articles" is split into category of "Education, Culture and Recreation" and "Other Articles and Services".

④After the adjustment, category of "Household Facilities, Articles and Repair Services" is split into category of "Living Articles and Services" and "Other Articles and Services".

(7) Revisions in category of RPI: Since 2016, the National Bureau of Statistics made an adjustment to the category of RPI investigation. Before the adjustment, category of "Food" was divided into Grain, Starch and Its Products, Dry Beans and Bean Products, Oil and Fat, Meat Poultry and Their Products, Eggs, Aquatic Products, Vegetables, Flavoring, Sugars, Dried and Fresh Fruits, Cakes, Biscuits and Bread, Milk and Dairy Products, Dining Out, and Other Food. After the adjustment, category of "Food" is divided into Grain, Potato, Beans, Edible Oil, Vegetables, Meat, Poultry, Aquatic Products, Eggs, Milks, Dried and Fresh Fruits, Sweets and Cakes, Flavoring, Other Food, and Dining Out. The "Gold and Silver Jewelry" category was adjusted to the " Gold and Silver Ornament" category.

IV. Producer Price Indices

Producer prices include Producer Prices for Industrial Products, which are the prices of manufactured goods when they are sold for the first time, and Purchasing Prices for Industrial Producers, which are prices paid by industrial enterprises when they purchase productive inputs such as raw materials, fuels and power from the market or from other enterprises. Methologically, the survey is a combination of the key enterprises' survey and typical enterprises' survey, where key enterprises refer to those industrial enterprises avove set scale and typical enterprises refer to those industrial enterprises under set scale.

(1) Principles for the selection of representative enterprises: (a) Enterprises to be covered in the survey are selected by industrial sectors. In principle, every second-level classifacation should have representative enterprises; (b) All (or a majority of) large-scale enterprises should be selected; (c) Enterprises selected should be those with normal and stable production. According to these principles, nearly 1000 enterprises in Shanghai are selected for this survey.

(2) Principle for the selection of representative goods: (a) The goods are selected by industrial sectors; (b) The selected goods should have great importance in the national economy and people's living conditions; (c) The production of the goods selected should be stable; (d) The prospects of the goods selected should be promising; (e) The goods selected should be of local specialties.

(3) Online direct reporting methed is used for the data collection of Producer Price survey.

V. Price Indices for Investment in Fixed Assets

The survey of Prices for Investment in Fixed Assets is a combination of surveys on key enterprises and surveys on typical enterprises. The prices collected in the surveys of investment in fixed assets are the actual purchasing prices or settlement prices of entities of investment in fixed assets, including the prices of main construction materials that constitute the architectural projects in the year, such as steel, timber, cement, local construction materials (such as brick, tile, calcareous ashes, sand, stone, and etc.), chemical materials (such as oil paint, and etc.), the prices of labor cost (wages), the prices for renting of building machinery and equipment, the purchasing prices of equipment, tools and instruments and the prices of other investments.

(1) Principles for the selection of the surveyed projects of construction and installation: (a) Sample projects should have a good coverage; (b) The economic activity of investment should have strong representativeness; (c) Different types of ownerships should be considered; (d) Key projects should be selected; (e) Inclusion of various sectors of the national economy and various types of projects.

(2) Principles for the selection of the surveyees for other charges or costs are generally the same as those for construction and installation, but with special attention to including projects with big investment value. Considering the difficulties in obtaining the data of other charges or costs, in practice, surveys should be conducted both on the owners and on the constructors of projects, together with typical surveys (such as information from administrative departments). Since 2019, data sources of the survey for other charges or costs have increased data from departments such as executive branches.

(3) Data are reported by over 120 enterprises quarterly.

VI. Producer Price Indices for Farm Products

Producer price indices for farm products refers to the actual price per unit through directly selling their products by producers of farm products. The survey program of Price Index for Farm Products is a combined use of sampling survey and typical units' survey. It covers main farm products produced and sold by the units surveyed. Representative farm products include those in Agriculture, Forestry, Animal Husbandry and Fishery, 90% of small classification in medium-sized classification. The products are generally with large production and sales, having great impact on the national economy and people's living conditions, with strong stability, with promising to new products and with local characters. Representative products are for 5 years. The survey is conducted quarterly.

VII. Consumer Confidence Index

Consumer confidence index is a measure on the consumers' psychological changes, the Shanghai consumer confidence index adopted the method of computer assisted telephone survey (CATI): first generate a proportional quota in accordance to the distribution of the city's working-age population, then select 1000 20–70 years-old residents as respondents by random sampling, based on telephone numbers generated by telecom LAN. Contents of the questionnaire mainly includes the following topics: situation of economic development, family income, employment, consumer price level or purchase intention, each of which contains two types of questions: opinion on current situation and expectation on future. For each of the questions in the questionnaire, there are generally 6 choices: very good, good, average, bad, very bad, don't know, and the respondent can choose one from these options, based on their opinion or judgment. The results are calculated through weighted average of the responses, and are shown as percentile.

各种价格指数(1978~2019,以上年价格为100)
Price Indices(preceding year=100)

表3-1

年 份 year	居民消费 价格指数 Residents Consumer Price Indices	商品零售 价格指数 Retail Price Indices	工业生产者 出厂价格指数 Producer Price Indices for Industrial Products	工业生产者 购进价格指数 Purchasing Price Indices for Industrial Producers	固定资产投资 价格指数 Price Indices for Investment in Fixed Assets
1978	100.5	100.1			
1980	105.9	106.5			
1985	115.2	116.4			
1986	106.3	106.7			
1987	108.1	108.8			
1988	120.1	121.3			
1989	115.9	116.7			
1990	106.3	104.8			
1991	110.5	109.5			
1992	110.0	109.7	110.4	109.6	
1993	120.2	117.5	128.0	129.2	131.4
1994	123.9	117.5	118.2	121.6	108.8
1995	118.7	113.0	107.9	113.3	103.1
1996	109.2	105.0	97.6	97.6	107.0
1997	102.8	98.8	97.8	98.6	100.5
1998	100.0	95.1	93.9	94.1	98.4
1999	101.5	97.3	97.6	97.1	98.1
2000	102.5	96.4	102.5	107.1	100.0
2001	100.0	98.6	96.7	98.7	100.7
2002	100.5	98.7	96.4	97.7	100.3
2003	100.1	99.0	101.4	106.4	102.4
2004	102.2	100.9	103.6	116.4	106.7
2005	101.0	99.4	101.7	106.8	100.8
2006	101.2	100.2	100.6	104.8	100.1
2007	103.2	102.4	101.2	104.1	103.5
2008	105.8	105.3	102.2	110.3	107.9
2009	99.6	99.4	93.8	89.8	97.0
2010	103.1	101.7	102.3	111.2	103.8
2011	105.2	104.1	102.9	107.5	106.5
2012	102.8	101.2	98.4	94.7	99.4
2013	102.3	100.2	98.2	96.5	100.2
2014	102.7	100.9	98.9	95.9	100.5
2015	102.4	101.1	96.1	90.6	97.0
2016	103.2	100.8	98.8	97.7	99.6
2017	101.7	100.9	103.5	108.9	106.7
2018	101.6	101.6	101.7	105.2	105.6
2019	102.5	100.4	98.8	98.7	101.4

注:国家统计局从1993年开始编制固定资产投资价格指数。从2011年起,工业品价格出厂价格指数和原材料燃料动力购进价格指数,分别改为工业生产者出厂价格指数和工业生产者购进价格指数。

Note: The National Bureau of Statistics has Compiled Price Indices of Investment in Fixed Assets since 1993.Since 2011, Producer Price Index of Industrial Products and Purchasing Price Index of Raw Materials, Fuels and Power have Changed to Producer Price Index of Industries and Purchasing Price Index of Industries.

各种价格定基指数(1978~2019)
Fixed-base Price Indices

表 3-2

年 份 Year	居民消费价格指数 (以 1978 年价格为 100) Residents Consumer Price Indices (1978=100)	商品零售价格指数 (以 1978 年价格为 100) Retail Price Indices (1978=100)	工业生产者出厂价格指数 (以 2000 年价格为 100) Producer Price Indices for Industrial Products (2000=100)	工业生产者购进价格指数 (以 2000 年价格为 100) Purchasing Price Indices for Industrial Producers (2000=100)	固定资产投资价格指数 (以 2000 年价格为 100) Price Indices for Investment in Fixed Assets(2000=100)
1978	100.0	100.0			
1980	106.9	107.6			
1985	128.2	130.4			
1986	136.3	139.1			
1987	147.3	151.4			
1988	176.9	183.6			
1989	205.1	214.3			
1990	218.0	224.6			
1991	240.9	245.9			
1992	265.0	269.8			
1993	318.5	317.0			
1994	394.6	372.4			
1995	468.4	420.9			
1996	511.5	441.9			
1997	525.8	436.6			
1998	525.8	415.2			
1999	533.7	404.0			
2000	547.0	389.5			
2001	547.0	384.0	96.7	98.7	100.7
2002	549.7	379.0	93.2	96.4	101.0
2003	550.1	375.4	94.5	102.6	103.4
2004	561.9	378.8	97.9	119.4	110.3
2005	567.3	376.7	99.6	127.5	111.2
2006	574.2	377.3	100.2	133.6	111.3
2007	592.3	386.5	101.4	139.1	115.2
2008	626.5	407.1	103.6	153.4	124.3
2009	624.0	404.8	97.2	137.8	120.6
2010	643.4	411.7	99.4	153.2	125.2
2011	676.7	428.4	102.3	164.7	133.3
2012	695.9	433.6	100.7	156.0	132.5
2013	711.9	434.3	98.9	150.5	132.8
2014	730.7	438.0	97.8	144.3	133.5
2015	748.4	442.8	94.0	130.7	129.5
2016	772.6	446.3	92.9	127.7	128.9
2017	785.7	450.3	96.2	139.1	137.5
2018	798.3	457.5	97.8	146.3	145.2
2019	818.2	459.3	96.6	144.4	147.2

居民消费分类价格指数(1978~2015,以上年价格为100)

表 3-3

年　份 Year	居民消费 价格指数 Residents Consumer Price Indices	食　品 Food	烟　酒 Cigarettes and Liquors	衣　着 Clothing
1978	100.5	100.1		99.9
1980	105.9	106.6		99.9
1985	115.2	125.1		100.5
1986	106.3	109.9		101.6
1987	108.1	111.2		107.5
1988	120.1	124.7		121.8
1989	115.9	113.3		123.8
1990	106.3	103.6		110.9
1991	110.5	112.7		106.3
1992	110.0	113.1		109.8
1993	120.2	121.1		119.2
1994	123.9	130.2		117.4
1995	118.7	124.4		109.0
1996	109.2	109.7		108.8
1997	102.8	99.3		101.0
1998	100.0	97.7		93.0
1999	101.5	97.6		98.2
2000	102.5	98.1		94.9
2001	100.0	100.3	98.9	98.9
2002	100.5	102.9	98.9	97.5
2003	100.1	101.3	99.8	97.5
2004	102.2	108.3	98.3	94.2
2005	101.0	104.5	99.7	92.1
2006	101.2	102.5	100.2	106.4
2007	103.2	109.4	100.7	101.3
2008	105.8	115.3	101.7	101.6
2009	99.6	102.1	100.8	99.3
2010	103.1	107.7	101.1	98.6
2011	105.2	110.8	101.3	104.3
2012	102.8	105.8	101.4	103.0
2013	102.3	104.4	100.1	100.0
2014	102.7	103.2	101.0	103.7
2015	102.4	102.9	104.2	107.8

注：1. 家庭设备用品及维修服务:1978-1993年为日用品类,1994-2000年为家庭设备及用品类。2. 医疗保健和个人用品:1978-1993年为药及医药用品类,1994-2000年为医疗保健类。3. 交通和通信:1994-2000年为交通和通信工具类。4. 娱乐教育文化用品及服务:1978-1993年为文化娱乐用品类,1994-2000年为娱乐教育文化用品类。

Note：1. Household Facilities, Articles and Repair Services is Daily Use Articles from 1978 to 1993 and Household Facilities and Articles from 1994 to 2000. 2. Medical and Health Services and Personal Articles is Medicines and Medical Products from 1978 to 1993 and Medical and Health Care from 1994 to 2000,3. Transportation and Communication is Tools of Transportation and Communication from 1994 to 2000. 4. Recreation, Education, Culture Articles and Services is Culture and Recreation Articles from 1978 to 1993 and Recreation, Education and Culture Articles from 1994 to 2000.

居民消费分类价格指数(2016~2019,以上年价格为100)

表 3-4

年　份 Year	居民消费价格指数 Residents Consumer Price Indices	食品烟酒 Food and Cigarettes and Liquors	衣　着 Clothing	居　住 Housing
2016	103.2	103.7	100.8	105.1
2017	101.7	101.2	100.5	101.7
2018	101.6	102.3	98.3	100.2
2019	102.5	105.0	103.2	101.9

Consumer Price Indices by Category(preceding year=100)

家庭设备用品及维修服务 Household Facilities, Articles and Repair Services	医疗保健和个人用品 Medical and Health Services and Personal Articles	交通和通信 Transportation and Communication	娱乐教育文化用品及服务 Recreation, Education, Culture Articles and Services	居住 Housing
100.2	100.0		100.0	
100.1	99.3		100.3	
102.0	103.1		99.8	
102.4	106.3		100.6	
106.2	102.6		101.3	
113.9	107.8		108.9	
108.3	115.8		135.6	
108.6	103.0		94.9	
112.5	97.7		90.8	
101.3	106.9		90.9	
108.5	107.6		99.2	
110.8	112.3	103.5	115.6	120.3
103.5	108.2	93.4	103.2	120.1
99.9	107.6	98.6	105.3	109.7
92.4	103.3	99.5	96.9	120.3
93.1	102.6	94.9	92.8	113.4
97.6	101.0	81.4	95.7	105.8
96.6	99.9	93.3	92.1	103.3
97.2	97.4	98.1	102.1	102.3
97.7	97.6	96.9	100.8	100.0
98.4	100.0	96.3	100.3	101.1
97.8	100.0	96.5	99.9	101.6
100.8	100.3	97.5	98.3	102.9
102.7	101.1	97.3	98.2	102.9
103.3	100.2	96.9	97.3	104.5
108.3	103.1	97.5	98.2	102.5
101.5	99.4	97.5	98.0	96.6
101.1	103.7	97.4	100.9	103.5
107.1	104.1	100.2	99.2	105.4
103.5	100.6	100.8	99.3	102.8
101.3	100.0	100.4	100.1	103.9
101.8	100.4	100.1	101.8	104.6
102.9	99.3	97.6	100.3	104.6

Consumer Price Indices by Category(preceding year=100)

生活用品及服务 Living Articles and Services	交通和通信 Transportation and Communication	教育文化和娱乐 Education, Culture and Recreation	医疗保健 Medical and Health Services	其他用品和服务 Other Articles and Services
101.2	97.0	102.7	109.0	103.3
101.5	100.7	100.9	106.6	102.6
101.4	104.0	103.1	102.4	102.4
100.9	97.8	101.2	103.3	103.3

居民消费分类价格指数(1978~1993,以1978年价格为100)

表3-5

年　份 Year	居民消费价格指数 Consumer Price Indices	食　品 Food	衣　着 Clothing	日用品 Daily Use Articles
1978	100.0	100.0	100.0	100.0
1979	100.9	101.7	100.0	100.2
1980	106.9	108.4	99.9	100.3
1981	108.3	109.8	99.3	99.6
1982	108.7	111.9	96.3	95.8
1983	108.9	113.6	90.9	94.4
1984	111.3	117.5	90.8	94.0
1985	128.2	147.0	91.2	95.8
1986	136.3	161.6	92.7	98.2
1987	147.3	179.7	99.6	104.2
1988	176.9	224.1	121.3	118.7
1989	205.1	253.9	150.2	128.6
1990	218.0	263.0	166.5	139.6
1991	240.9	296.5	177.1	157.1
1992	265.0	335.2	194.4	159.1
1993	318.5	406.0	231.7	172.7

注：由于居民消费价格分类从1978年来经历四次大调整,1978-1993年、1994-2000年、2001-2015年、2016-2019年四个阶段的居民消费价格分类内容不完全一致,因此在使用历年分类指数时注意数据口径衔接。

Note: Consumer Price Indices by Category has been adjusted for 4 times, so Consumer Price Indices by Category of the four periods (1978-1993,1994-2000, 2001-2015 and 2016-2019) are not of the same caliber. Please notice the different calibers when use these data.

Consumer Price Indices by Category(1978=100)

文化娱乐用品 Culture and Recreation Articles	书报杂志 Books, Newspaper and Magazines	药品及医疗用品 Medicines and Medical Supplies	燃　料 Fuels	服务项目 Services
100.0	100.0	100.0	100.0	100.0
101.5	100.0	99.5	100.0	100.3
101.7	100.0	98.8	100.0	100.4
101.9	100.0	99.3	100.0	100.5
100.7	100.0	108.0	100.0	100.7
100.1	100.0	110.1	100.0	101.3
98.9	100.0	116.3	100.0	104.0
98.7	125.7	119.8	100.0	109.7
99.3	144.3	127.4	100.0	112.3
100.5	144.3	130.7	102.8	113.9
109.6	172.0	141.0	106.3	125.1
148.6	319.4	163.2	106.5	135.3
140.9	364.5	168.2	123.7	165.0
128.0	377.6	164.2	209.5	196.2
116.4	415.3	175.5	268.2	220.7
115.5	438.2	188.9	421.8	305.3

居民消费分类价格指数(1994~2000,以1993年价格为100)

表3-6

年　份 Year	居民消费价格指数 Consumer Price Indices	食　品 Food	衣　着 Clothing	家庭设备用品及维修服务 Household Facilities, Articles and Repair Services
1994	123.9	130.2	117.4	110.8
1995	147.1	162.0	128.0	114.7
1996	160.6	177.7	139.2	114.6
1997	165.1	176.4	140.6	105.9
1998	165.1	172.4	130.8	98.6
1999	167.6	168.2	128.4	96.2
2000	171.8	165.0	121.9	92.9

居民消费分类价格指数(2001~2015,以2000年价格为100)

表3-7

年　份 Year	居民消费价格指数 Consumer Price Indices	食　品 Food	烟　酒 Cigarettes and Spirits Related Items	衣　着 Clothing
2001	100.0	100.3	98.9	98.9
2002	100.5	103.2	97.9	96.4
2003	100.6	104.6	97.6	94.0
2004	102.8	113.2	96.0	88.6
2005	103.7	118.3	95.6	81.6
2006	105.0	121.3	95.9	86.8
2007	108.3	132.7	96.5	88.0
2008	114.6	153.0	98.1	89.4
2009	114.1	156.1	98.9	88.8
2010	117.6	168.2	100.0	87.6
2011	123.7	186.3	101.3	91.3
2012	127.2	197.2	102.8	94.0
2013	130.2	205.8	102.9	94.0
2014	133.6	212.4	103.9	97.5
2015	136.9	218.5	108.2	105.1

居民消费分类价格指数(2016~2019,以2015年价格为100)

表3-8

年　份 Year	居民消费价格指数 Residents Consumer Price Indices	食品烟酒 Food and Cigarettes and Liquors	衣　着 Clothing	居　住 Housing
2016	103.2	103.7	100.8	105.1
2017	105.0	105.0	101.3	106.9
2018	106.6	107.4	99.6	107.2
2019	109.2	112.8	102.8	109.2

Consumer Price Indices by Category(1993=100)

医疗保健 Medical and Health Services	交通和通信工具 Transportation and Communication Tools	娱乐教育文化用品 Recreation, Education and Culture Articles	居 住 Housing	服务项目 Services
112.3	103.5	115.6	120.3	120.6
121.5	96.7	119.3	144.5	150.4
130.7	95.3	125.6	158.5	178.8
135.1	94.8	121.7	190.7	219.8
138.6	90.0	113.0	216.2	251.4
140.0	73.3	108.1	228.8	306.5
139.9	68.4	99.6	236.4	399.7

Consumer Price Indices by Category(2000=100)

家庭设备用品及维修服务 Household Facilities, Articles and Repair Services	医疗保健和个人用品 Medical and Health Services and Personal Articles	交通和通信 Transportation and Communication	娱乐教育文化用品及服务 Recreation, Education and Culture Articlesand Services	居 住 Housing
97.2	97.4	98.1	102.1	102.3
94.9	95.1	95.0	102.9	102.3
93.4	95.1	91.5	103.2	103.4
91.4	95.0	88.4	103.2	105.1
92.1	95.3	86.2	101.4	108.2
94.6	96.3	83.8	99.6	111.3
97.7	96.6	81.2	96.9	116.3
105.8	99.6	79.2	95.2	119.3
107.4	99.0	77.2	93.2	115.2
108.6	102.7	75.2	94.1	119.2
116.2	106.9	75.3	93.3	125.6
120.3	107.6	75.9	92.7	129.2
121.8	107.6	76.2	92.8	134.2
124.0	108.0	76.3	94.5	140.4
127.5	107.2	74.4	94.8	146.8

Consumer Price Indices by Category(2015=100)

生活用品及服务 Living Articles and Services	交通和通信 Transportation and Communication	教育文化和娱乐 Education, Culture and Recreation	医疗保健 Medical and Health Services	其他用品和服务 Other Articles and Services
101.2	97.0	102.7	109.0	103.3
102.7	97.7	103.6	116.2	106.0
104.2	101.6	106.8	119.0	108.5
105.1	99.3	108.2	122.9	112.1

居民消费分类价格指数（2001~2015，以上年价格为100）

表3-9

指　标	Indicators	2001年	2005年	2006年	2007年
居民消费价格指数	**Consumer Price Indices**	**100.0**	**101.0**	**101.2**	**103.2**
#消费品价格指数	Consumer Goods Price Indices	98.6	100.4	101.2	104.0
服务项目价格指数	Services Price Indices	105.4	102.7	101.2	100.9
食　品	**Food**	**100.3**	**104.5**	**102.5**	**109.4**
粮　食	Grain	102.9	103.0	101.9	101.6
淀粉及制品	Starch and Its Products	103.6	105.2	95.6	101.8
干豆类及豆制品	Dry Beans and Bean Products	95.6	103.0	99.0	108.7
油　脂	Oil or Fat	84.5	91.2	97.6	129.8
肉禽及其制品	Meat, Poultry and Their Products	99.3	105.7	100.6	123.0
蛋	Eggs	102.4	105.8	95.4	121.8
水产品	Aquatic Products	100.1	114.2	102.0	101.4
菜	Vegetables	108.9	103.3	105.2	113.5
调味品	Flavoring	99.2	102.1	104.4	104.6
糖	Sugars	101.4	103.2	102.1	99.8
茶及饮料	Tea and Beverages	98.4	99.3	100.5	101.8
干鲜瓜果	Dried and Fresh Fruit	104.3	99.4	111.5	111.8
糕点饼干面包	Cakes, Biscuits and Bread	100.5	98.1	98.9	101.5
液体乳及乳制品	Milk and Its Products	100.8	100.8	102.3	106.2
在外用膳食品	Dining Out	98.0	104.5	102.5	107.6
其他食品	Other Food	99.2	101.1	102.8	100.9
烟　酒	**Cigarettes and Liquors**	**98.9**	**99.7**	**100.2**	**100.7**
烟　草	Tobacco	99.2	99.5	99.8	100.6
酒	Liquors	98.2	99.8	100.2	101.0
衣　着	**Clothing**	**98.9**	**92.1**	**106.4**	**101.3**
服　装	Garments	96.4	90.8	106.3	103.1
衣着材料	Clothing Materials	98.7	105.1	97.8	100.7
鞋袜帽	Shoes, Socks and Hats	106.2	94.5	107.9	95.4
衣着加工服务费	Clothing Manufacturing Services	100.0	103.4	100.0	102.0
家庭设备用品及维修服务	**Household Facilities, Articles and Repair Services**	**97.2**	**100.8**	**102.7**	**103.3**
耐用消费品	Durable Consumer Goods	94.7	98.6	101.2	102.9
室内装饰品	Interior Decorations	101.0	99.3	100.0	100.2
床上用品	Bedding Articles	100.5	96.9	100.6	103.1
家庭日用杂品	Household Daily Use Articles	98.6	103.4	102.8	102.1
家庭服务及加工维修服务	Household Services and Processing and Repair Services	100.0	109.8	112.0	108.5
医疗保健和个人用品	**Medical and Health Services and Personal Articles**	**97.4**	**100.3**	**101.1**	**100.2**
医疗保健	Medical and Health Care	96.5	100.4	98.1	98.4
个人用品及服务	Personal Articles and Services	99.8	100.2	107.1	103.0
交通和通信	**Transportation and Communication**	**98.1**	**97.5**	**97.3**	**96.9**
交　通	Transportation	102.3	99.9	98.9	98.8
通　信	Communication	94.4	94.9	94.9	94.3
娱乐教育文化用品及服务	**Recreation, Education and Culture Articles and Services**	**102.1**	**98.3**	**98.2**	**97.3**
文娱用耐用消费品及服务	Durable Consumer Goods and Services for Recreation	91.2	85.8	87.8	83.8
教　育	Education	109.6	99.5	100.0	99.8
文化娱乐类	Recreation and Culture Articles	105.2	102.6	101.6	99.8
旅　游	Tourism	96.2	107.0	103.0	103.4
居　住	**Housing**	**102.3**	**102.9**	**102.9**	**104.5**
建房及装修材料	Construction and Decoration Materials	97.5	103.9	107.0	106.9
住房租金	Renting				
自有住房	Self-owned House	99.8	106.9	102.3	105.6
水、电、燃料	Water, Electric Power and Fuels	101.7	101.0	100.4	100.3

Consumer Price Indices by Category(preceding year = 100)

2008 年	2009 年	2010 年	2011 年	2012 年	2013 年	2014 年	2015 年
105.8	**99.6**	**103.1**	**105.2**	**102.8**	**102.3**	**102.7**	**102.4**
107.4	100.4	103.5	105.9	102.8	103.7	101.9	102.0
101.6	97.5	102.0	103.9	103.0	101.5	104.0	103.2
115.3	**102.1**	**107.7**	**110.8**	**105.8**	**104.4**	**103.2**	**102.9**
107.3	103.7	112.0	113.5	102.9	103.7	102.4	103.0
107.9	106.0	95.5	106.6	109.5	101.6	102.5	103.9
132.5	100.2	108.7	114.7	109.5	103.1	100.4	101.2
124.7	80.3	105.6	117.5	103.8	97.9	95.5	98.5
122.9	95.5	104.3	119.9	105.1	103.7	101.4	105.3
106.4	103.0	106.1	113.5	98.2	102.2	106.0	98.0
111.2	105.4	116.4	113.7	105.8	105.0	102.7	101.3
120.6	116.5	111.0	99.8	111.1	108.1	101.5	107.5
109.5	104.0	106.5	107.7	103.5	102.5	103.1	104.9
107.4	101.3	103.8	104.8	103.5	102.1	102.0	102.2
106.9	103.0	103.9	105.1	103.1	100.4	103.2	103.9
112.3	100.3	112.0	114.5	102.8	107.3	111.6	96.8
112.5	102.8	100.5	108.8	102.8	101.7	102.6	101.8
119.4	100.5	102.3	108.2	103.8	108.1	110.1	99.2
114.3	101.8	105.6	107.9	107.8	103.3	101.9	104.1
104.3	99.3	105.0	107.4	108.1	102.6	103.4	104.2
101.7	**100.8**	**101.1**	**101.3**	**101.4**	**100.1**	**101.0**	**104.2**
100.1	100.4	101.0	100.3	100.0	100.1	101.2	104.9
103.4	100.8	101.6	103.9	105.0	99.9	100.7	102.5
101.6	**99.3**	**98.6**	**104.3**	**103.0**	**100.0**	**103.7**	**107.8**
101.7	99.4	99.9	105.4	103.9	100.3	102.4	107.3
103.8	102.9	102.9	119.8	104.9	98.5	103.1	106.3
100.6	98.3	93.6	99.0	99.3	98.4	108.5	109.8
106.6	103.3	107.2	119.1	105.5	105.4	110.0	105.5
108.3	**101.5**	**101.1**	**107.1**	**103.5**	**101.3**	**101.8**	**102.9**
107.2	100.0	99.6	102.8	103.0	99.5	100.9	101.8
100.9	99.0	99.2	101.5	105.0	98.0	93.6	102.2
101.7	99.9	104.2	116.4	99.1	100.8	98.4	103.4
110.4	103.3	99.4	107.6	103.0	101.1	100.5	101.4
116.5	106.1	108.8	118.0	109.1	108.8	110.7	108.5
103.1	**99.4**	**103.7**	**104.1**	**100.6**	**100.0**	**100.4**	**99.3**
100.5	101.0	100.8	100.6	99.9	100.8	101.7	100.7
106.2	97.7	107.1	107.4	101.3	99.3	99.2	98.0
97.5	**97.5**	**97.4**	**100.2**	**100.8**	**100.4**	**100.1**	**97.6**
99.2	99.7	98.7	101.8	102.6	101.3	100.6	97.3
95.1	94.4	95.3	96.3	96.5	97.8	98.7	98.2
98.2	**98.0**	**100.9**	**99.2**	**99.3**	**100.1**	**101.8**	**100.3**
85.0	82.8	89.4	89.7	87.8	88.7	93.7	95.9
101.2	102.1	101.2	101.8	102.0	103.0	102.4	102.5
100.7	104.2	101.0	102.8	101.8	100.3	101.0	100.7
101.7	93.9	115.9	99.9	102.1	103.4	107.9	97.9
102.5	**96.6**	**103.5**	**105.4**	**102.8**	**103.9**	**104.6**	**104.6**
104.5	100.8	102.1	103.3	105.0	101.4	99.8	101.4
			105.6	100.2	104.0	105.2	107.3
101.3	81.3	103.0	107.1	103.2	104.9	105.3	105.5
100.5	106.4	103.8	101.8	101.4	102.8	105.9	102.4

居民消费分类价格指数(2016~2019,以上年价格为100)
Consumer Price Indices by Category(preceding year=100)

表3-10

指　标	Indicators	2016年	2017年	2018年	2019年
居民消费价格指数	**Consumer Price Indices**	**103.2**	**101.7**	**101.6**	**102.5**
#消费品价格指数	Consumer Goods Price Indices	102.2	101.2	101.6	102.8
服务价格指数	Services Price Indices	104.5	102.3	101.6	102.0
食品烟酒	**Food and Cigarettes and Liquors**	**103.7**	**101.2**	**102.3**	**105.0**
食　品	Food	104.8	100.6	102.5	106.4
粮　食	Grain	100.9	101.7	100.3	100.7
薯　类	Potato	113.0	92.6	105.7	109.6
豆　类	Beans	100.4	100.1	105.4	111.3
食用油	Edible Oil	99.9	101.5	100.2	100.6
菜	Vegetables	110.6	94.9	107.1	103.5
畜肉类	Meat	108.3	99.3	98.8	118.7
禽肉类	Poultry	101.6	102.1	106.3	111.3
水产品	Aquatic Products	107.8	103.5	101.3	100.3
蛋　类	Eggs	98.4	98.5	108.6	105.2
奶　类	Milk	101.4	99.7	101.3	101.6
干鲜瓜果类	Dried and Fresh Fruits	101.8	104.0	102.9	107.4
糖果糕点类	Sweets and Pastries	102.3	103.3	101.9	100.7
调味品	Flavouring	104.8	105.2	100.4	100.2
其他食品	Other Food	102.3	100.7	103.7	102.3
茶及饮料	Tea and Drinks	100.8	101.0	103.2	101.6
烟　酒	Cigarettes and Liquors	102.2	102.3	101.3	101.0
在外餐饮	Dining Out	101.6	102.4	101.9	102.8
衣　着	**Clothing**	**100.8**	**100.5**	**98.3**	**103.2**
服　装	Clothes	101.3	100.2	98.6	103.6
服装材料	Clothing Materials	103.6	100.4	101.8	102.5
其他衣着及配件	Other Clothing and fittings	100.4	100.4	100.8	98.1
衣着加工服务费	Clothing Manufacturing Services	103.6	103.8	108.3	107.5
鞋　类	Shoes	98.8	101.2	95.6	102.1
居　住	**Housing**	**105.1**	**101.7**	**100.2**	**101.9**
租赁房房租	Renting	107.3	101.8	99.7	101.8
住房保养维修及管理	House Maintenance and Management	103.1	103.9	105.9	102.8
水电燃料	Water, Electric Power and Fuels	99.0	101.1	100.6	99.4
自有住房	Self-owned House	106.4	101.6	99.5	102.3
生活用品及服务	**Household Facilities, Articles and Repair Services**	**101.2**	**101.5**	**101.4**	**100.9**
家具及室内装饰品	Furniture and Interior Decorations	100.2	101.2	103.0	100.9
家用器具	Household Appliances	100.4	100.4	99.8	98.7
家用纺织品	Home Textiles	101.9	100.3	99.0	99.2
家庭日用杂品	Home Daily Groceries	100.5	101.6	102.1	100.7
个人护理用品	Personal Care Articles	99.6	100.5	100.4	101.6
家庭服务	Family Services	106.6	104.9	103.7	104.2
交通和通信	**Transportation and Communication**	**97.0**	**100.7**	**104.0**	**97.8**
交　通	Transportation	96.8	101.1	105.1	97.5
通　信	Communication	97.3	100.0	102.2	98.3
教育文化和娱乐	**Education and Culture and Recreation**	**102.7**	**100.9**	**103.1**	**101.2**
教　育	Education	104.6	104.6	106.9	103.9
文化娱乐	Culture and Recreation	101.6	98.6	100.7	99.4
医疗保健	**Medical and Health Services**	**109.0**	**106.6**	**102.4**	**103.3**
药品及医疗器具	Drugs and Medical Devices	110.6	102.2	101.1	102.9
医疗服务	Medical Service	107.3	111.6	103.8	103.6
其他用品和服务	**Other Articles and Services**	**103.3**	**102.6**	**102.4**	**103.3**
其他用品类	Other Articles	104.6	101.0	100.5	105.8
其他服务类	Other Services	102.5	103.6	103.6	101.8

居民消费分类价格指数（2016～2019，以2015年价格为100）
Consumer Price Indices by Category（2015=100）

表3-11

指　标	Indicators	2016年	2017年	2018年	2019年
居民消费价格指数	**Consumer Price Indices**	**103.2**	**105.0**	**106.6**	**109.2**
#消费品价格指数	Consumer Goods Price Indices	102.2	103.4	105.1	108.0
服务价格指数	Services Price Indices	104.5	107.0	108.7	110.9
食品烟酒	**Food and Cigarettes and Liquors**	**103.7**	**105.0**	**107.4**	**112.8**
食　品	Food	104.8	105.5	108.1	115.1
粮　食	Grain	100.9	102.6	102.9	103.7
薯　类	Potato	113.0	104.6	110.6	121.2
豆　类	Beans	100.4	100.5	105.9	117.9
食用油	Edible Oil	99.9	101.4	101.7	102.3
菜	Vegetables	110.6	105.0	112.5	116.4
畜肉类	Meat	108.3	107.5	106.3	126.2
禽肉类	Poultry	101.6	103.7	110.2	122.6
水产品	Aquatic Products	107.8	111.6	113.0	113.3
蛋　类	Eggs	98.4	96.9	105.3	110.7
奶　类	Milk	101.4	101.1	102.5	104.1
干鲜瓜果类	Dried and Fresh Fruits	101.8	105.9	108.9	117.0
糖果糕点类	Sweets and Pastries	102.3	105.6	107.6	108.4
调味品	Flavouring	104.8	110.2	110.7	110.8
其他食品	Other Food	102.3	103.0	106.8	109.3
茶及饮料	Tea and Drinks	100.8	101.8	105.0	106.7
烟　酒	Cigarettes and Liquors	102.2	104.5	105.9	106.9
在外餐饮	Dining Out	101.6	104.1	106.0	109.0
衣　着	**Clothing**	**100.8**	**101.3**	**99.6**	**102.8**
服　装	Clothes	101.3	101.5	100.1	103.7
服装材料	Clothing Materials	103.6	104.0	105.9	108.5
其他衣着及配件	Other Clothing and fittings	100.4	100.8	101.6	99.7
衣着加工服务费	Clothing Manufacturing Services	103.6	107.5	116.5	125.2
鞋　类	Shoes	98.8	100.0	95.6	97.6
居　住	**Housing**	**105.1**	**106.9**	**107.2**	**109.2**
租赁房房租	Renting	107.3	109.2	108.9	110.9
住房保养维修及管理	House Maintenance and Management	103.1	107.1	113.4	116.6
水电燃料	Water, Electric Power and Fuels	99.0	100.1	100.7	100.1
自有住房	Self-owned House	106.4	108.1	107.6	110.0
生活用品及服务	**Household Facilities, Articles and Repair Services**	**101.2**	**102.7**	**104.2**	**105.1**
家具及室内装饰品	Furniture and Interior Decorations	100.2	101.4	104.5	105.4
家用器具	Household Appliances	100.4	100.8	100.7	99.3
家用纺织品	Home Textiles	101.9	102.2	101.2	100.4
家庭日用杂品	Home Daily Groceries	100.5	102.1	104.3	105.0
个人护理用品	Personal Care Articles	99.6	100.1	100.5	102.2
家庭服务	Family Services	106.6	111.8	116.0	120.9
交通和通信	**Transportation and Communication**	**97.0**	**97.7**	**101.6**	**99.3**
交　通	Transportation and Communication	96.8	97.8	102.8	100.2
通　信	Communication	97.3	97.4	99.5	97.8
教育文化和娱乐	**Education and Culture and Recreation**	**102.7**	**103.6**	**106.8**	**108.2**
教　育	Education	104.6	109.4	117.0	121.5
文化娱乐	Culture and Recreation	101.6	100.2	100.9	100.2
医疗保健	**Medical and Health Services**	**109.0**	**116.2**	**119.0**	**122.9**
药品及医疗器具	Drugs and Medical Devices	110.6	113.0	114.3	117.6
医疗服务	Medical Service	107.3	119.7	124.2	128.7
其他用品和服务	**Other Articles and Services**	**103.3**	**106.0**	**108.5**	**112.1**
其他用品类	Other Articles	104.6	105.6	106.1	112.2
其他服务类	Other Services	102.5	106.2	110.1	112.1

居民消费分类价格指数(2001~2015,以2000年价格为100)

表3-12

指　标	Indicators	2001年	2005年	2006年	2007年
居民消费价格指数	**Consumer Price Indices**	**100.0**	**103.7**	**105.0**	**108.3**
#消费品价格指数	Consumer Goods Price Indices	98.6	100.8	102.1	106.2
服务项目价格指数	Services Price Indices	105.4	114.7	116.1	117.1
食　品	**Food**	**100.3**	**118.3**	**121.3**	**132.7**
粮　食	Grain	102.9	141.0	143.7	146.0
淀粉及制品	Starch and Its Products	103.6	142.8	136.5	139.0
干豆类及豆制品	Dry Beans and Bean Products	95.6	119.4	118.2	128.5
油　脂	Oil or Fat	84.5	90.8	88.7	115.1
肉禽及其制品	Meat, Poultry and Their Products	99.3	126.8	127.6	156.9
蛋	Eggs	102.4	135.6	129.4	157.6
水产品	Aquatic Products	100.1	134.0	136.6	138.5
菜	Vegetables	108.9	122.0	128.4	145.7
调味品	Flavoring	99.2	103.7	108.3	113.3
糖	Sugars	101.4	107.3	109.6	109.4
茶及饮料	Tea and Beverages	98.4	95.8	96.3	98.0
干鲜瓜果	Dried and Fresh Fruit	104.3	121.0	134.9	150.8
糕点饼干面包	Cakes, Biscuits and Bread	100.5	99.6	98.5	100.0
液体乳及乳制品	Milk and Its Products	100.8	100.0	102.3	108.7
在外用膳食品	Dining Out	98.0	111.8	114.6	123.4
其他食品	Other Food	99.2	99.3	102.1	103.0
烟　酒	**Cigarettes and Liquors**	**98.9**	**95.7**	**95.9**	**96.5**
烟　草	Tobacco	99.2	93.7	93.5	94.1
酒	Liquors	98.2	96.7	96.9	97.9
衣　着	**Clothing**	**98.9**	**81.6**	**86.8**	**88.0**
服　装	Garments	96.4	78.6	83.5	86.1
衣着材料	Clothing Materials	98.7	102.4	100.1	100.8
鞋袜帽	Shoes, Socks and Hats	106.2	86.8	93.7	89.4
衣着加工服务费	Clothing Manufacturing Services	100.0	104.5	104.5	106.6
家庭设备用品及维修服务	**Household Facilities, Articles and Repair Services**	**97.2**	**92.1**	**94.6**	**97.7**
耐用消费品	Durable Consumer Goods	94.7	86.8	87.8	90.4
室内装饰品	Interior Decorations	101.0	98.5	98.5	98.7
床上用品	Bedding Articles	100.5	99.4	100.0	103.1
家庭日用杂品	Household Daily Use Articles	98.6	93.9	96.5	98.6
家庭服务及加工维修服务	Household Services and Processing and Repair Services	100.0	108.5	121.5	131.8
医疗保健和个人用品	**Medical and Health Services and Personal Articles**	**97.4**	**95.3**	**96.4**	**96.6**
医疗保健	Medical and Health Care	96.5	91.6	89.8	88.4
个人用品及服务	Personal Articles and Services	99.8	105.7	113.2	116.6
交通和通信	**Transportation and Communication**	**98.1**	**86.2**	**83.8**	**81.2**
交　通	Transportation	102.3	100.2	99.1	97.9
通　信	Communication	94.4	74.6	70.8	66.8
娱乐教育文化用品及服务	**Recreation, Education and Culture Articles and Services**	**102.1**	**101.4**	**99.6**	**96.9**
文娱用耐用消费品及服务	Durable Consumer Goods and Services for Recreation	91.2	55.1	48.4	40.5
教　育	Education	109.6	122.2	122.2	122.0
文化娱乐类	Recreation and Culture Articles	105.2	122.7	124.7	124.5
旅　游	Tourism	96.2	101.4	104.5	108.1
居　住	**Housing**	**102.3**	**108.2**	**111.3**	**116.3**
建房及装修材料	Construction and Decoration Materials	97.5	104.5	111.8	119.4
住房租金	Renting				
自有住房	Self-owned House	99.8	97.8	100.1	105.7
水、电、燃料	Water, Electric Power and Fuels	101.7	109.3	109.7	110.0

Consumer Price Indices by Category(2000 = 100)

2008 年	2009 年	2010 年	2011 年	2012 年	2013 年	2014 年	2015 年
114.6	**114.1**	**117.7**	**123.7**	**127.3**	**130.2**	**133.6**	**136.9**
114.0	114.4	118.4	125.4	128.8	133.6	136.2	138.9
119.0	116.0	118.4	123.0	126.7	128.6	133.8	138.0
153.0	**156.1**	**168.2**	**186.3**	**197.2**	**205.8**	**212.4**	**218.5**
156.5	162.3	181.7	206.3	212.4	220.2	225.3	232.1
150.0	158.9	151.8	161.8	177.2	180.0	184.5	191.7
170.3	170.7	185.5	212.8	233.1	240.4	241.3	244.1
143.5	115.2	121.6	142.9	148.3	145.2	138.8	136.6
192.7	184.1	192.0	230.2	242.1	251.0	254.5	267.9
167.7	172.6	183.1	207.8	204.0	208.4	220.9	216.4
154.0	162.3	189.0	214.8	227.4	238.7	245.2	248.3
175.6	204.7	227.1	226.7	251.9	272.2	276.3	297.0
124.0	129.0	137.4	147.9	153.1	156.9	161.7	169.7
117.5	119.0	123.5	129.4	133.9	136.7	139.5	142.6
104.7	107.8	112.0	117.7	121.4	121.9	125.8	130.7
169.4	170.0	190.4	218.0	224.1	240.5	268.3	259.5
112.5	115.6	116.1	126.4	129.9	132.2	135.5	137.9
129.8	130.5	133.5	144.4	149.8	162.0	178.4	177.1
141.1	143.6	151.7	163.7	176.5	182.4	185.8	193.5
107.4	106.6	111.9	120.3	129.9	133.3	137.9	143.7
98.2	**98.9**	**100.0**	**101.3**	**102.8**	**102.8**	**103.9**	**108.2**
94.2	94.5	95.4	95.7	95.6	95.8	96.9	101.6
101.2	102.0	103.7	107.8	113.2	113.1	113.9	116.8
89.4	**88.8**	**87.5**	**91.3**	**94.0**	**93.9**	**97.5**	**105.1**
87.6	87.1	87.0	91.6	95.2	95.5	97.8	104.9
104.6	107.7	110.8	132.7	139.2	137.1	141.3	150.2
89.9	88.4	82.7	81.9	81.3	80.0	86.8	95.4
113.6	117.4	125.8	149.9	158.1	166.5	183.2	193.2
105.8	**107.4**	**108.6**	**116.2**	**120.2**	**121.8**	**123.9**	**127.5**
96.9	96.9	96.5	99.2	102.1	101.6	102.6	104.4
99.6	98.6	97.8	99.3	104.2	102.1	95.6	97.7
104.8	104.7	109.1	126.9	125.8	126.7	124.7	128.9
108.8	112.4	111.8	120.3	123.9	125.3	125.9	127.7
153.5	162.9	177.2	209.1	228.1	248.3	275.0	298.4
99.6	**99.1**	**102.7**	**106.9**	**107.6**	**107.6**	**108.0**	**107.2**
88.9	89.8	90.5	91.0	90.9	91.6	93.2	93.9
123.8	121.0	129.6	139.2	141.0	140.0	138.8	136.0
79.2	**77.2**	**75.2**	**75.3**	**76.0**	**76.2**	**76.3**	**74.4**
97.2	96.9	95.6	97.4	99.9	101.3	101.8	99.1
63.5	59.9	57.2	55.0	53.1	52.0	51.3	50.4
95.2	**93.3**	**94.1**	**93.3**	**92.7**	**92.8**	**94.5**	**94.8**
34.4	28.5	25.5	22.9	20.1	17.8	16.7	16.0
123.5	126.1	127.6	129.9	132.5	136.5	139.7	143.1
125.4	130.6	132.0	135.7	138.1	138.6	140.0	140.9
109.9	103.1	119.6	119.4	121.9	126.1	136.1	133.2
119.3	**115.2**	**119.2**	**125.6**	**129.2**	**134.2**	**140.4**	**146.8**
124.8	125.7	128.3	132.6	139.2	141.2	140.9	143.0
107.0	87.0	89.6	96.0	99.0	103.9	109.4	115.4
110.6	117.6	122.1	124.3	126.0	129.5	137.1	140.5

商品零售价格指数(2001~2015,以上年价格为100)

表3-13

指　标	Indicators	2001年	2005年	2006年
商品零售价格指数	**Retail Price Indices**	**98.6**	**99.4**	**100.2**
食　品	Food	98.4	104.7	102.7
粮　食	Grain	100.1	102.1	102.4
淀粉及制品	Starch and Its Products	100.4	105.2	95.6
干豆类及豆制品	Dry Beans and Bean Products	111.3	103.6	99.5
油　脂	Oil and Fat	81.4	91.2	97.6
肉禽及其制品	Meat Poultry and Their Products	100.4	105.5	100.6
蛋	Eggs	110.7	105.8	95.4
水产品	Aquatic Products	90.1	114.4	102.0
菜	Vegetables	107.1	103.4	105.2
调味品	Flavoring	99.5	102.1	104.4
糖	Sugars	104.4	103.8	103.8
干鲜瓜果	Dried and Fresh Fruits	107.3	99.4	111.5
糕点饼干面包	Cakes, Biscuits and Bread	99.8	98.4	98.9
液体乳及乳制品	Milk and Its Products	99.8	100.8	102.3
在外用膳食品	Dining Out	100.7	104.4	102.5
其他食品	Other Food	99.5	101.1	102.8
饮料、烟酒	Beverages,Tobacco and Liquors	98.4	99.6	100.1
服装、鞋帽	Garments,Shoes and Hats	107.7	92.6	106.6
纺织品	Textile Products	98.8	99.4	100.1
家用电器及音像器材	Household Appliances and Audio-video Equipment	95.0	93.1	92.6
文化办公用品	Culture and Office Articles	98.7	91.6	95.2
日用品	Daily Use Articles	99.0	100.5	102.5
体育娱乐用品	Sports and Recreation Articles	99.1	94.7	95.6
交通、通信用品	Transportation and Communication Products	97.4	88.5	87.5
家　具	Furniture	90.4	100.1	101.2
化妆品	Cosmetics	100.7	96.1	98.0
金银珠宝	Gold and Silver Jewelry	87.2	107.3	114.7
中西药品及医疗保健用品	Traditional Chinese and Western Medicines, Medical and Health Care Articles	98.7	97.7	97.6
书报杂志及电子出版物	Newspapers and Magazines and Electronic Publications	99.5	98.0	100.8
燃　料	Fuels	111.4	109.1	110.0
建筑材料及五金电料	Building Materials and Hardware	101.8	104.0	106.1

Classified Retail Price Indices(preceding year=100)

2007年	2008年	2009年	2010年	2011年	2012年	2013年	2014年	2015年
102.4	**105.3**	**99.4**	**101.7**	**104.1**	**101.2**	**100.2**	**100.9**	**101.1**
109.6	115.3	102.0	107.6	111.0	105.9	104.5	103.2	102.8
101.4	107.3	103.7	112.0	113.3	103.0	103.6	102.0	103.0
101.8	107.9	106.0	95.5	106.6	109.5	101.6	102.5	103.9
108.6	132.5	100.2	108.7	114.7	109.5	103.1	100.4	101.2
129.8	124.7	80.3	105.6	117.3	103.8	97.5	95.0	98.0
123.0	122.9	95.6	104.2	119.9	105.1	103.7	101.4	105.3
121.8	106.4	103.0	106.1	113.5	98.2	102.2	106.0	98.0
101.4	110.8	105.2	116.1	113.7	105.8	105.0	102.7	101.3
113.5	120.6	116.5	111.0	99.8	111.1	108.0	101.5	107.5
104.6	109.5	104.0	106.5	107.5	103.5	102.4	103.1	104.8
99.1	107.4	101.3	103.8	104.8	103.5	102.0	102.0	102.2
111.8	112.3	100.3	112.1	114.5	102.8	107.3	111.6	96.8
101.5	112.5	102.8	100.5	108.8	102.8	101.7	102.6	101.8
106.2	119.4	100.4	102.3	108.2	103.8	108.1	110.1	99.2
107.6	114.3	101.8	105.6	107.9	107.8	103.3	101.9	104.1
100.9	104.3	99.3	105.0	107.4	108.1	102.6	103.4	104.2
100.9	102.7	101.2	101.9	102.3	102.1	100.1	101.4	103.9
101.2	101.5	99.2	98.4	103.9	102.9	99.9	103.6	107.9
102.6	102.1	100.5	103.9	117.6	99.5	100.6	99.1	104.1
92.2	94.7	90.8	92.4	96.0	96.2	94.9	96.5	99.3
93.9	94.9	93.9	97.7	94.7	94.1	94.9	98.2	99.2
101.8	105.8	102.4	100.3	106.2	102.1	100.2	99.9	101.5
92.9	92.2	92.1	95.9	103.8	100.0	98.6	98.6	99.4
90.8	89.5	91.1	94.0	98.3	95.4	96.8	98.8	97.8
101.8	108.2	99.9	101.1	104.2	103.3	99.7	102.6	101.8
101.2	101.8	100.5	101.0	104.8	101.1	100.8	102.3	100.1
106.2	110.3	98.6	111.7	107.9	99.2	93.7	93.7	95.2
98.0	100.7	100.6	99.8	99.4	100.0	101.0	101.7	100.6
103.6	101.8	111.4	103.2	102.1	102.1	100.9	100.6	101.7
103.0	112.0	102.1	112.8	107.2	102.0	99.3	99.8	91.2
107.6	106.6	97.9	103.3	104.2	102.6	100.6	99.3	99.6

商品零售价格指数(2016~2019,以上年价格为100)
Classified Retail Price Indices(preceding year=100)

表3-14

指　标	Indicators	2016年	2017年	2018年	2019年
商品零售价格指数	**Retail Price Indices**	**100.8**	**100.9**	**101.6**	**100.4**
食　品	Food	104.1	101.1	102.3	105.2
粮　食	Grain	100.9	101.7	100.3	100.7
薯　类	Potato	113.0	92.6	105.7	109.6
豆　类	Beans	100.4	100.1	105.4	111.3
食用油	Edible Oil	99.9	101.5	100.2	100.6
菜	Vegetables	110.6	94.9	107.1	103.5
畜肉类	Meat	108.3	99.3	98.8	118.7
禽肉类	Poultry	101.6	102.1	106.3	111.3
水产品	Aquatic Products	107.8	103.5	101.3	100.3
蛋　类	Eggs	98.4	98.5	108.6	105.2
奶　类	Milk	101.4	99.7	101.3	101.6
干鲜瓜果类	Dried and Fresh Fruits	101.8	104.0	102.9	107.4
糖果糕点类	Sweets and Cakes	102.3	103.3	101.9	100.7
调味品	Flavoring	104.8	105.2	100.4	100.2
其他食品类	Other Food	102.3	100.7	103.7	102.3
在外餐饮	Dining Out	101.6	102.4	101.9	102.8
饮料、烟酒	Beverages,Tobacco and Liquors	102.0	102.0	101.6	101.0
服装、鞋帽	Garments,Shoes and Hats	100.7	100.4	98.0	103.1
纺织品	Textile Products	102.4	100.3	99.2	99.1
家用电器及音像器材	Household Appliances and Audio-video Equipment	99.2	99.6	97.9	99.5
文化办公用品	Culture and Office Articles	103.2	100.1	100.4	97.8
日用品	Daily Use Articles	100.4	101.0	101.0	101.4
体育娱乐用品	Sports and Recreation Articles	99.5	101.2	101.3	99.5
交通、通信用品	Transportation and Communication Products	97.1	98.6	100.4	95.6
家　具	Furniture	100.1	101.2	103.2	100.9
化妆品	Cosmetics	99.4	100.4	100.4	101.7
金银饰品	Gold and Silver Ornament	107.4	101.7	100.6	109.6
中西药品及医疗保健用品	Traditional Chinese and Western Medicines, Medical and Health Care Articles	111.0	102.2	101.2	103.1
书报杂志及电子出版物	Newspapers and Magazines and Electronic Publications	101.1	99.7	106.0	105.8
燃　料	Fuels	95.6	108.2	110.9	94.5
建筑材料及五金电料	Building Materials and Hardware	99.6	100.7	105.3	102.3

商品零售价格指数(2016~2019,以2015年价格为100)
Classified Retail Price Indices(2015=100)

表3-15

指 标	Indicators	2016年	2017年	2018年	2019年
商品零售价格指数	**Retail Price Indices**	**100.8**	**101.7**	**103.3**	**103.7**
食 品	Food	104.1	105.2	107.6	113.2
粮 食	Grain	100.9	102.6	102.9	103.7
薯 类	Potato	113.0	104.6	110.6	121.2
豆 类	Beans	100.4	100.5	105.9	117.9
食用油	Edible Oil	99.9	101.4	101.7	102.3
菜	Vegetables	110.6	105.0	112.5	116.4
畜肉类	Meat	108.3	107.5	106.3	126.2
禽肉类	Poultry	101.6	103.7	110.2	122.6
水产品	Aquatic Products	107.8	111.6	113.0	113.3
蛋 类	Eggs	98.4	96.9	105.3	110.7
奶 类	Milk	101.4	101.1	102.5	104.1
干鲜瓜果类	Dried and Fresh Fruits	101.8	105.9	108.9	117.0
糖果糕点类	Sweets and Cakes	102.3	105.6	107.6	108.4
调味品	Flavoring	104.8	110.2	110.7	110.8
其他食品类	Other Food	102.3	103.0	106.8	109.3
在外餐饮	Dining Out	101.6	104.1	106.0	109.0
饮料、烟酒	Beverages,Tobacco and Liquors	102.0	104.0	105.7	106.7
服装、鞋帽	Garments,Shoes and Hats	100.7	101.2	99.2	102.2
纺织品	Textile Products	102.4	102.8	101.9	101.0
家用电器及音像器材	Household Appliances and Audio-video Equipment	99.2	98.8	96.7	96.3
文化办公用品	Culture and Office Articles	103.2	103.3	103.7	101.4
日用品	Daily Use Articles	100.4	101.4	102.4	103.8
体育娱乐用品	Sports and Recreation Articles	99.5	100.8	102.1	101.6
交通、通信用品	Transportation and Communication Products	97.1	95.7	96.1	91.9
家 具	Furniture	100.1	101.4	104.6	105.5
化妆品	Cosmetics	99.4	99.7	100.2	101.9
金银饰品	Gold and Silver Ornament	107.4	109.2	109.8	120.4
中西药品及医疗保健用品	Traditional Chinese and Western Medicines, Medical and Health Care Articles	111.0	113.4	114.8	118.4
书报杂志及电子出版物	Newspapers and Magazines and Electronic Publications	101.1	100.8	106.9	113.1
燃 料	Fuels	95.6	103.5	114.7	108.4
建筑材料及五金电料	Building Materials and Hardware	99.6	100.3	105.6	108.1

商品零售价格指数(2001~2015,以2000年价格为100)

表3-16

指　标	Indicators	2001年	2005年	2006年
商品零售价格指数	**Retail Price Indices**	**98.6**	**96.7**	**96.9**
食　品	Food	98.4	113.9	116.9
粮　食	Grain	100.1	128.1	131.1
淀粉及制品	Starch and Its Products	100.4	125.2	119.6
干豆类及豆制品	Dry Beans and Bean Products	111.3	139.3	138.6
油　脂	Oil and Fat	81.4	88.8	86.7
肉禽及其制品	Meat Poultry and Their Products	100.4	125.5	126.2
蛋	Eggs	110.7	141.0	134.5
水产品	Aquatic Products	90.1	116.7	119.0
菜	Vegetables	107.1	114.3	120.3
调味品	Flavoring	99.5	103.8	108.4
糖	Sugars	104.4	108.8	113.0
干鲜瓜果	Dried and Fresh Fruits	107.3	128.8	143.6
糕点饼干面包	Cakes, Biscuits and Bread	99.8	99.4	98.3
液体乳及乳制品	Milk and Its Products	99.8	101.5	103.8
在外用膳食品	Dining Out	100.7	107.9	110.6
其它食品	Other Food	99.5	98.9	101.7
饮料、烟酒	Beverages,Tobacco and Liquors	98.4	94.1	94.2
服装、鞋帽	Garments,Shoes and Hats	107.7	86.0	91.6
纺织品	Textile Products	98.8	99.5	99.6
家用电器及音像器材	Household Appliances and Audio-video Equipment	95.0	73.9	68.4
文化办公用品	Culture and Office Articles	98.7	72.2	68.7
日用品	Daily Use Articles	99.0	96.9	99.3
体育娱乐用品	Sports and Recreation Articles	99.1	86.6	82.8
交通、通信用品	Transportation and Communication Products	97.4	68.5	59.9
家　具	Furniture	90.4	88.4	89.5
化妆品	Cosmetics	100.7	93.7	91.8
金银珠宝	Gold and Silver Jewelry	87.2	107.5	123.3
中西药品及医疗保健用品	Traditional Chinese and Western Medicines, Medical and Health Care Articles	98.7	90.1	88.0
书报杂志及电子出版物	Newspapers and Magazines and Electronic Publications	99.5	94.5	95.2
燃　料	Fuels	111.4	150.8	165.9
建筑材料及五金电料	Building Materials and Hardware	101.8	115.9	123.0

Classified Retail Price Indices(2000 = 100)

2007年	2008年	2009年	2010年	2011年	2012年	2013年	2014年	2015年
99.2	**104.5**	**103.9**	**105.7**	**110.0**	**111.3**	**111.5**	**112.5**	**113.7**
128.1	147.7	150.7	162.3	180.1	190.7	199.2	205.6	211.4
133.0	142.6	147.9	165.7	187.7	193.3	200.4	204.4	210.5
121.8	131.4	139.3	133.0	141.8	155.3	157.7	161.7	168.0
150.5	199.5	199.9	217.3	249.2	273.0	281.5	282.6	285.9
112.5	140.3	112.6	118.9	139.5	144.8	141.2	134.1	131.4
155.2	190.7	182.2	190.0	227.8	239.5	248.3	251.8	265.1
163.9	174.3	179.5	190.4	216.1	212.1	216.7	229.7	225.1
120.7	133.8	140.7	163.4	185.8	196.6	206.5	212.1	214.7
136.5	164.5	191.7	212.8	212.4	236.1	255.0	258.8	278.3
113.4	124.1	129.2	137.6	147.9	153.1	156.8	161.7	169.5
112.0	120.3	121.8	126.4	132.5	137.2	139.9	142.7	145.9
160.5	180.2	180.8	202.6	231.9	238.4	255.8	285.4	276.1
99.8	112.2	115.4	115.9	126.1	129.6	131.9	135.2	137.7
110.3	131.7	132.3	135.3	146.3	151.8	164.2	180.8	179.5
119.0	136.1	138.6	146.4	157.9	170.3	176.0	179.3	186.7
102.6	107.0	106.2	111.5	119.8	129.4	132.8	137.3	143.2
95.0	97.6	98.8	100.6	102.9	105.1	105.3	106.7	110.9
92.8	94.1	93.4	91.9	95.5	98.2	98.1	101.7	109.7
102.2	104.4	104.9	109.0	128.2	127.5	128.3	127.1	132.4
63.1	59.8	54.3	50.2	48.1	46.3	43.9	42.4	42.1
64.5	61.2	57.5	56.2	53.2	50.1	47.5	46.7	46.3
101.1	107.0	109.7	110.0	116.8	119.2	119.5	119.4	121.2
76.9	70.9	65.3	62.6	65.0	65.0	64.1	63.3	62.9
54.4	48.7	44.4	41.7	41.0	39.1	37.9	37.4	36.6
91.1	98.6	98.5	99.6	103.7	107.2	106.9	109.6	111.6
92.9	94.6	95.0	96.0	100.6	101.7	102.5	104.9	105.0
131.0	144.4	142.4	159.1	171.7	170.2	159.5	149.5	142.3
86.2	86.8	87.3	87.1	86.6	86.5	87.5	88.9	89.5
98.6	100.4	111.8	115.4	117.8	120.3	121.4	122.2	124.2
170.9	191.5	195.5	220.5	236.4	241.1	239.4	238.9	217.7
132.3	141.1	138.2	142.7	148.7	152.6	153.5	152.4	151.8

工业生产者出厂价格指数(1992~2019,以上年价格为100)

表 3-17

指 标	Indicator	1992 年	1995 年
工业生产者出厂价格指数	**Producer Price Index of Industries**	**110.4**	**107.9**
按轻重工业分	**Grouped by Light and Heavy Industries**		
轻工业	Light Industry	105.8	112.3
以农产品为原料	Using Farm Products as Raw Materials	108.2	114.9
以非农产品为原料	Using Non-farm Products as Raw Materials	103.3	109.6
重工业	Heavy Industry	115.2	104.4
采 掘	Mining and Quarrying		
原 料	Raw Material	119.0	102.4
加 工	Processing	109.2	108.8
按用途分	**Grouped by Uses**		
生产资料	Means of Production	112.4	107.3
采 掘	Mining and Quarrying		
原 料	Raw Material	113.7	106.3
加 工	Processing	109.7	110.0
生活资料	Consumer Goods	107.4	108.9
食 品	Food	115.5	112.8
衣 着	Clothing	105.6	113.7
一般日用品	Non-Durable Consumer Goods	105.9	111.8
耐用消费品	Durable Consumer Goods	104.8	94.4

Producer Price Indices for Industrial Products(preceding year=100)

1996年	1997年	1998年	1999年	2000年	2001年	2002年	2003年	2004年
97.6	**97.8**	**93.9**	**97.6**	**102.5**	**96.7**	**96.4**	**101.4**	**103.6**
96.3	97.1	93.4	99.3	99.9	97.8	97.0	99.2	101.0
101.7	100.5	93.0	100.1	99.4	99.8	98.9	101.0	103.2
90.5	94.0	93.9	98.4	100.2	95.4	94.9	98.3	99.8
98.6	98.4	94.2	96.5	104.3	96.1	96.1	102.9	105.0
					100.0	100.4	112.6	119.3
95.8	99.5	91.6	96.4	110.9	98.7	98.1	108.0	113.1
104.1	97.3	96.5	96.5	99.0	94.7	95.0	100.9	102.3
95.8	96.9	92.9	96.4	105.4	96.3	95.8	103.1	106.1
					100.0	100.4	112.6	119.3
92.5	97.8	92.0	97.9	110.8	97.9	97.6	107.5	112.8
104.3	95.7	94.3	94.5	99.0	94.9	94.7	101.5	103.7
100.3	99.1	95.4	99.5	98.0	97.3	97.3	98.1	98.7
106.2	102.9	100.9	101.3	98.2	102.6	102.6	100.1	101.3
98.3	101.5	88.3	100.8	99.9	99.6	99.8	99.7	102.5
102.0	98.1	96.0	100.0	97.4	97.2	97.1	99.3	101.3
95.9	96.3	98.0	97.6	97.3	95.1	94.7	96.1	94.6

表 3-17 续表　Continued

指　标	Indicator	2005 年	2006 年	2007 年	2008 年
工业生产者出厂价格指数	**Producer Price Index of Industries**	**101.7**	**100.6**	**101.2**	**102.2**
按轻重工业分	**Grouped by Light and Heavy Industries**				
轻工业	Light Industry	100.6	98.8	100.0	99.1
以农产品为原料	Using Farm Products as Raw Materials	100.4	100.6	103.1	103.6
以非农产品为原料	Using Non-farm Products as Raw Materials	100.7	98.2	99.1	97.9
重工业	Heavy Industry	102.3	102.4	102.3	105.2
采　掘	Mining and Quarrying	124.5	114.7	101.5	125.8
原　料	Raw Material	109.7	108.2	104.0	110.7
加　工	Processing	99.9	100.3	101.7	102.8
按用途分	**Grouped by Uses**				
生产资料	Means of Production	103.2	101.2	101.4	102.5
采　掘	Mining and Quarrying	124.5	114.7	101.5	125.8
原　料	Raw Material	109.8	107.8	103.9	110.2
加　工	Processing	100.9	99.6	100.9	100.5
生活资料	Consumer Goods	98.7	98.9	100.2	101.3
食　品	Food	100.6	100.5	104.8	105.3
衣　着	Clothing	101.4	100.4	101.7	102.2
一般日用品	Non-Durable Consumer Goods	100.7	100.9	101.0	102.2
耐用消费品	Durable Consumer Goods	95.7	95.4	95.6	97.2

2009 年	2010 年	2011 年	2012 年	2013 年	2014 年	2015 年	2016 年	2017 年	2018	2019 年
93.8	**102.3**	**102.9**	**98.4**	**98.2**	**98.9**	**96.1**	**98.8**	**103.5**	**101.7**	**98.8**
94.8	97.1	103.9	100.7	99.2	99.1	98.6	99.8	101.2	100.5	101.3
101.1	102.6	104.6	101.8	99.9	99.8	98.8	100.4	101.1	101.9	101.7
93.1	95.6	103.3	99.8	98.5	98.6	98.5	99.2	101.4	99.2	101.0
92.9	106.9	102.6	97.9	98.0	98.8	95.5	98.6	104.1	102.0	98.1
82.5	116.9	115.0	100.1	103.9	102.2	85.2	92.8	110.7	116.4	98.2
91.8	116.8	110.3	99.1	97.6	98.2	86.8	96.8	114.6	107.5	92.9
93.5	102.9	100.6	97.6	98.1	99.0	97.7	99.0	101.6	100.6	99.4
92.1	102.7	102.8	98.1	97.9	98.7	95.1	98.5	104.9	102.3	98.1
82.5	116.9	115.0	100.1	103.9	102.2	85.2	92.8	110.7	116.4	98.2
92.0	116.6	110.3	99.1	97.6	98.1	86.6	97.3	113.0	107.4	92.4
92.2	99.2	100.8	97.8	98.0	98.9	97.4	98.8	102.8	100.9	99.6
100.6	100.7	102.9	99.5	99.2	99.4	99.3	99.7	100.3	100.2	100.4
102.0	104.4	105.5	103.3	99.9	100.4	99.3	100.3	100.7	101.0	101.9
100.3	100.6	101.9	99.6	100.2	100.4	100.0	101.2	98.1	100.2	103.4
101.9	101.7	105.1	100.9	97.5	99.2	98.7	100.9	104.3	100.9	103.7
98.5	97.6	100.2	96.2	99.7	98.9	99.6	98.6	98.3	99.4	97.6

工业生产者出厂价格指数(2009~2019,以2000年价格为100)

表3-18

类　别	Types	2009年	2010年
工业生产者出厂价格指数	**Producer Price Indices for Industrial Products**	**97.2**	**99.4**
按轻重工业分	**Grouped by Light and Heavy Industries**		
轻工业	Light Industry	88.7	86.1
以农产品为原料	Using Farm Products as Raw Materials	112.2	115.1
以非农产品为原料	Using Non-farm Products as Raw Materials	79.3	75.8
重工业	Heavy Industry	104.7	111.9
采　掘	Mining and Quarrying	203.0	237.3
原　料	Raw Material	148.3	173.2
加　工	Processing	91.1	93.7
按用途分	**Grouped by Uses**		
生产资料	Means of Production	101.0	103.7
生活资料	Consumer Goods	91.4	92.0
#食　品	Food	121.5	126.8
衣　着	Clothing	107.8	108.4
一般日用品	Non-Durable Consumer Goods	101.5	103.2
耐用消费品	Durable Consumer Goods	68.5	66.9

Producer Price Indices for Industrial Products(2000=100)

2011年	2012年	2013年	2014年	2015年	2016年	2017年	2018年	2019年
102.3	**100.7**	**98.9**	**97.8**	**94.0**	**92.9**	**96.2**	**97.8**	**96.6**
89.5	90.1	89.4	88.6	87.4	87.2	88.2	88.7	89.9
120.4	122.6	122.5	122.3	120.8	121.3	122.6	124.9	127.0
78.3	78.1	76.9	75.8	74.7	74.1	75.1	74.5	75.2
114.8	112.4	110.2	108.9	104.0	102.5	106.7	108.9	106.8
272.9	273.2	283.9	290.1	247.2	229.4	253.9	295.5	290.2
191.0	189.3	184.8	181.5	157.5	152.5	174.8	188.0	174.7
94.3	92.0	90.3	89.4	87.3	86.4	87.8	88.3	87.8
106.6	104.6	102.4	101.1	96.1	94.7	99.3	101.6	99.7
94.7	94.2	93.4	92.8	92.2	91.9	92.2	92.4	92.8
133.8	138.2	138.1	138.7	137.7	138.1	139.1	140.5	143.2
110.5	110.1	110.3	110.7	110.7	112.0	109.9	110.1	113.8
108.5	109.5	106.8	105.9	104.5	105.4	109.9	110.9	115.0
67.0	64.5	64.3	63.6	63.3	62.4	61.3	61.0	59.5

主要工业行业工业品出厂价格指数(1992~2019,以上年价格为100)

表3-19

指 标	Indicator	1992年	1995年
按工业行业分	**Grouped by Industrial Sector**		
石油和天然气开采业③	Mining of Petroleum and Natural Gas		
农副食品加工业	Processing of Food from Agricultural Products	117.3	115.2
食品制造业	Processing of Foodstuff		
酒、饮料和精制茶制造业	Manufacture of Winn, Beverages and Refined Tea	106.8	119.7
烟草制品业	Manufacture of Tobacco	113.7	109.7
纺织业①	Manufacture of Textile	105.5	112.2
纺织服装、服饰业①	Manufacture of Textile Wearing Apparel		
皮革、毛皮、羽毛及其制品和制鞋业①	Manufacture of Leather, Fur, Feather Products and Footwear	111.8	129.6
木材加工和木、竹、藤、棕、草制品业	Processing of Timber, Manufacture of Wood, Bamboo, Rattan, Palm and Straw Products	102.8	86.1
家具制造业	Manufacture of Furniture	117.7	
造纸和纸制品业	Manufacture of Paper and Paper Products	100.7	151.0
印刷和记录媒介复制业②	Printing, Replication of Recording Media		
文教、工美、体育和娱乐用品制造业①	Manufacture of Culture, Education, Art, Sports and Recreation Products	117.9	98.8
石油加工、炼焦和核燃料加工业	Processing of Petroleum, Coking and Processing of Nuclear Fuel	121.3	94.1
化学原料和化学制品制造业	Manufacture of Raw Chemical Materials and Chemical Products	109.4	124.5
医药制造业	Manufacture of Medicines	98.9	113.3
化学纤维制造业	Manufacture of Chemical Fibers	99.1	133.6
橡胶和塑料制品业①	Manufacture of Rubber and Plastic Products	103.4	110.3
非金属矿物制品业	Manufacture of Non-metallic Mineral Products	113.6	98.5
黑色金属冶炼和压延加工业①	Smelting and Pressing of Ferrous Metals	116.7	93.7
有色金属冶炼和压延加工业	Smelting and Pressing of Non-ferrous Metals	112.3	130.8
金属制品业①	Manufacture of Metal Products	104.4	110.4
通用设备制造业①	Manufacture of General Purpose Machinery	109.1	105.5
专用设备制造业①	Manufacture of Special Purpose Machinery		105.5
汽车制造业⑤	Manufacture of Automotives		
铁路、船舶、航空航天和其他运输设备制造业⑤	Manufacture of Railroads, Ships, Aerospace and other Transportation Equipment		
电气机械和器材制造业①	Manufacture of Electrical Machinery and Equipment	111.9	122.7
计算机、通信和其他电子设备制造业	Manufacture of Communication Equipment, Computers and Other Electronic Equipment	94.8	65.2
仪器仪表制造业①	Manufacture of Measuring Instruments	99.8	106.2
其他制造业①	Other Manufacturing		
废弃资源综合利用业④	Comprehensive Utilization of Waste Resources		
金属制品、机械和设备修理业⑤	Repairing of Metal Products, Machinery and Equipment		
电力、热力生产和供应业	Production and Supply of Electric Power and Thermal Power	138.0	117.3
燃气生产和供应业	Production and Supply of Gas	115.7	152.5
水的生产和供应业	Production and Supply of Water	121.5	124.5

注：①2012年起按新口径编制。
②2000起新增印刷业记录媒介的复制。
③2001年起新增石油和天然气开采业。
④2003年起新增废弃资源综合利用业。
⑤2012年起新增汽车制造业,铁路、船舶、航空航天和其他运输设备制造业,金属制品、机械和设备修理业。

Note: ①These indices have been calculated in accordance with new methods since 2012.
②Printing, Replication of Recording Media has been added since 2000.
③Mining of Petroleum and Natural Gas has been added since 2001.
④Comprehensive Utilization of Waste Resources has been added since 2003.
⑤Manufacture of Automotives, Manufacture of Railroads, Ships, Aerospace and other Transportation Equipmen, Repairing of Metal Products, Machinery and Equipment have been added since 2012.

Producer Price Indices for Industrial Products by Sector
(preceding year=100)

1996年	1997年	1998年	1999年	2000年	2001年	2002年	2003年	2004年	2005年
					100.0	100.4	112.6	119.3	124.5
105.9	101.2	94.7	95.1	89.6	101.8	100.0	107.7	113.3	101.2
	102.8	95.4	101.4	100.4	101.1	99.7	99.7	101.5	101.1
93.0	93.7	103.3	95.9	95.5	99.5	99.6	101.8	99.4	100.7
106.4	107.1	107.5	110.7	109.8	108.4	110.6	100.0	103.3	102.4
99.4	100.8	93.9	98.0	100.3	97.6	96.0	101.9	104.1	100.4
	95.3	68.7	104.7	97.6	99.2	100.3	100.4	101.8	101.1
96.9	113.8	97.4	96.4	97.5	100.9	99.0	98.8	101.0	100.7
70.9	90.1	77.9	95.8	96.0	97.1	96.2	97.9	97.9	101.4
	84.7	91.7	99.8	100.6	99.7	96.7	98.9	100.6	101.1
101.3	83.5	91.9	94.6	110.0	95.8	94.0	98.1	99.2	98.5
				100.4	99.8	95.8	99.2	98.9	100.0
105.0	97.6	98.4	107.0	110.0	100.0	99.0	99.9	100.6	101.1
100.3	109.7	90.5	106.3	134.6	100.2	98.8	119.0	117.6	120.1
88.7	99.9	89.2	100.7	117.1	96.7	97.0	106.4	113.4	110.1
99.1	96.4	102.5	108.4	91.0	98.9	98.2	94.8	94.9	99.4
66.6	92.2	89.3	104.3	115.9	91.7	90.9	108.7	115.7	107.6
104.9	96.1	98.3	97.0	97.5	98.8	99.6	99.7	98.7	102.0
98.8	104.8	90.3	94.4	108.4	102.2	96.4	100.1	105.3	95.6
97.9	95.6	93.8	94.1	104.5	99.4	97.4	119.6	122.0	111.0
89.9	91.1	84.9	93.4	110.4	92.8	95.7	106.1	123.2	113.7
101.0	94.5	97.3	97.8	98.1	98.5	97.2	99.9	109.7	104.8
105.9	97.9	97.6	95.6	98.7	96.6	97.5	98.0	101.0	101.8
	100.6	96.5	94.3	100.4	99.8	98.1	97.7	98.8	99.0
93.1	99.0	95.1	91.6	97.4	97.6	95.4	97.6	102.9	101.8
83.6	82.6	86.7	88.4	92.9	87.1	88.6	95.0	95.3	94.8
99.5	101.8	95.9	95.0	96.6	97.4	96.3	97.7	98.3	98.1
	86.0	92.8	105.9	96.6	93.8	103.4	105.2	110.3	102.4
							109.0	110.2	101.4
111.7	113.1	99.1	95.8	98.3	100.1	99.6	99.3	101.9	101.3
112.9	122.4	107.5	99.3	100.0	101.1	100.8	107.1	104.1	100.2
100.0	116.3	114.6	121.2	100.0	100.7	117.0	100.0	100.0	100.0

表 3-19 续表 Continued

指 标	Indicators	2006 年	2007 年
按工业行业分	**Grouped by Industrial Sectors**		
石油和天然气开采业③	Extraction of Petroleum and Natural Gas	114.7	101.5
农副食品加工业	Processing of Food from Agricultural Products	100.3	120.6
食品制造业	Processing of Foodstuff	101.1	102.7
酒、饮料和精制茶制造业	Manufacture of Beverages	101.8	100.4
烟草制品业	Manufacture of Tobacco	101.1	100.9
纺织业①	Manufacture of Textile	100.3	100.7
纺织服装、服饰业①	Manufacture of Textile Wearing Apparel, Footware, and Caps	100.2	102.3
皮革、毛皮、羽毛及其制品和制鞋业①	Manufacture of Leather, Fur, Feather and Related Products	101.0	100.2
木材加工和木、竹、藤、棕、草制品业	Processing of Timber, Manufacture of Wood, Bamboo, Rattan, Palm and Straw Products	101.7	104.6
家具制造业	Manufacture of Furniture	100.6	101.0
造纸和纸制品业	Manufacture of Paper and Paper Products	99.6	100.2
印刷和记录媒介复制业②	Printing, Reproduction of Recording Media	97.2	97.6
文教、工美、体育和娱乐用品制造业①	Manufacture of Articles for Culture, Education and Sport Activities	99.6	100.3
石油加工、炼焦和核燃料加工业	Processing of Petroleum, Coking, Processing of Nuclear Fuel	113.4	104.9
化学原料和化学制品制造业	Manufacture of Raw Chemical Materials and Chemical Products	103.5	104.0
医药制造业	Manufacture of Medicines	98.7	103.1
化学纤维制造业	Manufacture of Chemical Fibers	99.1	101.7
橡胶和塑料制品业①	Manufacture of Rubber	102.1	100.9
非金属矿物制品业	Manufacture of Non-metallic Mineral Products	96.9	101.9
黑色金属冶炼和压延加工业①	Smelting and Pressing of Ferrous Metals	97.1	108.7
有色金属冶炼和压延加工业	Smelting and Pressing of Non-ferrous Metals	145.0	106.7
金属制品业①	Manufacture of Metal Products	103.9	107.6
通用设备制造业①	Manufacture of General Purpose Machinery	100.7	100.5
专用设备制造业①	Manufacture of Special Purpose Machinery	98.7	99.7
汽车制造业⑤	Automotive Industry		
铁路、船舶、航空航天和其他运输设备制造业⑤	Railroads, Ships, Aerospace and other Transportation		
电气机械和器材制造业①	Manufacture of Electrical Machinery and Equipment	105.8	102.3
计算机、通信和其他电子设备制造业	Manufacture of Communication Equipment, Computers and Other Electronic Equipment	95.9	96.2
仪器仪表制造业①	Manufacture of Measuring Instruments and Machinery for Cultural Activity and Office Work	98.0	99.2
其他制造业①	Manufacture of Artwork and Other Manufacturing	108.7	102.0
废弃资源综合利用业④	Comprehensive Utilization of Waste Resources	90.7	109.1
金属制品、机械和设备修理业⑤	Metal Products, Machinery and Equipment Repair		
电力、热力生产和供应业	Production and Supply of Electric Power and Heat Power	101.0	100.7
燃气生产和供应业	Production and Supply of Gas	106.8	103.8
水的生产和供应业	Production and Supply of Water	100.1	100.0

2008 年	2009 年	2010 年	2011 年	2012 年	2013 年	2014 年	2015 年	2016 年	2017 年	2018 年	2019 年
125.8	82.5	116.9	115.0	100.1	103.9	102.2	85.2	92.8	110.7	116.4	98.2
120.7	87.3	106.9	119.6	104.0	99.0	96.3	92.2	100.9	100.4	102.1	103.8
106.8	104.3	104.8	106.7	103.7	101.9	102.1	100.7	100.0	102.6	101.9	101.4
100.7	101.2	104.4	103.2	105.3	95.9	98.5	97.7	99.6	103.6	107.6	100.4
100.0	105.2	103.7	100.0	103.0	100.6	100.0	100.0	100.1	100.0	100.5	102.4
100.7	100.4	102.2	104.3	98.3	98.8	98.5	97.9	101.6	107.5	109.8	97.5
102.3	100.7	100.9	102.4	99.4	100.1	100.3	99.6	102.3	98.9	99.6	103.0
100.3	99.0	100.0	100.1	99.4	101.7	101.6	100.4	98.2	96.4	101.3	104.2
104.6	103.5	99.8	106.2	103.5	100.3	102.7	101.4	99.2	99.0	99.1	98.1
100.1	98.4	93.1	102.8	100.3	99.8	100.0	100.2	101.3	100.6	101.0	98.0
103.8	105.7	100.5	105.0	101.1	97.8	99.0	99.0	99.7	106.3	104.4	100.4
102.2	99.8	99.8	101.4	99.3	98.0	100.1	98.8	99.3	100.6	99.4	101.5
100.3	99.5	101.4	107.0	102.8	93.0	95.0	97.5	109.7	103.3	101.6	114.5
122.4	95.1	121.2	116.7	102.3	98.2	95.3	73.9	91.3	114.5	120.2	95.7
104.9	87.0	117.2	110.9	96.8	96.8	99.0	87.3	100.2	116.3	102.8	89.0
105.6	100.8	100.3	103.1	101.8	97.3	100.2	101.5	99.5	109.1	100.4	101.9
100.4	88.2	115.7	113.6	91.2	98.1	97.0	91.7	89.9	115.3	110.7	90.1
100.1	102.1	101.5	107.6	99.9	99.3	98.0	95.4	97.1	102.0	101.1	98.8
105.7	97.9	102.6	108.0	95.4	97.1	100.5	95.6	96.2	109.6	113.8	104.2
114.1	79.6	115.1	110.1	88.0	98.4	97.7	86.0	96.8	119.4	103.4	96.4
92.2	83.2	127.8	112.8	91.0	93.8	95.9	91.0	93.7	113.0	102.3	100.6
101.9	95.1	107.3	103.2	98.6	96.2	96.5	95.7	99.8	108.4	103.7	99.6
101.6	98.6	99.5	98.9	99.4	98.1	98.9	99.6	100.7	101.0	102.8	102.4
101.1	101.9	99.7	100.5	100.6	99.5	101.0	101.9	101.7	99.9	100.3	102.5
				96.3	98.5	99.7	99.0	98.5	98.1	99.1	97.2
				98.5	98.0	99.3	99.5	98.9	100.3	100.2	101.2
101.4	96.6	100.9	100.8	98.1	97.4	98.4	97.9	96.7	99.2	98.5	98.1
94.5	88.4	91.5	98.1	99.4	98.3	98.5	99.3	99.4	99.8	98.3	99.3
100.1	98.0	99.6	101.4	98.8	99.8	99.8	99.6	100.8	101.5	100.1	99.1
111.2	99.8	112.1	116.3	100.5	99.9	100.1	101.6	93.6	106.8	99.7	98.2
133.2	75.0	113.0	123.2	86.6	91.2	95.0	74.4	92.9	98.0	100.8	100.1
				97.3	99.1	101.2	97.5	104.2	104.9	97.8	105.3
102.0	103.7	101.6	100.9	102.4	99.8	101.4	98.8	96.9	100.4	99.0	98.5
104.8	110.1	104.2	109.0	97.0	93.8	98.8	100.2	98.0	96.3	98.5	99.7
101.3	120.9	112.7	110.1	100.8	104.7	118.0	101.2	99.7	99.8	98.2	101.6

主要工业行业工业品出厂价格指数(2009~2019,以2000年价格为100)

表3-20

指 标	Indicator	2009年
按工业行业分	**Grouped by Industrial Sector**	
石油和天然气开采业	Mining of Petroleum and Natural Gas	203.0
农副食品加工业	Processing of Food from Agricultural Products	160.3
食品制造业	Processing of Foodstuff	119.2
酒、饮料和精制茶制造业	Manufacture of Winn, Beverages and Refined Tea	105.1
烟草制品业	Manufacture of Tobacco	136.2
纺织业	Manufacture of Textile	101.9
纺织服装、服饰业	Manufacture of Textile Wearing Apparel	108.6
皮革、毛皮、羽毛及其制品和制鞋业	Manufacture of Leather, Fur, Feather Products and Footwear	100.9
木材加工和木、竹、藤、棕、草制品业	Processing of Timber, Manufacture of Wood, Bamboo, Rattan, Palm and Straw Products	104.4
家具制造业	Manufacture of Furniture	97.1
造纸和纸制品业	Manufacture of Paper and Paper Products	94.7
印刷和记录媒介复制业	Printing, Replication of Recording Media	90.8
文教、工美、体育和娱乐用品制造业	Manufacture of Culture, Education, Art, Sports and Recreation Products	100.3
石油加工、炼焦和核燃料加工业	Processing of Petroleum, Coking and Processing of Nuclear Fuel	230.2
化学原料和化学制品制造业	Manufacture of Raw Chemical Materials and Chemical Products	122.5
医药制造业	Manufacture of Medicines	94.2
化学纤维制造业	Manufacture of Chemical Fibers	100.8
橡胶和塑料制品业	Manufacture of Rubber and Plastic Products	103.9
非金属矿物制品业	Manufacture of Non-metallic Mineral Products	101.3
黑色金属冶炼和压延加工业	Smelting and Pressing of Ferrous Metals	150.4
有色金属冶炼和压延加工业	Smelting and Pressing of Non-ferrous Metals	156.7
金属制品业	Manufacture of Metal Products	119.1
通用设备制造业	Manufacture of General Purpose Machinery	96.2
专用设备制造业	Manufacture of Special Purpose Machinery	94.9
汽车制造业	Manufacture of Automotives	
铁路、船舶、航空航天和其他运输设备制造业	Manufacture of Railroads, Ships, Aerospace and other Transportation Equipment	
电气机械和器材制造业	Manufacture of Electrical Machinery and Equipment	93.1
计算机、通信和其他电子设备制造业	Manufacture of Communication Equipment, Computers and Other Electronic Equipment	55.2
仪器仪表制造业	Manufacture of Measuring Instruments	81.6
其他制造业	Other Manufacturing	126.2
废弃资源综合利用业	Comprehensive Utilization of Waste Resources	120.5
金属制品、机械和设备修理业	Repairing of Metal Products, Machinery and Equipment	
电力、热力生产和供应业	Production and Supply of Electric Power and Thermal Power	109.9
燃气生产和供应业	Production and Supply of Gas	145.6
水的生产和供应业	Production and Supply of Water	144.4

Producer Price Indices for Industrial Products by Sector(2000 = 100)

2010年	2011年	2012年	2013年	2014年	2015年	2016年	2017年	2018年	2019年
237.3	272.9	273.2	283.9	290.1	247.2	229.4	253.9	295.5	290.2
171.4	205.0	213.2	211.1	203.3	187.4	189.1	189.9	193.9	201.3
124.9	133.3	138.2	140.8	143.8	144.8	144.8	148.6	151.4	153.5
109.7	113.2	119.2	114.3	112.6	110.0	109.6	113.5	122.2	122.7
141.2	141.2	145.4	146.3	146.3	146.3	146.4	146.4	147.1	150.6
104.1	108.6	106.8	105.5	103.9	101.7	103.3	111.0	122.0	119.0
109.6	112.2	111.5	111.6	111.9	111.5	114.1	112.8	112.4	115.8
100.9	101.0	100.4	102.1	103.7	104.1	102.2	98.5	99.8	104.0
104.2	110.7	114.6	114.9	118.0	119.7	118.7	117.5	116.4	114.2
90.4	92.9	93.2	93.0	93.0	93.2	94.4	95.0	95.9	94.0
95.2	100.0	101.1	98.9	97.9	96.9	96.6	102.7	107.2	107.6
90.6	91.9	91.3	89.5	89.6	88.5	87.9	88.4	87.9	89.2
101.7	108.8	111.8	104.0	98.8	96.3	105.6	109.1	110.8	126.9
279.0	325.6	333.1	327.1	311.7	230.3	210.3	240.8	289.6	277.1
143.6	159.3	154.2	149.3	147.8	129.0	129.3	150.4	154.6	137.6
94.5	97.4	99.2	96.5	96.7	98.2	97.7	106.6	107.0	109.0
116.6	132.5	120.8	118.5	114.9	105.4	94.8	109.3	121.0	109.0
105.5	113.5	113.4	112.6	110.3	105.2	102.1	104.1	105.3	104.0
103.9	112.2	107.0	103.9	104.4	99.8	96.0	105.2	119.7	124.7
173.1	190.6	167.7	165.0	161.2	138.6	134.2	160.2	165.7	159.7
200.3	225.9	205.6	192.9	185.0	168.4	157.8	178.3	182.5	183.6
127.8	131.9	130.1	125.2	120.8	115.6	115.4	125.1	129.7	129.2
95.7	94.6	94.0	92.2	91.2	90.8	91.4	92.3	94.9	97.2
94.6	95.1	95.7	95.2	96.2	98.0	99.7	99.6	99.9	102.4
		96.3	94.9	94.6	93.7	92.3	90.5	89.8	87.3
		98.5	96.5	95.8	95.3	94.3	94.6	94.8	95.9
93.9	94.7	92.9	90.5	89.1	87.2	84.3	83.6	82.4	80.8
50.5	49.5	49.2	48.4	47.7	47.4	47.1	47.0	46.2	45.9
81.3	82.4	81.4	81.2	81.0	80.7	81.3	82.5	82.6	81.9
141.5	164.6	165.4	165.2	165.4	168.0	157.2	167.9	167.4	164.4
136.2	167.8	145.3	132.5	125.9	93.7	87.0	85.3	85.9	86.0
		97.3	96.4	97.6	95.2	99.2	104.1	101.8	107.2
111.7	112.7	115.4	115.2	116.8	115.4	111.8	112.2	111.2	109.5
151.7	165.4	160.4	150.5	148.7	149.0	146.0	140.6	138.5	138.1
162.7	179.1	180.5	189.0	223.0	225.7	225.0	224.6	220.5	224.0

工业生产者购进价格指数(1992~2019,以上年价格为100)

表 3-21

指 标	Indicator	1992 年	1995 年
工业生产者购进价格指数	**Purchasing Price Index of Industries**	**109.6**	**113.3**
燃料、动力类	Fuel and Power	117.9	107.6
黑色金属材料类	Ferrous Metals	112.1	99.1
#钢 材	Rolled-steel	117.8	98.8
有色金属材料类	Nonferrous Metals	109.9	131.7
化工原料类	Chemical Raw Materials	87.8	124.1
木材及纸浆类	Timber and Paper Pulps	103.9	121.3
建筑材料类及非金属矿类	Building Materials and Nonmetal Minerals	109.1	92.1
其它工业原材料及半成品类	Other Industrial Raw and Processed Materials		
农副产品类	Agricultural Materials	110.7	123.3
纺织原料类	Textile Raw Materials	101.6	114.8

表 3-21 续表 Continued

指 标	Indicators	2006 年	2007 年	2008 年
工业生产者购进价格指数	**Purchasing Price Index of Industries**	**104.8**	**104.1**	**110.3**
燃料、动力类	Fuel and Power	110.9	104.3	135.6
黑色金属材料类	Ferrous Metals	92.7	106.6	117.0
#钢 材	Rolled-steel	95.9	104.4	114.1
有色金属材料类	Nonferrous Metals	139.1	107.2	96.4
化工原料类	Chemical Raw Materials	103.2	105.2	105.9
木材及纸浆类	Timber and Paper Pulps	100.3	102.0	102.6
建筑材料类及非金属矿类	Building Materials and Nonmetal Minerals	99.8	102.7	109.0
其它工业原材料及半成品类	Other Industrial Raw and Processed Materials	103.3	102.2	102.3
农副产品类	Agricultural Materials	105.1	106.7	107.6
纺织原料类	Textile Raw Materials	100.5	101.8	103.2

Purchasing Price Indices for Industrial Producers (preceding year=100)

1996年	1997年	1998年	1999年	2000年	2001年	2002年	2003年	2004年	2005年
97.6	**98.6**	**94.1**	**97.1**	**107.1**	**98.7**	**97.7**	**106.4**	**116.4**	**106.8**
109.9	103.2	97.4	102.1	116.7	99.9	101.6	107.7	124.8	124.1
96.0	98.3	99.0	96.0	96.7	104.5	100.1	113.7	134.6	103.2
98.5	94.8	98.0	94.4	102.6	99.7	96.9	108.9	123.2	109.9
87.3	96.4	83.3	98.5	111.4	93.2	95.1	102.5	119.9	112.2
93.7	96.4	86.0	100.8	123.5	90.4	92.7	107.3	114.3	111.1
102.8	105.3	75.2	92.9	101.6	94.9	97.6	99.3	100.9	101.5
123.9	90.9	91.9	102.1	99.5	101.6	96.3	103.0	115.1	88.9
	96.0	92.3	100.7	104.6	100.9	97.7	98.9	103.0	99.3
100.6	119.5	92.2	93.8	97.2	99.3	99.5	109.2	110.4	98.1
90.0	96.0	100.2	87.1	96.9	96.8	94.5	102.0	104.9	101.8

2009年	2010年	2011年	2012年	2013年	2014年	2015年	2016年	2017年	2018年	2019年
89.8	**111.2**	**107.5**	**94.7**	**96.5**	**95.9**	**90.6**	**97.7**	**108.9**	**105.2**	**98.7**
76.0	129.0	117.9	98.9	90.4	93.9	68.3	91.3	121.5	117.2	95.7
86.7	113.9	110.9	85.2	96.3	89.7	81.7	101.1	117.7	103.2	101.1
87.8	105.0	105.9	93.6	95.2	95.5	89.5	101.4	116.9	103.6	95.9
86.3	129.4	113.8	91.0	93.0	93.4	88.8	99.6	111.1	103.6	107.3
87.5	116.0	110.5	96.4	97.2	96.8	89.4	97.2	110.9	105.4	93.9
96.3	103.4	103.6	98.1	99.5	99.3	99.3	98.3	104.9	103.7	96.8
98.6	105.4	116.0	93.7	98.9	102.3	94.2	98.1	111.5	109.2	102.0
96.7	102.3	100.9	97.1	97.3	98.0	97.0	99.0	102.2	101.2	99.0
100.0	108.2	111.7	102.5	99.5	97.1	94.1	94.4	104.4	100.5	101.3
99.2	106.4	110.6	99.1	100.1	99.9	100.2	100.8	102.7	101.4	101.5

工业生产者购进价格指数(2009~2019,以2000年价格为100)

表3-22

指　标	Indicator	2009年	2010年
工业生产者购进价格指数	**Purchasing Price Index of Industries**	**137.8**	**153.2**
燃料、动力类	Fuel and Power	201.9	260.5
黑色金属材料类	Ferrous Metals	165.4	188.4
#钢　材	Rolled-steel	142.9	150.0
有色金属材料类	Nonferrous Metals	151.5	196.0
化工原料类	Chemical Raw Materials	114.9	133.3
木材及纸浆类	Timber and Paper Pulps	95.2	98.4
建筑材料类及非金属矿类	Building Materials and Nonmetal Minerals	113.5	119.6
其它工业原材料及半成品类	Other Industrial Raw and Processed Materials	104.1	106.5
农副产品类	Agricultural Materials	141.0	152.6
纺织原料类	Textile Raw Materials	104.5	111.2

固定资产投资价格指数(2009~2019,以2000年价格为100)

表3-23

指　标	Indicator	2009年	2010年
固定资产投资价格指数	**Price Indices for Investment in Fixed Assets**	**120.6**	**125.2**
建筑安装装饰工程	Construction and Installation	136.1	144.4
#人工费	Labour	181.2	193.7
材料费	Materials	126.6	134.8
机械使用费	Use of Machinery	138.9	142.2
设备、工器具购置	Aquisition of Equipment and Instruments	81.5	80.4
其他费用投资	Other Expenditures	127.1	130.2

Purchasing Price Indices for Industrial Producers(2000 = 100)

2011年	2012年	2013年	2014年	2015年	2016年	2017年	2018年	2019年
164.7	**156.0**	**150.5**	**144.3**	**130.7**	**127.7**	**139.1**	**146.3**	**144.4**
307.1	303.7	274.5	257.8	176.1	160.8	195.4	228.9	219.2
208.9	178.0	171.4	153.7	125.6	127.0	149.5	154.3	156.0
158.9	148.7	141.6	135.2	121.0	122.7	143.4	148.6	142.5
223.0	202.9	188.7	176.2	156.5	155.9	173.2	179.4	192.5
147.3	142.0	138.0	133.6	119.4	116.1	128.8	135.8	127.5
101.9	100.1	99.6	98.9	98.2	96.5	101.2	105.0	101.6
138.7	130.0	128.6	131.6	124.0	121.6	135.6	148.1	151.1
107.5	104.4	101.6	99.6	96.6	95.6	97.7	98.9	97.9
170.5	174.8	173.9	168.9	158.9	150.0	156.6	157.5	159.5
123.0	121.9	122.0	121.9	122.1	123.1	126.4	128.2	130.1

Price Indices for Investment In Fixed Assets(2000 = 100)

2011年	2012年	2013年	2014年	2015年	2016年	2017年	2018年	2019年
133.3	**132.5**	**132.8**	**133.5**	**129.5**	**128.9**	**137.5**	**145.2**	**147.2**
159.7	157.6	157.3	157.8	149.8	148.8	165.0	180.2	184.3
213.5	230.8	250.2	271.0	286.7	300.5	314.3	328.4	343.2
150.4	144.1	140.2	137.5	125.8	123.0	139.9	155.6	157.8
148.0	152.9	158.1	162.5	164.0	165.3	167.9	171.8	174.4
80.2	79.1	77.9	77.5	77.3	77.0	77.2	77.8	78.2
133.7	135.8	138.8	140.9	141.7	142.0	143.3	144.7	145.4

固定资产投资价格指数(1993~2019,以上年价格为100)

表 3-24

指 标	Indicator	1993 年	1994 年	1995 年
固定资产投资价格指数	**Price Indices for Investment in Fixed Assets**	**131.4**	**108.8**	**103.1**
建筑安装装饰工程	Construction and Installation	134.2	108.8	101.9
人工费	Labour	163.9	117.7	108.7
材料费	Materials	146.6	105.3	99.5
#钢 材	Rolled-steel	116.9	96.1	97.0
木 材	Timber	114.1	114.0	98.9
水 泥	Cement	115.8	105.8	98.9
地方建筑材料	Local Materials	146.0	113.7	99.3
化工材料	Chemical Materials			
电 料	Electric Materials			
机械使用费	Use of Machinery			
设备、工器具购置	Aquisition of Equipment and Instruments	131.4	112.1	104.8
其他费用	Other Expenditures	125.0	105.0	107.0

注：2019 年固定资产投资价格指数分类有所变动,因此,地方建筑材料”价格指数使用“预拌混凝土”的价格指数。
Note:In 2019,due to the changes in the classification of price index for investment in fixed asset, the price index for local materials is replaced by the price index for premixed concrete.

表 3-24 续表 Continued

指 标	Indicators	2007 年	2008 年	2009 年
固定资产投资价格指数	**Price Indices for Investment in Fixed Assets**	**103.5**	**107.9**	**97.0**
建筑安装装饰工程	Construction and Installation	104.6	112.1	94.8
人工费	Labour	107.3	108.8	106.2
材料费	Materials	104.3	113.9	91.1
#钢 材	Rolled-steel	106.6	122.7	83.0
木 材	Timber	102.8	105.5	100.9
水 泥	Cement	102.1	108.5	99.5
地方建筑材料	Local Materials	102.1	109.6	101.9
化工材料	Chemical Materials	103.0	107.4	90.9
电 料	Electric Materials	103.6	101.9	91.5
机械使用费	Use of Machinery	102.4	104.9	101.8
设备、工器具购置	Aquisition of Equipment and Instruments	99.4	99.5	96.1
其他费用	Other Expenditures	104.1	105.4	102.2

Price Indices of Investment in Fixed Assets(preceding year =100)

1996年	1997年	1998年	1999年	2000年	2001年	2002年	2003年	2004年	2005年	2006年
107.0	**100.5**	**98.4**	**98.1**	**100.0**	**100.7**	**100.3**	**102.4**	**106.7**	**100.8**	**100.1**
108.9	101.4	98.9	97.8	101.5	102.4	101.9	105.2	110.6	100.9	100.1
114.2	109.0	96.0	103.4	100.6	109.0	110.5	104.5	105.7	104.8	104.8
97.4	98.7	98.3	96.1	101.8	101.2	99.8	105.5	112.0	99.4	98.6
98.2	98.1	97.7	95.0	105.6	100.1	99.8	110.9	120.4	100.8	96.7
98.1	100.5	97.5	96.6	100.8	98.8	97.6	100.9	102.5	100.3	100.9
99.2	99.0	99.3	95.5	97.8	99.9	98.6	102.1	108.5	97.5	99.2
100.6	96.4	98.8	96.3	98.1	103.2	99.9	100.8	103.5	95.3	97.3
	102.5	97.9	99.3	100.9	100.3	99.3	106.2	106.4	110.3	111.7
	103.7	98.3	99.7	104.3	100.7	97.8	100.0	106.9	100.3	108.6
118.5	104.5	99.7	100.5	99.8	99.7	102.8	104.9	108.7	105.6	102.9
101.7	97.8	96.1	96.9	97.0	96.5	96.7	97.5	99.4	97.4	97.3
107.7	100.8	99.6	99.8	99.9	101.3	100.3	101.4	104.7	103.2	102.0

2010年	2011年	2012年	2013年	2014年	2015年	2016年	2017年	2018年	2019年
103.8	**106.5**	**99.4**	**100.2**	**100.5**	**97.0**	**99.6**	**106.7**	**105.6**	**101.4**
106.1	110.6	98.7	99.8	100.3	94.9	99.3	110.9	109.2	102.3
106.9	110.2	108.1	108.4	108.3	105.8	104.8	104.6	104.5	104.5
106.5	111.6	95.8	97.3	98.1	91.5	97.8	113.7	111.2	101.4
107.9	113.9	92.7	93.8	93.2	85.9	97.6	128.4	113.9	99.9
102.3	104.3	100.8	100.9	102.0	101.1	101.2	101.7	101.8	99.8
107.9	114.4	97.1	101.4	103.9	97.3	100.2	107.9	112.4	101.2
104.2	111.2	97.4	101.1	104.1	95.7	98.5	106.9	112.5	104.9
111.1	110.1	105.6	99.0	96.2	84.7	88.4	106.5	108.6	101.4
102.2	104.6	100.4	100.0	100.0	98.0	99.0	101.2	100.8	100.2
102.4	104.1	103.3	103.4	102.8	100.9	100.8	101.6	102.3	101.5
98.6	99.7	98.6	98.5	99.5	99.8	99.7	100.2	100.8	100.5
102.4	102.7	101.6	102.2	101.5	100.6	100.2	100.9	101.0	100.5

房地产价格指数(1998~2010)(以上年价格为100)

表 3-25

指 标	Indicator	1998 年	1999 年	2000 年
房屋销售价格指数	**House Price Indices**	**95.7**	**96.2**	**98.6**
新建房	Newly Built Property	95.7	96.0	98.5
住 宅	Residential Housing	95.7	96.3	98.5
#普通住宅	Ordinary Residence Housing	97.6	97.6	98.2
多层住宅	Multi-storey Housing	99.0	98.7	99.9
高层住宅	High-rise Housing	95.6	94.6	96.1
高档住宅	High-grade Residence Housing	85.2	88.2	95.9
非住宅	Non-residential Property	96.1	91.7	98.2
#办公楼	Office Building	92.0	90.3	98.4
商业营业用房	Commercial Building			99.4
二手房	Existing Property	94.4	96.6	99.1
住 宅	Residence Housing	94.4	96.6	99.1

注：按照国家统计局调查制度规定,从 2008 年开始,“商品房”改为“新建房”,“商业娱乐用房”改为“商业营业用房”。
Note: Since the year of 2008, “Commodity property” has been renamed as “New Built Property”, and “Commercial/Recreational Building” has been renames as “Commercial Building”.

房地产价格指数(2011~2019)(以上年价格为100)

表 3-26

指 标	Indicator	2011 年	2012 年
新建商品住宅	**Newly Built Commodity Residential Housing**	**102.5**	**98.8**
#90 平方米以下	Below 90 Sq.M	104.2	99.2
90-144 平方米	90-144 Sq.M	102.8	98.7
144 平方米以上	Above 144 Sq.M	101.5	98.7
二手住宅	**Existing Residential Housing**	**102.2**	**99.1**
#90 平方米以下	Below 90 Sq.M	102.8	99.5
90-144 平方米	90-144 Sq.M	102.2	99.6
144 平方米以上	Above 144 Sq.M	100.5	97.5

注：根据国家统计局规定,2011 年开始,房地产价格统计调查采用新方法,数据来源渠道、指标设置、计算方法等进行了较大的调整。
Note: New methodology has been adoped to the statistics of house price since 2011, when crucial changes were made to data source, indicator definition and mothed of computation.

House Price Indices(Preceding Year=100)

2001年	2002年	2003年	2004年	2005年	2006年	2007年	2008年	2009年	2010年
104.4	**107.3**	**120.1**	**115.9**	**109.7**	**98.7**	**103.4**	**105.9**	**100.8**	**107.3**
101.8	108.2	120.5	115.8	109.2	97.0	103.1	105.3	100.6	106.8
102.1	108.7	121.4	115.8	109.2	96.8	103.4	105.7	101.1	107.6
102.6	109.0	122.3	117.3	110.0	92.7	105.2	107.9	101.1	109.0
104.6	109.5	125.0	115.3	108.6	88.9	104.7	108.0	101.1	108.5
101.3	108.6	123.1	118.1	110.5	93.0	105.6	107.7	101.1	109.4
97.8	103.9	114.6	118.3	110.3	99.7	103.3	105.7	101.5	105.5
98.3	103.8	111.7	116.1	108.5	98.6	102.1	103.9	99.0	102.2
96.8	103.3	116.0	115.8	107.9	100.1	102.8	103.8	99.0	103.5
101.9	103.1	112.4	117.2	108.7	97.3	101.2	104.1	99.1	101.4
110.8	105.7	121.6	117.5	110.6	101.8	103.8	106.8	101.1	107.8
110.8	105.7	121.6	117.5	110.6	101.8	103.8	106.8	101.1	107.8

House Price Indices (Preceding Year=100)

2013年	2014年	2015年	2016年	2017年	2018年	2019年
114.2	**107.0**	**103.5**	**132.8**	**110.2**	**99.8**	**102.0**
114.9	108.0	104.1	134.7	110.4	100.4	101.8
113.5	106.7	104.4	133.0	111.0	99.0	102.1
114.5	106.6	102.5	131.9	109.4	100.3	101.9
109.7	**104.6**	**104.0**	**130.0**	**109.6**	**98.2**	**99.7**
110.5	105.2	104.4	130.7	110.5	97.4	99.3
109.2	104.5	103.8	129.2	109.2	98.7	100.3
108.6	103.2	103.4	129.9	108.2	99.4	99.5

农产品生产者价格指数(2004~2019,以上年价格为100)
Producer Price Indices of Farm Products (preceding year=100)

表 3-27

年 份 year	总指数 General Index	#种植业 Planting Products	#粮 食 Cereal	牧 业 Animal Husbandry Products	#生 猪 hogs	渔 业 Fishery Products
2004	110.8	108.1	184.3	107.8	127.6	114.7
2005	105.7	108.2	108.8	102.1	96.9	104.9
2006	101.9	104.1	104.7	94.4	88.0	107.5
2007	110.2	106.2	102.8	128.8	147.7	102.6
2008	109.7	105.5	106.3	113.0	115.0	116.0
2009	102.2	108.7	104.9	90.1	81.2	101.0
2010	107.1	110.5	119.6	100.0	97.2	107.3
2011	110.9	106.1	109.8	121.4	132.5	113.2
2012	101.4	103.4	103.3	94.4	88.1	104.1
2013	104.1	104.5	105.5	101.9	99.6	106.9
2014	99.5	98.8	100.9	99.8	89.4	99.7
2015	102.4	102.4	99.8	103.6	112.7	100.9
2016	106.6	105.3	98.4	110.1	121.0	106.4
2017	98.4	95.6	99.2	91.0	85.7	115.6
2018	100.5	102.8	99.9	93.0	84.8	102.5
2019	105.6	102.8	102.3	126.7	150.2	96.7

消费者信心指数
Consumer Confidence Index

表 3-28

年 份 Year	消费者信心指数 Consumer Confidence Index	消费者现状指数 Consumer Status Quo Index	消费者预期指数 Consumer Expectation Index
2004	108.4	107.4	109.3
2005	108.2	106.9	109.5
2006	110.5	109.3	111.8
2007	111.0	109.7	112.4
2008	107.8	107.1	108.4
2009	107.1	104.0	110.3
2010	110.2	109.1	111.4
2011	106.6	106.4	106.8
2012	109.2	108.1	110.4
2013	110.4	108.9	111.9
2014	115.0	114.4	115.7
2015	115.6	115.6	115.7
2016	114.4	116.2	112.6
2017	118.7	121.2	116.2
2018	121.1	123.5	118.8
2019	120.2	121.9	118.4

上海消费者信心分项指数

表 3-29

指　标	Indicators	2004 年	2005 年	2006 年
消费者信心指数	**Consumer Confidence Index**	**108.4**	**108.2**	**110.5**
整体经济信心指数	Index of Confidence of Macroeconomy	120.4	118.5	123.2
现状指数	Status Quo Index	123.4	122.3	128.4
预期指数	Expectation Index	117.6	114.7	118.1
就业形势信心指数	Index of Confidence of Employment Status	104.8	101.8	100.2
现状指数	Status Quo Index	99.6	96.1	94.7
预期指数	Expectation Index	109.4	107.6	105.9
家庭收入信心指数	Index of Confidence of Household Income Status	108.3	109.0	112.2
现状指数	Status Quo Index	107.2	107.3	110.3
预期指数	Expectation Index	109.3	110.7	114.1
生活质量信心指数	Index of Confidence of Quality of Life	112.4	114.6	116.9
现状指数	Status Quo Index	111.7	113.7	115.2
预期指数	Expectation Index	113.0	115.4	118.6
耐用商品购买时机信心指数	Index of Confidence of the Timing of Purchase of Durable Goods	96.3	97.1	100.1
现状指数	Status Quo Index	95.1	95.1	97.8
预期指数	Expectation Index	97.3	99.0	102.4

Component of Consumer Confidence Index

2007年	2008年	2009年	2010年	2011年	2012年	2013年	2014年	2015年	2016年	2017年	2018年	2019年
111.0	**107.8**	**107.1**	**110.2**	**106.6**	**109.2**	**110.4**	**115.0**	**115.6**	**114.4**	**118.7**	**121.1**	**120.2**
122.7	113.7	116.8	119.3	111.9	113.5	116.0	124.2	122.0	120.7	125.8	128.1	126.5
126.2	115.3	115.1	120.7	114.3	115.9	116.9	126.0	125.6	125.5	131.2	133.0	130.7
119.2	112.2	118.5	117.9	109.6	111.2	115.2	122.3	118.4	115.8	120.4	123.2	122.3
102.9	104.8	97.9	107.2	106.8	106.8	106.5	111.3	111.3	113.4	118.3	120.3	121.0
97.3	101.8	89.1	104.2	106.9	106.0	103.7	112.8	113.4	118.1	121.8	123.8	123.5
108.6	107.8	106.6	110.2	106.7	107.7	109.2	109.8	109.1	108.8	114.7	116.9	118.6
115.4	118.9	110.7	114.4	114.6	113.2	113.9	116.0	114.9	115.6	121.6	123.6	121.0
114.1	120.7	109.1	113.6	116.4	111.3	111.7	113.5	111.8	116.4	123.4	125.7	121.8
116.7	117.2	112.3	115.3	112.9	115.1	116.0	118.5	118.0	114.7	119.9	121.5	120.1
117.4	109.6	111.6	111.7	104.9	111.9	114.6	119.7	119.2	114.4	122.8	124.2	123.2
116.2	107.7	108.8	109.8	102.1	108.4	112.0	116.4	116.6	113.9	124.3	125.4	124.0
118.7	111.4	114.5	113.7	107.8	115.4	117.2	123.0	122.0	115.0	121.4	123.0	122.3
96.8	91.9	98.7	98.6	94.7	100.8	100.8	104.1	110.7	108.0	104.7	109.3	109.1
95.0	90.1	98.0	97.4	92.4	98.9	100.0	103.3	110.5	107.2	105.1	109.4	109.3
98.6	93.7	99.5	99.8	97.1	102.7	101.7	104.8	110.9	108.8	104.3	109.2	108.9

主要统计指标解释

■居民消费价格指数

是度量一组代表性消费商品及服务项目价格水平随着时间而变动的相对数，反映居民家庭购买的消费品及服务价格水平的变动情况。它是宏观经济分析和决策、价格总水平监测和调控以及国民经济核算的重要指标。其按年度计算的变动率通常被用来作为反映通货膨胀或紧缩程度的指标。

现行的居民消费价格指数按用途分为八个大类，包括食品烟酒、衣着、居住、生活用品及服务、交通和通信、教育文化和娱乐、医疗保健、其他用品和服务。

■商品零售价格指数

是反映一定时期内城乡商品零售价格变动趋势和程度的相对数。商品零售价格的变动直接影响城乡居民的生活支出和国家的财政收入，影响居民购买力和市场供需的平衡，影响消费与积累的比例关系。因此，该指数可以从一个侧面对上述经济活动进行观察和分析。

■工业生产者出厂价格指数

是反映一定时期内全部工业产品出厂价格的变动趋势和程度的统计指标，包括工业企业售给本企业以外所有单位的各种产品和直接售给居民用于生活消费的产品，可用于扣除工业总产值及增加值中价格变动因素的影响。

■工业生产者购进价格指数

是反映工业企业作为生产投入，从物资交易市场和能源、原材料生产企业购买原材料、燃料和动力产品的价格变动趋势和程度的统计指标，可用于扣除工业企业物质消耗成本中价格变动因素的影响。

■固定资产投资价格指数

是反映一定时期内固定资产投资品及项目的价格变动趋势和程度的相对数，由建筑安装工程投资完成额、设备工器具购置投资完成额和其他费用投资完成额三部分组成的，可用于扣除按现价计算的固定资产投资指标中的价格变动因素的影响。

■新建商品住宅销售价格指数

是反映新建的、用于居住的进入房地产市场进行交易的房屋，第一次进行产权登记时的实际交易价格（合同价格）的变动趋势和程度的统计指标，由成本、税金、利润等组成。

■二手住宅销售价格指数

是反映用于居住的进入房地产市场进行交易的房屋，再次进行产权登记时的实际交易价格的变动趋势和程度的统计指标。

■农产品生产者价格指数

是反映一定时期内，农产品生产者出售农产品价格水平变动趋势及幅度的相对数。该指数可以客观反映农产品生产价格水平和结构变动情况，满足农业与国民经济核算需要。其中某代表品生产价格指数是通过对全部有出售该产品行为的调查单位的个体指数进行几何平均求得的，类价格指数是通过对其所属的类(或代表品)的价格指数进行加权平均求得的。季度累计价格指数的计算方法与分季指数的计算方法相同。

■消费者信心指数

上海消费者信心指数内容由整体经济、就业形势、家庭收入、生活质量、耐用品购买时机等5个核心指标构成。包括两类8个指数，第一类综合指数，包括消费者信心指数、消费者现状指数、消费者预期指数；第二类指标成分指数，包括整体经济指数、收入指数、就业指数、生活质量指数、耐用品购买时机指数。指数的值介于0和200之间，100为消费者信心强弱的中界点，表示中立水平。指数大于100时，表示消费者信心偏向乐观，指数值越接近200，表示消费者越乐观、信心越强。反之，指数小于100时，表示消费者信心偏向悲观，指数值越接近0，表示消费者越悲观、信心越弱。

EXPLANATORY NOTES ON MAIN STATISTICAL INDICATORS

■Consumer Price Index

It is an index that reflects the time–based change of prices of a group of representative consumption commodities and services. It is an important reference factor for macro– economic analysis and strategy, monitoring and adjustment of overall price level and the national economic budgeting. The year–on–year change of the index is often a norm reflecting the inflation or deflation.

The current CPI covers eight categories of goods and services:Food, Cigarettes and Liquors, Clothing, Housing, Living Articles and Services, Transportation and Communication, Education, Culture and Recreation, Medical and Health Services, and Other Articles and Services.

■Retail Price Index

It reflects the trend and degree of change in retail prices of commodities during a given period. The change in retail prices of commodities directly affect the living expenditure of urban and rural residents, government revenue, purchasing power of residents and the equilibrium of market supply and demand, and the ratio of consumption to accumulation. Therefore, the retail price indices are useful to analyze the changes of the above economic activities.

■Producer Price Index for Industrial Products

Producer Price Index for Industrial Products reflects the trend and degree of changes in general sales prices of all industrial products during a given period, including sales of industrial products by an industrial enterprise to all units outside this enterprise, as well as sales of consumer goods to residents. It can be used to remove the impact of price changes on gross output value and value–added of the industrial sector.

■Purchasing Price Index for Industrial Producers

Purchasing Price Index for Industrial Producers reflects the trend and degree of changes in prices paid by industrial enterprises when they purchase productive inputs such as raw materials, fuels and power from the market or from other enterprises during a given period. It can be used to measure the real consumption of inputs of industrial enterprises by removing the impact of price changes.

■Price Index for Investment in Fixed Assets

Price Index for Investment in Fixed Assets reflects the trend and degree of changes in prices of investment in fixed assets during a given period. The investment in fixed assets consists of three components, namely, the investment in construction and installation, the investment in aquisition of equipment and instruments, and other investment ependitures. This index can be used to remove the impact of price changes on the investment in fixed asstes which is often calculated at current prices.

■Price Index for Newly Built Commodity Residential Housing

Price Index for Newly Built Commodity Residential Housing reflects the trend and degree of changes in the trade prices of newly built commodity housing for residential use at their first registration of property right , including costs, taxes and profits.

■Price Index for Existing Residential Housing

Price Index for Existing Residential Housing reflects the trend and degree of changes in the trade prices of existing housing for residential use at their succesive registration of property right.

■Producer Price Index for Farm Products

It reflects the trend and degree of changes in producers' prices received by farmers when they sell farm products during a given period. These indices depict the change in the level and structure of producer prices for farm products of the country and meet the needs of agricultural statistics and national accounts statistics.The producer price index for a given product is calculated as the geometrical mean of individual indices for all surveyed units which sell such product,and the indices for a product category is obtained as the weighted mean of price indices for all products in the category.Method for calculating accumulative quarterly indices is the same as for calculating the individual quarterly indices.

■Consumer Confidence Index

Shanghai Consumer confidence Index(CCI) is composed of 5 core indicators, such as overall economic employment situation, household income, quality of life, durable–goods purchase timing, etc. Shanghai CCI includes 8 indexes in two categories, the first one is the composite index, including consumer confidence index, consumer status index, and consumer expectation index; the second category of index indicators, including overall economic index, income index, employment index, life quality index and durable goods purchasing index. CCI value is between 0 and 200, 100 for consumer confidence at neutral level. If the CCI is greater than 100, it means consumer confidence is optimistic, when index value is close to 200, means consumers are more optimistic and have stronger faith. On the other hand, when CCI is less than 100, means consumer confidence leans towards pessimism, when index value is close to 0, means consumer confidence are more pessimistic and have weaker confidence.

Chapter 4

第四篇

上海调查年鉴 SHANGHAI SURVEY YEARBOOK

农 业

AGRICULTURE

简要说明

一、本篇资料的主要内容

本篇资料反映本市农业生产和农村经济的基本情况，内容主要包括农林牧渔业产值、农作物播种面积、主要农产品产量、农业机械拥有量、农业产业化组织、自然村数量等方面的统计资料。

二、本篇的资料来源

主要由上海市统计局和国家统计局上海调查总队根据《农村统计报表制度》和《农业农村调查报表制度》的有关资料和上海市农业委员会的相关资料整理提供。

三、本篇资料的统计范围

农业统计范围为上海市行政区域和上海光明食品（集团）有限公司所属的域外农场，包括闵行区、宝山区、嘉定区、松江区、金山区、青浦区、奉贤区、崇明区和浦东新区（农村）行政区域范围内所有建制乡镇、行政村和涉农街道、居委会辖区内的生产经营单位和农户；上海光明食品（集团）、上海水产（集团）总公司、青东农场、前卫农场、上实现代农业园区以及其他中央属、市属和军委系统的农业生产（经营）活动单位。

1. 种植业：指对各种农作物的种植活动。包括谷物、豆类、薯类、棉花、油料、糖料、麻类、烟叶、蔬菜、园艺作物、水果、坚果、饮料和香料作物、中草药及其他作物的种植。

2. 林业：包括林木的栽培（不包括茶园、桑园和果园的栽培、管理和收获等活动），木材和竹材的采运，林产品的采集。

3. 牧业：包括牲畜饲养和放牧，家禽饲养以及野生动物的捕猎和饲养。

4. 渔业：包括水生动物和海藻类植物的养殖和捕捞。

5. 农林牧渔服务业：指对种植业、林业、牧业、渔业生产活动进行的各种支持性服务。但不包括各种科学技术和专业性技术服务活动。

农村社会经济统计范围包括除城关镇以外所有乡镇的社会经济活动。

《农村统计报表制度》和《农业农村调查报表制度》包括的三部分内容：

一是农林牧渔业统计调查。包括农作物播种面积、主要农作物产量、农产量抽样调查等内容，调查方法由统计部门确定。其中，水果、林业、渔业、农业机械和部分畜牧业数据来源为农委相关部门，调查方法由资料来源相关部门确定。

二是农业产值综合统计。包括农业总产值、农林牧渔业中间消耗、农产品出口、种源农业等内容，调查方法由统计部门确定。

三是农村社会经济基本情况统计。包括乡镇社会经济基本情况、行政村基本情况等内容。上海参照国家统计局《县域社会经济基本情况统计报表制度》充实部分指标进行调查。

BRIEF INTRODUCTION

Ⅰ. Main Contents

The data in this chapter reflect the basic conditions of agricultural production and rural economy in Shanghai. The main contents include output of agriculture, forestry, animal husbandry and fishery, sown area of farm crops, output of major agricultural products, agricultural machinery, condition of agricultural industrialization organization, number of villages.

II. Sources of Data

Data in this chapter are provided by Shanghai Municipal Statistics Bureau and the Survey Office of the National Bureau of Statistics in Shanghai using data from the Statistical Survey System on Rural Areas and Agricultural Industry and data provided by Shanghai Municipal Agricultural Commission.

Ⅲ. Statistical Scopes

Data on agriculture cover the whole Shanghai Municipality and enclave farm belonging to Shanghai Bright Food (Group), including Minhang, Baoshan, Jiading, Songjiang, Jinshan, Qingpu, Fengxian, Chongming districts, and Pudong New Area (rural area). Included in agriculture statistics are production activities in agriculture by rural production units and by rural households; production activities of farms in counties, villages and rural communities; production activities in agriculture undertaken by Shanghai Bright Food (Group), Shanghai Fisheries (Group) Corporation, the Qingdong Farm, the Qianwei Farm, SIIC Modern Agriculture Park and agricultural production units owned by the central government, municipal government and military agencies.

(1) Agriculture: it refers to cultivation of farm crops, including cereals, beans, tuber crops, cotton, oil-bearing crops, sugar crops, hemp, tobacco leaves, vegetables, gardening plants, fruits, nuts, crops for beverages and spices, medicinal herbs and other farm crops.

(2) Forestry: it includes the planting of trees (excluding activities of planting, managing and harvesting of tea, mulberry fields and fruits), cutting and transport of timber and bamboo and collection of forest products.

(3) Animal husbandry: it includes the raising and grazing of domestic animals and poultry, and the hunting and raising of wild animals.

(4) Fishery: it includes cultivation and catching of aquatic animals and seaweed.

(5) Services in support of agriculture, forestry, animal husbandry and fishery: they include supporting services to production activities in agriculture, forestry, animal husbandry and fishery but do not include activities of science and technology and professional services.

Rural social and economic statistics cover social and economic activities in all townships except towns, where county governments are located..

Statistical Survey System on Rural Areas and Agricultural Industry consists of three parts:

First, it includes statistics on agriculture, forestry, animal husbandry and fishery, including agricultural production area, main crop output and sampling survey of agricultural products, whose survey methodologies are determined by the statistics department. Fruit, forestry, fishery, agricultural machinery and part of animal husbandry data are provided by Shanghai Municipal Agriculture Commission, and survey methodologies are determined by relevant providers of the data.

Second, it includes comprehensive statistics on value of agricultural output, including output of agriculture, intermediate consumption of agriculture, forestry, animal husbandry, and fishery, export of agricultural products, and seed industries. Survey methodologies are determined by the statistics department.

Third, it includes comprehensive statistics on rural areas. The data include basic conditions of social and economic activities at county, township and rural administrations, and municipal agricultural zones. Data are provided according to Statistical Reporting System on the Basic Condition of Social and Economic Activities of Counties with additional standards supplemented by Shanghai authorities.

农业总产值(1978~2019)
Gross Output Value of Agricultural

表 4-1 单位:亿元(Unit:100 million yuan)

年 份 Year	合 计 Total	种植业 Farming	林 业 Forestry	牧 业 Animal Husbandry	副 业 Others	渔 业 Fishery	农林牧渔服务业 Services in support of Agriculture, Forestry, Animal Husbandry and Fishery
1978	18.26	13.49	0.06	3.67	0.18	0.86	
1980	18.90	11.40	0.06	6.27	0.20	0.97	
1985	31.38	15.63	0.21	12.25	0.47	2.82	
1986	33.76	16.83	0.24	12.75	0.49	3.45	
1987	38.84	17.69	0.34	15.48	0.54	4.79	
1988	53.07	22.47	0.45	22.18	0.54	7.43	
1989	60.63	25.53	0.39	26.41	0.42	7.88	
1990	68.16	29.09	0.37	30.25	0.41	8.04	
1991	73.65	30.51	0.39	33.38	0.40	8.97	
1992	80.01	32.80	0.43	37.19	0.41	9.18	
1993	96.20	40.52	0.41	42.95		12.32	
1994	140.24	60.19	0.49	62.04		17.52	
1995	182.47	77.71	0.45	81.48		22.83	
1996	200.95	87.64	0.67	85.46		27.18	
1997	204.41	85.20	0.47	88.37		30.37	
1998	206.75	89.10	0.84	87.27		29.54	
1999	206.90	87.86	0.98	86.35		31.71	
2000	216.50	89.81	1.41	87.35		37.92	
2001	227.61	95.53	3.52	88.43		40.13	
2002	233.57	97.21	7.75	83.48		45.13	
2003	247.29	98.17	13.05	81.13		49.21	5.73
2004	248.89	109.32	13.14	70.77		49.90	5.76
2005	233.39	111.25	11.11	54.34		51.64	5.05
2006	237.01	119.99	10.43	46.29		55.25	5.05
2007	255.98	126.74	10.05	58.00		54.19	7.00
农普修订							
2007	257.76	128.17	10.06	58.07		54.46	7.00
2008	282.63	139.29	9.13	68.52		57.48	8.20
2009	287.76	151.00	9.02	64.72		54.54	8.49
2010	296.24	159.98	7.58	65.72		54.25	8.71
2011	328.24	169.82	7.73	83.82		57.14	9.73
2012	337.81	176.80	9.77	79.75		60.84	10.66
2013	342.29	177.93	9.80	79.52		63.35	11.69
2014	343.78	175.46	8.83	81.96		66.02	11.50
2015	327.71	167.86	12.30	80.84		55.67	11.04
2016	300.84	146.58	13.21	80.17		50.31	10.57
2017	292.61	146.40	15.31	61.17		58.39	11.34
2018	289.58	150.09	15.80	48.32		56.21	19.16
2019	284.84	145.81	18.27	48.24		54.95	17.56

注:根据第三次农业普查结果,对 2007 年至 2017 年上海农业部分数据进行了重新修订,调查范围也相应修正为包括上海光明食品(集团)有限公司所属的域外农场(以下农普修订同)。

Note: In terms of Third National Agriculture Census, some data from 2007 to 2017 is revised, which includes the enclave farm belonging to Shanghai Bright Food (Group) (similarly hereinafter).

农业总产值结构(1978~2019)
Gross Output Value Composition of Agriculture

表 4-2　　单位:%(Unit:%)

年　份 Year	合　计 Total	种植业 Farming	林　业 Forestry	牧　业 Animal Husbandry	副　业 Others	渔　业 Fishery	农林牧渔服务业 Services in support of Agriculture, Forestry, Animal Husbandry and Fishery
1978	100.0	73.9	0.3	20.1	1.0	4.7	
1980	100.0	60.3	0.3	33.2	1.1	5.1	
1985	100.0	49.8	0.7	39.0	1.5	9.0	
1986	100.0	49.9	0.7	37.8	1.5	10.1	
1987	100.0	45.5	0.9	39.9	1.4	12.3	
1988	100.0	42.3	0.8	41.8	1.1	14.0	
1989	100.0	42.1	0.6	43.6	0.7	13.0	
1990	100.0	42.7	0.5	44.4	0.6	11.8	
1991	100.0	41.4	0.5	45.3	0.5	12.3	
1992	100.0	41.0	0.5	46.5	0.5	11.5	
1993	100.0	42.1	0.5	44.6		12.8	
1994	100.0	42.9	0.3	44.3		12.5	
1995	100.0	42.6	0.3	44.6		12.5	
1996	100.0	43.6	0.4	42.5		13.5	
1997	100.0	41.7	0.2	43.2		14.9	
1998	100.0	43.1	0.4	42.2		14.3	
1999	100.0	42.5	0.5	41.7		15.3	
2000	100.0	41.5	0.6	40.4		17.5	
2001	100.0	42.0	1.5	38.9		17.6	
2002	100.0	41.6	3.3	35.8		19.3	
2003	100.0	39.7	5.3	32.8		19.9	2.3
2004	100.0	43.9	5.3	28.4		20.0	2.3
2005	100.0	47.7	4.8	23.3		22.1	2.1
2006	100.0	50.6	4.4	19.5		23.3	2.2
2007	100.0	49.5	3.9	22.7		21.2	2.7
农普修订							
2007	100.0	49.7	3.9	22.6		21.1	2.7
2008	100.0	49.3	3.2	24.2		20.4	2.9
2009	100.0	52.5	3.1	22.5		19.0	2.9
2010	100.0	54.0	2.6	22.2		18.3	2.9
2011	100.0	51.7	2.4	25.5		17.4	3.0
2012	100.0	52.3	2.9	23.6		18.0	3.2
2013	100.0	52.0	2.9	23.2		18.5	3.4
2014	100.0	51.0	2.6	23.8		19.2	3.4
2015	100.0	51.2	3.7	24.7		17.0	3.4
2016	100.0	48.7	4.4	26.7		16.7	3.5
2017	100.0	50.0	5.2	20.9		20.0	3.9
2018	100.0	51.8	5.5	16.7		19.4	6.6
2019	100.0	51.2	6.4	16.9		19.3	6.2

农业总产值指数(1978~2019,以1952年为100)
Indices of Gross Output Value of Agriculture(1952=100)

表4-3

年份 Year	合计 Total	种植业 Farming	林业 Forestry	牧业 Animal Husbandry	副业 Others	渔业 Fishery	农林牧渔服务业 Services in support of Agriculture, Forestry, Animal Husbandry and Fishery
1978	286.1	254.6	493.5	448.2	19.9	831.3	
1980	263.6	200.2	754.4	519.1	389.7	865.1	
1985	323.2	224.6	528.9	813.0	274.2	1 060.4	
1986	342.6	227.9	663.7	901.9	279.9	1 242.6	
1987	350.5	230.6	685.7	926.3	309.9	1 314.2	
1988	372.7	242.7	819.4	1 017.5	307.7	1 329.8	
1989	377.6	234.9	665.5	1 100.6	241.1	1 427.8	
1990	399.1	245.3	689.3	1 215.6	237.2	1 366.0	
1991	418.4	243.4	758.4	1 339.9	231.1	1 435.6	
1992	442.6	257.9	710.5	1 447.1	235.9	1 403.5	
1993	423.1	239.6	638.7	1 406.6		1 386.7	
1994	456.1	244.4	643.8	1 509.3		1 787.5	
1995	506.3	264.7	618.1	1 627.0		2 098.5	
1996	548.3	291.4	832.0	1 744.1		2 241.2	
1997	579.3	313.5	656.2	1 812.1		2 397.7	
1998	593.2	329.4	913.9	1 847.0		2 316.2	
1999	608.2	339.2	1 274.7	1 873.6		2 403.8	
2000	631.9	359.4	2 047.3	1 858.4		2 675.8	
2001	676.7	369.8	3 107.8	1 943.9		3 259.1	
2002	697.0	370.9	7 629.6	1 866.1		3 679.5	100.0
2003	704.7	344.6	10 177.9	1 772.8		4 525.8	102.6
2004	656.8	366.7	10 218.6	1 373.9		4 376.4	103.2
2005	587.8	348.0	7 960.3	993.3		4 617.1	91.4
2006	591.9	359.1	7 474.7	918.8		4 884.9	90.3
2007	600.8	363.8	7 198.1	960.1		4 767.7	121.6
农普修订 2007	605.3	367.8	7 209.5	961.1		4 791.2	121.4
2008	606.6	379.5	5 863.0	1 004.3		4 352.6	134.4
2009	607.8	378.3	5 681.4	1 071.0		4 081.2	139.8
2010	585.6	362.8	4 768.1	1 086.2		3 799.2	139.2
2011	587.7	364.4	4 573.5	1 150.3		3 536.4	147.6
2012	594.6	366.7	5 219.8	1 148.1		3 612.7	157.4
2013	582.1	352.7	5 393.3	1 146.0		3 535.7	168.7
2014	593.0	352.0	4 991.6	1 206.4		3 746.7	161.6
2015	562.0	333.5	6 108.8	1 153.4		3 387.9	150.3
2016	495.4	287.7	6 639.1	1 051.8		2 852.4	137.8
2017	474.4	287.2	7 587.7	798.9		3 094.2	145.3
2018	463.5	289.2	7 329.7	659.9		2 877.6	241.6
2019	429.8	266.7	8 165.2	534.2		2 881.0	216.6

农作物总播种面积(1978~2019)
Total Sown Areas of Farm Crops

表 4-4　　单位:万公顷（Unit:10 000 hectares）

年　份 Year	农作物总播种面积 Total Sown Area	粮食作物 Grain Crops	经济作物 Cash Crops
1978	82.86	53.22	29.64
1980	77.60	49.39	28.21
1985	69.61	43.82	25.79
1986	67.90	44.68	23.22
1987	67.04	44.21	22.83
1988	64.79	42.45	22.34
1989	63.63	41.69	21.94
1990	63.11	41.71	21.40
1991	62.62	41.54	21.08
1992	60.14	39.24	20.90
1993	55.85	36.31	19.54
1994	53.68	34.97	18.71
1995	54.22	34.40	19.82
1996	57.01	35.38	21.63
1997	55.23	36.58	18.65
1998	55.64	35.25	20.39
1999	55.17	33.50	21.67
2000	52.15	25.88	26.27
2001	49.09	21.12	27.97
2002	47.67	18.77	28.90
2003	41.92	14.83	27.09
2004	40.44	15.47	24.97
2005	40.36	16.61	23.75
2006	40.14	16.55	23.59
2007	39.07	16.96	22.11
农普修订			
2007	40.06	17.92	22.14
2008	39.78	18.42	21.36
2009	41.72	21.55	20.17
2010	41.74	20.12	21.62
2011	42.19	20.83	21.36
2012	40.33	20.81	19.52
2013	39.29	19.05	20.24
2014	37.15	18.67	18.48
2015	35.17	18.13	17.04
2016	30.51	15.85	14.66
2017	28.59	13.31	15.28
2018	28.53	12.99	15.54
2019	26.43	11.74	14.69

注：自 2007 年开始,“其它作物”并入“经济作物”统计。
Note：Since 2007,other farm crops have incorporated into economic farm crops.

农作物总播种面积构成(1978~2019)
Total Sown Areas Composition of Farm Crops

表 4-5　　单位:%(Unit:%)

年 份 Year	农作物总播种面积 Total Sown Area	粮食作物 Grain Crops	经济作物 Cash Crops
1978	100.0	64.2	35.8
1980	100.0	63.7	36.3
1985	100.0	63.0	37.0
1986	100.0	65.8	34.2
1987	100.0	66.0	34.0
1988	100.0	65.5	34.5
1989	100.0	65.5	34.5
1990	100.0	66.1	33.9
1991	100.0	66.4	33.6
1992	100.0	65.3	34.7
1993	100.0	65.0	35.0
1994	100.0	65.1	34.9
1995	100.0	63.5	36.5
1996	100.0	62.1	37.9
1997	100.0	66.2	33.8
1998	100.0	63.4	36.6
1999	100.0	60.7	39.3
2000	100.0	49.6	50.4
2001	100.0	43.0	57.0
2002	100.0	39.4	60.6
2003	100.0	35.4	64.6
2004	100.0	38.3	61.7
2005	100.0	41.1	58.9
2006	100.0	41.2	58.8
2007	100.0	43.4	56.6
农普修订			
2007	100.0	44.7	55.3
2008	100.0	46.3	53.7
2009	100.0	51.7	48.3
2010	100.0	48.2	51.8
2011	100.0	49.4	50.6
2012	100.0	51.6	48.4
2013	100.0	48.5	51.5
2014	100.0	50.3	49.7
2015	100.0	51.6	48.4
2016	100.0	51.9	48.1
2017	100.0	46.6	53.4
2018	100.0	45.5	54.5
2019	100.0	44.4	55.6

粮食作物播种面积(1978~2019)
Sown Areas of Grain Crops

表 4-6　　单位:万公顷(Unit:10 000 hectares)

年　份 Year	粮　食 Grain Crops	#稻　谷 Rice	小　麦 Wheat	大　麦 Barley
1978	53.22	34.28	4.25	8.39
1980	49.39	30.45	5.05	7.22
1985	43.82	26.97	5.74	7.94
1986	44.68	28.52	7.28	5.78
1987	44.21	27.62	7.66	6.15
1988	42.45	25.96	7.03	7.16
1989	41.69	25.82	7.04	6.65
1990	41.71	25.34	7.72	6.62
1991	41.54	24.77	8.38	6.48
1992	39.24	23.48	7.77	6.27
1993	36.31	21.58	7.58	4.91
1994	34.97	21.00	6.23	5.54
1995	34.40	21.00	6.12	5.25
1996	35.38	21.06	6.53	5.97
1997	36.58	20.84	8.33	5.76
1998	35.25	20.33	10.39	2.74
1999	33.50	20.08	9.70	1.91
2000	25.88	17.50	5.72	1.08
2001	21.12	15.39	3.20	0.99
2002	18.77	13.31	3.14	0.98
2003	14.83	10.62	2.17	0.65
2004	15.47	11.18	2.19	0.72
2005	16.61	11.27	2.99	0.78
2006	16.55	11.06	3.14	0.88
2007	16.96	10.91	3.75	0.85
农普修订				
2007	17.92	11.50	3.95	0.98
2008	18.42	11.50	4.59	1.02
2009	21.55	12.05	6.25	1.73
2010	20.12	12.05	5.27	1.32
2011	20.83	11.86	6.29	1.36
2012	20.81	11.76	5.80	2.00
2013	19.05	11.48	4.66	1.80
2014	18.67	11.12	4.67	1.56
2015	18.13	11.02	4.73	1.33
2016	15.85	10.63	3.56	0.89
2017	13.31	10.41	2.10	0.31
2018	12.99	10.36	2.13	0.19
2019	11.74	10.37	1.00	0.09

粮食作物播种面积构成(1978~2019)
Sown Areas Composition of Grain Crops

表 4-7

单位:%(Unit:%)

年 份 Year	粮 食 Grain Crops	#稻 谷 Rice	小 麦 Wheat	大 麦 Barley
1978	100.0	64.4	8.0	15.8
1980	100.0	61.7	10.2	14.6
1985	100.0	61.5	13.1	18.1
1986	100.0	63.8	16.3	12.9
1987	100.0	62.5	17.3	13.9
1988	100.0	61.2	16.6	16.9
1989	100.0	61.9	16.9	16.0
1990	100.0	60.7	18.5	15.9
1991	100.0	59.6	20.2	15.6
1992	100.0	59.8	19.8	16.0
1993	100.0	59.4	20.9	13.5
1994	100.0	60.1	17.8	15.8
1995	100.0	61.0	17.8	15.3
1996	100.0	59.5	18.5	16.9
1997	100.0	57.0	22.8	15.7
1998	100.0	57.7	29.5	7.8
1999	100.0	59.9	29.0	5.7
2000	100.0	67.6	22.1	4.2
2001	100.0	72.9	15.2	4.7
2002	100.0	70.9	16.7	5.2
2003	100.0	71.6	14.6	4.4
2004	100.0	72.3	14.2	4.7
2005	100.0	67.9	18.0	4.7
2006	100.0	66.8	19.0	5.3
2007	100.0	64.3	22.1	5.0
农普修订				
2007	100.0	64.2	22.1	5.5
2008	100.0	62.4	24.9	5.5
2009	100.0	55.9	29.0	8.0
2010	100.0	59.9	26.2	6.6
2011	100.0	56.9	30.2	6.5
2012	100.0	56.5	27.9	9.6
2013	100.0	60.3	24.4	9.4
2014	100.0	59.6	25.0	8.4
2015	100.0	60.8	26.1	7.3
2016	100.0	67.1	22.5	5.6
2017	100.0	78.2	15.8	2.3
2018	100.0	79.8	16.4	1.5
2019	100.0	88.3	8.5	0.8

粮食产量(1978～2019)
Output of Grain Crops

表 4-8　　　　单位:万吨(Unit:10 000 tons)

年　份 Year	粮　食 Grain Crops	#稻　谷 Rice	小　麦 Wheat	大　麦 Barley
1978	260.88	190.44	15.98	27.09
1980	186.85	116.51	20.63	24.74
1985	213.83	153.90	21.77	25.50
1986	236.88	174.58	30.19	18.90
1987	232.56	174.93	27.65	19.44
1988	237.54	173.21	28.25	26.57
1989	236.55	181.27	24.18	21.54
1990	244.36	181.40	30.11	23.26
1991	247.34	185.05	31.29	22.52
1992	234.65	171.59	31.10	23.58
1993	215.84	158.80	29.66	18.13
1994	215.06	165.52	21.74	17.68
1995	219.50	163.50	25.60	20.53
1996	234.82	171.82	29.25	25.42
1997	237.85	171.08	36.28	23.12
1998	212.58	162.85	31.13	7.77
1999	208.20	154.12	38.44	7.90
2000	174.00	137.05	24.70	4.61
2001	151.42	127.37	12.53	4.04
2002	130.46	109.24	10.37	3.58
2003	98.75	82.20	7.39	2.42
2004	106.29	89.46	7.95	2.85
2005	105.36	85.45	9.92	2.86
2006	111.30	89.70	11.34	3.48
2007	109.20	86.00	14.63	3.67
农普修订				
2007	115.33	90.66	15.42	4.24
2008	122.27	94.55	18.90	4.63
2009	135.39	99.95	23.98	6.43
2010	132.12	100.33	20.55	5.29
2011	136.16	99.35	25.36	5.81
2012	135.98	99.75	23.11	7.76
2013	128.65	97.85	18.51	7.24
2014	127.16	95.05	19.83	6.59
2015	125.41	94.71	20.71	5.78
2016	111.78	91.41	13.22	3.63
2017	99.78	85.60	10.18	1.37
2018	103.74	87.97	12.98	0.98
2019	95.90	88.04	5.80	0.45

主要经济作物播种面积(1978~2019)
Sown Areas of Major Cash Crops

表 4-9 单位:万公顷(Unit:10 000 hectares)

年 份 Year	棉 花 Cotton	油菜籽 Rapeseeds	蔬 菜 Vegetables
1978	9.66	5.11	4.30
1980	10.37	5.20	5.41
1985	7.10	7.03	6.43
1986	3.23	7.81	7.09
1987	2.08	8.02	8.17
1988	1.65	8.53	7.94
1989	1.07	9.24	7.97
1990	1.30	9.29	7.76
1991	1.39	9.23	7.57
1992	1.49	9.44	7.01
1993	0.96	7.27	7.78
1994	0.49	6.85	8.20
1995	0.33	7.84	8.70
1996	0.31	6.95	10.80
1997	0.34	5.30	9.82
1998	0.45	5.66	10.70
1999	0.20	5.97	11.07
2000	0.10	7.01	14.04
2001	0.11	6.24	14.94
2002	0.08	5.18	16.07
2003	0.08	3.79	15.04
2004	0.11	3.02	13.99
2005	0.11	3.08	13.09
2006	0.12	2.26	13.62
2007	0.14	1.50	13.39
农普修订			
2007	0.14	1.52	13.26
2008	0.15	1.47	13.10
2009	0.13	1.49	12.45
2010	0.26	0.98	12.70
2011	0.26	0.81	12.98
2012	0.20	0.78	12.66
2013	0.21	0.65	12.35
2014	0.08	0.53	11.79
2015	0.04	0.47	10.47
2016	0.03	0.38	9.80
2017	0.04	0.22	9.29
2018	0.01	0.21	9.43
2019	0.01	0.22	8.68

主要经济作物产量(1978～2019)
Output of Major Cash Crops

表 4-10　　　　单位:万吨(Unit:10 000 tons)

年　份 Year	棉　花 Cotton	油菜籽 Rapeseeds	蔬　菜 Vegetables	食用菌 Edible Fungus	园林水果 Fruits
1978	12.10	11.63	145.45		2.99
1980	7.62	9.58	112.55		3.70
1985	4.88	15.53	152.26		4.06
1986	2.15	14.95	178.92		4.39
1987	1.52	16.20	182.18		4.66
1988	1.33	18.96	186.31		6.77
1989	0.77	15.00	193.72		8.80
1990	1.22	18.17	186.79		9.42
1991	1.62	19.94	169.15		8.69
1992	1.54	21.84	182.01		16.33
1993	0.80	12.98	193.49		16.36
1994	0.47	9.55	213.33		16.10
1995	0.36	15.49	244.33		21.71
1996	0.42	15.86	262.01		20.74
1997	0.38	10.35	300.58		23.92
1998	0.47	6.47	301.58		21.13
1999	0.22	12.98	336.97		25.11
2000	0.12	15.71	377.00		22.54
2001	0.14	12.31	424.04	2.09	26.74
2002	0.09	9.28	476.60	2.68	27.72
2003	0.11	5.92	460.54	3.28	33.31
2004	0.18	6.94	436.65	3.38	33.74
2005	0.18	6.51	409.03	5.00	33.63
2006	0.20	4.91	418.76	4.98	38.93
2007	0.25	3.28	413.49	6.08	43.93
农普修订 2007	0.25	3.32	409.49	6.08	43.07
2008	0.32	3.38	394.67	7.59	44.34
2009	0.27	3.21	374.55	8.46	42.58
2010	0.36	2.14	374.52	8.75	40.83
2011	0.50	1.75	380.97	8.32	36.47
2012	0.40	1.63	373.26	11.28	42.82
2013	0.41	1.40	360.02	13.08	32.27
2014	0.13	1.16	349.70	15.23	39.34
2015	0.05	1.08	320.12	15.12	27.46
2016	0.10	0.78	290.36	14.26	23.83
2017	0.00	0.48	281.89	11.61	24.57
2018	0.01	0.54	284.73	9.76	29.54
2019	0.01	0.63	259.15	8.96	28.08

肉类总产量(1998~2019)
Output of Meat

表 4-11 单位:万吨(Unit:10 000 tons)

年 份 Year	肉类总产量 Output of Meat	#猪 Pork	羊 Mutton	家 禽 Meat of Poultry	兔 Rabbit Meat
1998	53.98	25.30	0.71	27.86	0.01
1999	54.12	25.85	0.70	27.51	0.01
2000	55.11	25.96	0.74	28.35	0.01
2001	55.71	26.40	0.85	28.31	0.08
2002	52.20	24.75	0.96	26.38	0.05
2003	50.78	24.60	0.92	25.20	0.10
2004	38.09	20.79	0.70	16.38	0.15
2005	31.31	18.02	0.61	12.54	0.10
2006	25.99	15.20	0.23	9.15	0.09
2007	25.43	15.15	0.23	8.52	0.09
农普修订					
2007	24.62	15.66	0.22	7.27	0.09
2008	26.35	17.38	0.48	7.12	0.09
2009	26.02	18.00	0.47	6.69	0.09
2010	26.38	18.34	0.43	6.75	0.02
2011	27.72	19.56	0.41	6.89	0.01
2012	27.04	20.30	0.41	5.49	0.02
2013	27.31	22.16	0.38	3.96	0.02
2014	27.20	23.01	0.34	3.22	0.02
2015	25.58	21.75	0.34	2.86	0.02
2016	22.47	18.88	0.28	2.47	0.01
2017	17.58	14.57	0.35	1.94	0.01
2018	13.45	11.27	0.26	1.49	0.01
2019	10.82	8.91	0.21	1.30	0.01

渔业养殖面积和水产品产量(1992~2019)
Culture Areas of Fishery and Output of Aquatic Products

表 4-12

年　份 Year	渔业养殖面积 Fishery Farming Area		水产品产量 Aquatic Product Output		
	合计(公顷) Total(hectares)	#淡水(公顷) Freshwater Culturing (hectares)	合计(万吨) Total (10 000 tons)	海水(万吨) Seawater Aquatic Products (10 000 tons)	淡水(万吨) Freshwater Aquatic Products (10 000 tons)
1992	33 725	32 391	24.86	13.67	11.19
1993	33 304	32 006	23.67	12.42	11.25
1994	33 839	32 781	27.04	14.78	12.26
1995	32 943	32 080	29.07	16.21	12.86
1996	33 190	32 447	28.04	14.50	13.54
1997	32 970	32 364	30.20	16.18	14.02
1998	34 326	33 724	26.82	12.21	14.61
1999	35 392	34 687	27.67	12.28	15.39
2000	40 039	39 317	28.87	12.23	16.64
2001	44 733	44 002	29.77	10.49	19.28
2002	42 765	42 069	32.69	11.82	20.87
2003	45 447	44 982	35.48	13.35	22.13
2004	42 543	42 193	34.41	13.42	20.99
2005	41 110	41 026	35.35	15.03	20.32
2006	31 310	31 230	33.50	16.81	16.69
2007	30 263	30 250	32.00	15.56	16.44
农普修订					
2007	30 250	30 250	29.85	15.56	14.29
2008	29 176	29 176	34.68	19.15	15.52
2009	26 272	26 272	31.29	16.85	14.44
2010	25 250	25 250	27.28	12.15	15.13
2011	23 886	23 886	27.19	11.80	15.39
2012	22 027	22 027	28.40	13.21	15.19
2013	20 966	20 966	28.71	13.48	15.23
2014	20 461	20 461	32.75	17.88	14.88
2015	19 392	19 392	31.36	16.95	14.41
2016	18 641	18 641	28.68	14.29	14.39
2017	17 820	17 820	29.54	14.52	15.02
2018	16 577	16 577	30.85	16.84	14.01
2019	15 568	15 568	32.47	19.74	12.73

年末自然村实有数(2012～2019)
Number of Villages at Year-end

表 4-13　　单位:个(unit:unit)

年　份 Year	年末实有数 Numbers at Year-end	小型村 Small Village	中型村 Medium-Sized Village	大型村 Large Village
2012	37 884	16 439	12 554	8 891
2013	37 023	16 050	12 435	8 538
2014	36 344	15 790	12 208	8 346
2015	33 769	15 034	11 158	7 577
2016	32 225	14 501	10 367	7 357
2017	30 938	13 777	10 008	7 153
2018	30 131	13 360	9 705	7 066
2019	29 167	12 727	9 433	7 007

注：小型村指住宅在 10 幢及以下的村，中型村指住宅在 11-30 幢的村，大型村指住宅在 31 幢及以上的村。
Note：Small village refers to the village in which number of dwelling houses is less than 10. Medium-sized village refers to the village in which number of dwelling houses is more than 11 and less than 30. Large village refers to the village in which number of dwelling houses is more than 31.

年末自然村归并数(2003～2019)
Merge Number of Villages at Year-end

表 4-14　　单位:个(unit:unit)

年　份 Year	年末归并数 Merge Numbe at Year-end	小型村 Small Village	中型村 Medium-Sized Village	大型村 Large Village
2003	2 474	1 248	658	568
2004	2 650	1 022	934	674
2005	2 783	1 288	940	555
2006	2 710	1 007	934	769
2007	1 340	623	445	272
2008	742	336	243	170
2009	1 715	941	515	259
2010	1 121	558	366	197
2011	791	321	279	191
2012	528	258	189	81
2013	595	383	141	71
2014	721	306	258	157
2015	811	484	207	190
2016	417	136	206	75
2017	352	141	136	75
2018	267	99	62	106
2019	297	112	99	86

农业机械年末拥有量(2006~2019)

表 4-15

指　标	Indicators	单位　Unit	2006 年	2007 年	2008 年
农业机械总动力	**Total Power of Agricultural Machinery**	**万千瓦 10 000kw**	**97.23**	**97.68**	**94.51**
#大中型拖拉机	Large and Medium-sized Tractors	台 unit	4 262	4 584	4 796
		万千瓦 10 000kw	16.28	18.09	19.35
小型拖拉机	Small Tractors	台 unit	7 904	6 926	6 457
		万千瓦 10 000kw	7.18	6.36	5.93
联合收割机	Combine-Harvester	台 unit	2 030	1 934	1 914
		万千瓦 10 000kw	3.40	3.75	5.25
插秧机	Transplanter	台 unit	68	243	458
		万千瓦 10 000kw	0.07	0.24	0.55
机动喷雾(粉)器	Mobile Sprayer	万台 10 000 unit	1.39	1.84	1.83
		万千瓦 10 000kw	2.35	3.66	4.15
饲料粉碎机	Feed Grinder	台 unit	1 427	1 322	1 314
		万千瓦 10 000kw	1.88	1.81	1.40
渔用机动船	Motor Boat for Fishery	艘 unit	1 420	1 396	1 403
		万千瓦 10 000kw	18.15	17.99	17.51
增氧机	Aerator	万台 10 000unit		2.04	1.98
		万千瓦 10 000kw		4.62	4.87
机动运输船	Cargo Ship	艘 unit	403	283	282
		万千瓦 10 000kw	1.15	1.02	0.99

注：本表农业机械化统计范围2018年以前(含2018年)未包括上海光明食品(集团)有限公司所属的域外农场。
Note: The scope of agricultural medchanization statistics in this table before 2018(including 2018) does not include exclave farm belonging to Shanghai Bright Food(Group).

Agricultural Machinery at Year-end

2009年	2010年	2011年	2012年	2013年	2014年	2015年	2016年	2017年	2018年	2019年
99.26	**104.15**	**105.58**	**112.72**	**115.84**	**117.76**	**119.01**	**122.31**	**121.84**	**119.77**	**119.22**
5 394	5 796	6 412	6 431	6 897	7 177	7 468	7 720	7 728	7 466	7 625
21.76	24.21	25.31	27.81	29.89	31.43	33.44	35.30	36.36	37.36	40.68
6 105	5 788	5 245	4 514	3 597	3 279	2 999	2 766	2 317	2 554	2 350
5.68	5.34	4.85	4.12	3.27	2.96	2.63	2.47	2.21	2.93	2.52
2 113	2 230	2 380	2 557	2 927	2 778	2 746	2 654	2 240	2 177	2 245
7.82	8.52	9.56	11.38	13.26	13.16	13.93	14.01	12.80	12.61	14.15
815	1 101	1 309	1 425	1 616	1 714	1 900	1 958	1 497	1 671	1 802
0.91	1.21	1.24	1.30	1.48	1.60	2.18	2.27	1.85	2.20	2.43
1.83	2.11	2.25	2.29	2.23	2.22	2.26	2.25	2.13	2.04	2.02
4.16	4.72	5.14	5.13	5.46	5.10	5.18	5.15	5.08	5.06	5.13
1 197	1 057	1 189	948	809	793	785	780	772	949	939
1.27	1.15	1.09	0.95	0.88	0.84	0.85	0.82	0.79	0.95	0.95
1 869	1 788	1 644	1 477	1 477	1 329	1 209	941	871	856	563
18.60	18.74	18.96	19.08	18.91	19.27	16.23	17.84	17.19	16.21	15.58
1.88	2.01	2.12	2.30	2.47	2.78	3.07	3.10	3.11	2.68	2.67
4.73	5.16	5.30	5.80	6.21	6.73	7.27	7.23	6.94	6.29	6.40
267	250	195	173	171	157	163	163	156	–	–
0.95	1.78	0.68	0.86	0.87	0.81	0.94	0.94	1.01	–	–

农业产业化组织情况(2006~2019)

表 4-16

指 标	Indicators	单位 Unit	2006 年	2007 年	2008 年
总 计	**Total**	**个 unit**	**935**	**1 140**	**1 701**
按行业分	**Grouped by Sector**				
种植业	Farming	个 unit	489	618	952
畜牧业	Animal Husbandry	个 unit	165	177	250
水产业	Aquaculture	个 unit	96	121	197
林特产业	Forestry	个 unit	93	90	86
其 他	Others	个 unit	92	134	216
按带动形式分	**Grouped by Driving Form**				
龙头企业带动型	Drived by Leading Enterprise	个 unit	320	286	260
# 销售收入 1 亿元以上的龙头企业	Leading Enterprise whose Sales Revenue is more than 100 million yuan	个 unit	30	38	44
专业市场带动型	Drived by Specialized Market	个 unit	55	56	45
# 交易额 5000 万元以上的专业市场	Specialized Market Whose Trading Volume are more than 50million yuan	个 unit	16	17	16
中介组织带动型	Drived by Intermediary Organization	个 unit	587	715	1 253
# 专业合作经济组织带动	Drived by Professional Cooperative Organization	个 unit	510	705	1 253
其 他	Others	个 unit	33	83	143
按与农户联结方式分	**Grouped by Connection Modes**				
合同关系	Contractual Relationship	个 unit	244	199	163
# 订单关系	Order Relationship	个 unit	115	131	84
年订单总额	Total Order	亿元 100 million yuan	20.05	42.89	63.23
年履约总额	Performance Amount	亿元 100 million yuan	18.34	40.49	61.99
实行利润返还	Return Profit	个 unit	113	242	519
股份分红	Share Dividend	个 unit	249	426	765
有稳定购销关系	Stable Purchase and Sale Relation	个 unit	266	201	191
其 他	Others	个 unit	63	72	63

Condition of Agricultural Industrialization Organization

	2009年	2010年	2011年	2012年	2013年	2014年	2015年	2016年	2017年	2018年	2019年
	2 269	**2 979**	**3 355**	**3 565**	**3 580**	**3 578**	**3 603**	**3 585**	**3 193**	**3 243**	**3 129**
	1 308	1 799	2 081	2 278	2 336	2 330	2 424	2 475	2 185	2 215	2 251
	307	349	370	344	341	336	258	205	176	174	120
	277	360	404	427	426	430	403	372	351	365	303
	101	121	119	129	115	92	104	119	109	108	91
	276	350	381	387	362	390	414	414	372	381	364
	271	263	266	267	288	265	312	364	364	363	358
	49	49	61	61	85	84	91	93	101	102	106
	45	52	50	49	21	29	19	19	16	15	14
	18	18	18	20	14	16	11	9	9	10	10
	1 850	2 577	2 950	3 177	3 200	3 192	3 216	3 202	2 813	2 865	2 757
	1 850	2 577	2 950	3 177	3 200	3 192	3 216	3 202	2 813	2 865	2 757
	103	87	89	72	71	92	56				
	162	128	136	108	74	63	102	79	75	87	93
	94	80	81	67	74	63	102	79	75	87	93
	72.82	82.80	110.25	118.65	112.17	153.84	153.04	148.64	144.29	151.02	159.85
	72.35	82.16	106.41	118.00	110.82	145.99	147.26	145.81	131.32	146.78	148.44
	959	1 106	1 573	1 199	1 287	1 543	952	577	828	626	799
	891	1 471	1 377	1 978	1 913	1 649	2 264	2 625	1 985	2 239	1 958
	197	204	189	201	245	268	239	259	273	259	249
	60	70	80	79	61	51	56	45	32	32	30

农业产业化组织生产经营情况(2006~2019)

表 4-17

指 标	Indicators	单位 Unit	2006 年	2007 年
产业化组织生产情况	**Production Condition of Industrialization Organization**			
龙头企业销售收入	Sales Revenue of Leading Enterprise	亿元 100 million yuan	248.27	297.86
专业市场交易总额	Trading Volume of Specialized Market	亿元 100 million yuan	271.07	327.45
农业专业合作经济组织销售收入	Sales Revenue of Agricultural Professional Cooperative Organization	亿元 100 million yuan	34.70	37.77
其他组织经营总收入	Operating Revenue of Other Organnization	亿元 100 million yuan	1.19	2.28
产业化组织生产经营效益情况	**Benefits of Production and Operation Condition of Industrialization Organization**			
利润总额	Total Profit	亿元 100 million yuan	20.99	21.50
实缴税金	Taxes Paid in	亿元 100 million yuan	11.13	12.92
出口创汇	Foreign Exchange Earning through Exports	万美元 10 thousand dollars	23 252	22 809
产业化组织带动农户情况	**Driving Condition of Industrialization Organization**			
带动农户户数	Numbers of Peasant Household Drived	万户 10 thousand households	50.80	57.96
#本市农户数	Local Peasant Household	万户 10 thousand households	26.05	28.85
农户从产业化经营中得到的总收入	Total Income Peasant Household Earn From Industrialized Operation	亿元 100 million yuan	65.06	67.54
#出售农产品收入	Income from the Sale of Agricultural Products	亿元 100 million yuan	57.81	59.62
利润返还收入	Income from Profit Return	亿元 100 million yuan	1.23	0.90
股份分红收入	Income from Share Dividend	亿元 100 million yuan	0.72	0.76
劳务性收入	Labor Income	亿元 100 million yuan	5.30	6.23
产业化组织税收减免情况	**Tax Deduction and Exemption of Industrialization Organization**			
税收减免额(不包括出口退税)	Tax Deduction and Exemption(Export Rebates are not Included)	亿元 100 million yuan	0.50	1.20
增值税	Value Added Tax	亿元 100 million yuan	0.33	0.47
所得税	Income Tax	亿元 100 million yuan	0.17	0.73

Production and Operation Condition of Agricultural Industrialization Organization

2008年	2009年	2010年	2011年	2012年	2013年	2014年	2015年	2016年	2017年	2018年	2019年
374.59	419.54	518.11	665.54	746.84	932.58	1 059.68	124.12	1 241.50	1 365.30	1 266.15	1 278.44
389.70	447.35	602.01	720.72	786.94	813.14	824.94	72.90	628.21	595.06	755.57	913.92
35.77	43.26	61.60	73.95	86.46	90.46	85.07	86.04	81.41	84.19	78.79	82.67
4.53	3.01	2.55	3.44	2.83	3.32	1.93	2.46				
18.80	23.02	30.27	34.37	34.55	44.66	45.23	40.01	42.60	43.05	44.24	49.97
15.68	16.82	19.15	20.12	25.59	27.18	26.54	25.32	30.24	27.58	25.51	30.10
27 044	20 447	23 203	52 300	41 148	44 183	30 777	33 670	32 122	31 724	33 367	36 577
59.58	64.94	65.89	67.00	67.09	67.81	68.18	68.45	69.16	69.20	69.12	67.30
29.64	33.90	34.61	30.61	30.98	32.88	33.49	30.47	31.09	31.24	31.33	30.44
83.12	87.02	90.16	100.97	110.56	115.58	117.51					
73.41	76.44	77.58	82.89	88.90	98.46	99.85					
2.38	2.69	2.97	5.20	5.67	3.18	3.51					
1.22	1.43	2.42	4.83	5.81	1.61	1.69					
6.10	6.46	7.20	8.04	10.19	12.34	12.45					
0.95	0.97	1.51	1.94	3.42	3.33	4.55	5.74	5.88	5.61	3.50	8.26
0.64	0.70	1.20	1.09	1.97	2.03	1.90	3.52	4.13	4.02	2.87	5.63
0.31	0.27	0.31	0.85	1.45	1.30	2.64	2.22	1.75	1.59	0.63	2.63

分区分行业农业总产值(2019年,按现行价格计算)
Gross Output Value of Agricultural Output by District and Sector (Calculated at Current Prices)

表4-18　　单位:亿元(Unit: 100 million yuan)

分　区 District		合　计 Total	种植业 Farming	林　业 Forestry	牧　业 Animal Husbandry	渔　业 Fishery	农林牧渔服务业 Services in support of Agriculture, Forestry, Animal Husbandry and Fishery
浦东新区	Pudong New Area	47.01	33.79	2.09	1.28	5.47	4.37
闵 行 区	Minhang	2.75	2.09	0.15	0.02	0.03	0.45
宝 山 区	Baoshan	3.11	2.27	0.40	0.00	0.11	0.32
嘉 定 区	Jiading	9.94	7.32	0.19	0.51	0.64	1.28
金 山 区	Jinshan	25.94	19.05	1.32	3.57	1.47	0.53
松 江 区	Songjiang	19.48	7.71	3.95	4.14	0.60	3.08
青 浦 区	Qingpu	19.74	13.57	1.63	0.30	3.00	1.23
奉 贤 区	Fengxian	25.87	15.83	1.17	1.43	4.44	3.00
崇 明 区	Chongming	54.82	27.36	6.93	7.30	10.58	2.66

主要统计指标解释

■农业总产值

农业总产值是以货币表现的农、林、牧、渔业全部产品的总量和对农林牧渔生产活动进行的各种支持性服务活动的价值。它反映一定时期内农业生产的总规模和总成果。

农、林、牧、渔业的统计范围是：

(1)种植业　包括农作物种植业和其他农业。

农作物种植业包括谷物、豆类、薯类、棉、油料、糖料、麻类、烟叶、蔬菜、药材、瓜类和其他农作物的种植，以及茶园、桑园、果园的生产经营。

其他农业包括采集野生植物的果实、纤维、树胶、树脂、油料以及柴草、野生药材、菌类等及农民家庭兼营的商品性工业。

(2)林业　包括林木的栽培(不包括茶园、桑园和果园的栽培、管理和收获等活动)、林产品的采集和村及村以下合作经济组织和农户的竹木采伐。

(3)牧业　包括除渔业养殖以外的一切动物饲养和放牧，以及野生动物的捕猎和饲养。

(4)渔业　包括水生动物和海藻类植物的养殖和捕捞。

(5)农林牧渔服务业　包括农林牧渔业生产活动进行的各种支持性服务活动。但不包括各种科学技术和专业技术服务活动。

农业总产值的计算方法通常是按农林牧渔业产品及其副产品的产量分别乘以各自单位产品价格求得，少数生产周期较长、当年没有产品或产品产量不易统计的，则采用间接方法匡算其产值，然后将四业产品产值和服务业产值相加即为农业总产值。

1957年以前的农业总产值中包括了厩肥和农民自给性手工业(如农民自制衣服、鞋、袜，自己从事粮食初步加工等)。1958年及以后的农业总产值，林业中增加了村及村以下竹木采伐产值；牧业中取消了厩肥产值；副业中取消了农民自给性手工业产值，增加了村及村以下办的工业产值；渔业中增加了海洋捕捞水产品产值。1980年及以后的农业总产值，在副业中增加了农民家庭兼营工业商品部分的产值。从1984年起村及村以下办工业产值划归工业。从1993年起，取消副业。将野生动物的捕猎划入牧业，野生植物采集和农民家庭兼营商品性工业划归农业。从2003年起，农业总产值中包括了农林牧渔服务业产值。

■农作物播种面积

指报告期内收获农产品的作物的实际播种或移植有农作物的面积。凡是实际种植农作物的面积，不论种植在耕地上还是种植在非耕地上，均包括在农作物播种面积中。在播种季节基本结束后，因遭灾而重新改种和补种的农作物面积，也包括在内。

■粮食产量

指全社会的产量。包括国有经济经营的、集体统一经营的和农民家庭经营的粮食产量，还包括工矿企业办的农场和其他生产单位的产量。粮食除包括稻谷、小麦、玉米、高粱、谷子及其他杂粮外，还包括薯类和豆类。其产量计算方法，豆类按去豆荚后的干豆计算；薯类（包括甘薯和马铃薯，不包括芋头和木薯）1963年以前按每4公斤鲜薯折1公斤粮食计算，从1964年开始改为按5公斤鲜薯折1公斤粮食计算。城市郊区作为蔬菜的薯类（如马铃薯等）按鲜品计算，并且不作粮食统计。其他粮食一律按脱粒后的原粮计算。1989年以前粮食产量数据主要靠全面报表取得，1989年开始使用抽样调查数据。

■水产品产量

指人工养殖的水产品和天然生长的水产品的捕捞量。包括海水的鱼类、虾蟹类、贝类和藻类以及内陆水域的鱼类、虾蟹类和贝类，不包括淡水生植物。水产品产量是通过各级水产和统计部门逐级上报取得数据。1995年及以前，贝类中牡蛎按鲜肉计算；蚶、蛤、蛙按5斤鲜品折1斤计算。1996年以后则统一按鲜品计算。

■肉类总产量

指当年畜禽出栏并已屠宰、除去头和蹄及下水后带骨肉（即胴体重）的重量。包括全社会范围内的产量。1996年前为各级逐级上报数据。1996年第一次农业普查以后，由于畜牧业产品年报数据与普查数据之间存在一定的差距，国家统计局农调总队对畜牧业年报数据与普查数据进行衔接。1999年以后，国家统计局开展了猪、牛、羊、禽等主要畜禽品种的抽样调查，并用抽样数据作为国家定案数据使用。未开展抽样调查的品种，仍使用各级统计部门逐级上报数据。

Explanatory Notes on Main Statistical Indicators

■Gross Output Value of Agriculture

It refers to the total volume of products of farming, forestry, animal husbandry and fishery expressed in the monetary terms and output value of all kinds of service activities that support farming, forestry, animal husbandry and fishery production.It reflects the overall scale and achievements of agricultural production during a given period of time.

The scope of statistics on farming, forestry, animal husbandry, and fishery are as follows:

(1)Farming includes cultivation of farm crops and other agricultural activities.

Cultivation of farm crops include cultivation of grain crops, legume crops, tuber-crops, cotton, oil-bearing crops, sugar crops, bastfiber plants, tobacco, vegetables, medicinal herbs, melon crops, and cultivation and management of tea plantations, mulberry fields and orchards.

Other agricultural activities include harvesting wild fruits, fiber, tree gum, resin, oil-bearing plants, firewood, wild medicinal herbs, fungus, and rural-household commodity industries.

(2)Forestry refers to planting trees of various kinds (excluding tea plantations, mulberry fields and orchards), collection of forestry products and cutting and felling of bamboo and trees by villages and other cooperative organizations under village level.

(3)Animal husbandry refers to raising and grazing of all kinds of farm animals except fishing and aquatic cultivating, and hunting and rising of wild animals.

(4)Fishery refers to cultivation and catching of fish and other aquatic products and cultivation and collection of seaweed and other aquatic plants.

(5) Service Industry for Farming, Forestry, Animal Husbandry and Fishery refers to all kinds of service activities that support farming, forestry, animal husbandry and fishery production, whereas activities of science, technology and professional service are not included.

Gross output value of agriculture is obtained by first multiplying the output of products or by-products by their unit price. For a small number of products, annual output of which is not available or difficult to get due to the long production/growing process involved, the output value will be estimated through an indirect approach.The sum of output value of all products of farming, forestry, animal husbandry and fishery and output value of service activities will then and together to form gross output value of agriculture.

Before 1957, China' s gross agricultural output value included the value of barnyard manure and handicraft products for self-consumption (clothes, shoes, stockings, and initial grain processing under-taken by peasants). After 1958, the output value of cutting and felling of bamboo and trees by villages and other cooperative organizations under villages have been included in forestry; value of barnyard manure has been excluded from animal husbandry; the value of self-consumed handicrafts has been excluded from sideline occupations, while output value of industries run by villages and cooperative organizations under village level has been included in sideline occupations and output value of fish catches by motor fishing boats has been added to fishery. Since 1980, the output value of handicraft products made for sale by farmer households has been added to sideline occupations, From 1984, industries run by villages and cooperative organizations under village level have been included in the sector of industry. After 1993, the category of sideline occupations has been canceled and hunting of wild animals has been classified into husbandry, and harvesting of wild vegetation and commodity industry run by rural households have been grouped into the category of agriculture.Since 2003, the output value of service industry for farming, forestry, animal husbandry and fishery is included in the gross output value of agriculture.

■Sown Area of Planting

It refers to area of land sown or transplanted with crops that have been harvested during report period, regardless of being in cultivated area or non-cultivated area. Area of land re-sown due to natural disasters is also included.

■Grain Output

It refers to the total output in the whole country including grains produced by state farms, collective units, rural households, as well as by farms affiliated to industrial and mining enterprises and other production units. Grain includes rice, wheat, corn, sorghum, millet and other miscellaneous grains as well as tubers and bean. Output of beans refers to dry beans without pods. The output of tubers (sweet potatoes and potatoes, not including taros and cassava) was converted into that of grain at the ratio 4:1, i.e. 4 kilograms of fresh tubers was equivalent to 1 kilogram of grain up to 1963. Since 1964 the ratio for conversion has been 5:1. Tubers supplied as vegetables (such as potatoes) in cities and suburbs are calculated as fresh vegetables and their output is not included in the output of grain. Output of all other grains refers to husked grain. Data on grain production before 1989 were obtained through Comprehensive Statistical Reporting System. Since 1989, data from sample surveys are used.

■Output of Aquatic Products

It refers to catches of both artificially cultured and naturally grown aquatic products, including fish, shrimps, crabs and shellfish in sea and inland water as well as seaweed. Freshwater plants are not included.Data on output of aquatic products are reported by aquatic product and statistical agencies level by level. Before 1995, among the shellfish, the oyster was counted as fresh meat; 5 kilograms of ark shell, clams and frogs are equivalent to 1 kilogram of fresh aquatic products; they are all counted as fresh aquatic products since 1996.

■Output of Meal

It refers to the meat of slaughtered hogs, cattle, sheep and goats with head, feet, and offal taken away. Data refers to the production of the whole country. The first agriculture census of China in 1996 revealed some discrepancy between the production of animal products from the annual reports and that from the census. Efforts were made by the Rural Socio-economic Survey Organization of NBS to adjust the output value of animal husbandry to make the figures from the annual reports consistent with the census data. Since 1999, NBS conducted sample survey for the major animal husbandry products, such as hogs, cattle, sheep and goats and fowls, and the data from sample surveys are used as national finalized data. Those products, which are not covered by the sample survey, are still reported by statistical agencies level by level.

Chapter 5

第五篇

上海调查年鉴 SHANGHAI SURVEY YEARBOOK

全国及主要城市比较资料

COMPARATIVE INFORMATION OF THE NATION AND MAJOR CITIES

简要说明

一、本篇资料的主要内容

本篇为全国各省、自治区、直辖市及全国36个大中城市的部分数据资料，主要包括居民消费价格指数、商品零售价格指数以及工业生产者价格指数、固定资产投资价格指数等。

二、本篇的资料来源

本篇资料来自国家统计局以及部门省、自治区、直辖市和部分城市公布的数据资料。

三、本篇数据的调查方法

本篇数据采用的调查方法为国家统计局以及各省、自治区、直辖市制定的调查方法制度。

BRIEF INTRODUCTION

Ⅰ. Main Contents

This chapter lists price indices of the nation, other provinces (autonomous regions and municipalities) and 36 big and medium cities. Data in this chapter include consumer price indices, retail price indices, producer price indices and price index for investment in fixed assets.

Ⅱ. Sources of Data

Data in this chapter are from figures released by National Bureau of Statistics of China, provinces, autonomous regions and municipalities.

Ⅲ. Methodology of Data Collection

Methodology is enacted by National Bureau of Statistics of China and survey offices of the related provinces (autonomous regions and municipalities).

各省(区、市)居民消费价格指数(1981~2019,以上年价格为100)
Consumer Price Indices by Region (preceding year=100)

表 5-1

省(区、市)	Region	1981	1982	1983	1984	1985	1986	1987	1988	1989	1990
全　国	**Nation**	**102.5**	**102.0**	**102.0**	**102.7**	**109.3**	**106.5**	**107.3**	**118.8**	**118.0**	**103.1**
北　京	Beijing	101.3	101.8	100.5	102.2	117.6	106.8	108.6	120.4	117.2	105.4
天　津	Tianjin	101.3	100.5	100.5	101.8	113.1	106.8	106.8	116.9	114.7	103.0
河　北	Hebei	103.2	100.9	102.0	103.1	108.1	105.7	107.8	118.0	118.7	100.6
山　西	Shanxi	102.5	102.3	101.5	103.0	108.5	105.6	107.4	120.9	119.5	102.2
内蒙古	Inner Mongolia	101.9	101.7	101.2	104.9	109.3	105.2	107.8	116.3	115.3	102.3
辽　宁	Liaoning	102.0	101.4	101.7	103.6	110.7	106.7	108.8	119.3	118.2	103.3
吉　林	Jilin	101.6	104.2	104.5	103.6	109.7	105.4	107.6	120.3	117.2	104.9
黑龙江	Heilongjiang	102.1	103.0	102.5	104.4	111.8	106.2	109.4	118.0	114.6	105.7
上　海	Shanghai	101.4	100.3	100.2	102.2	115.2	106.3	108.1	120.1	115.9	106.3
江　苏	Jiangsu	101.0	100.9	100.5	104.1	109.5	107.1	109.2	121.9	117.1	103.2
浙　江	Zhejiang	101.7	101.9	102.8	103.7	114.8	106.2	108.8	121.5	118.2	102.1
安　徽	Anhui	103.2	100.1	102.2	102.1	107.1	106.2	109.1	120.9	117.2	102.7
福　建	Fujian	103.8	103.1	102.0	102.8	111.3	106.5	109.4	126.5	118.9	99.3
江　西	Jiangxi	103.8	103.1	101.9	102.6	109.0	106.6	106.6	121.8	118.5	102.1
山　东	Shandong	101.8	100.9	102.4	101.6	108.7	104.8	108.3	118.7	117.3	103.4
河　南	Henan	102.4	101.8	102.9	102.2	105.4	105.3	106.3	119.4	118.7	100.7
湖　北	Hubei	102.1	100.9	101.7	102.9	108.4	105.5	107.5	119.0	116.3	104.2
湖　南	Hunan	101.8	101.6	102.7	103.4	110.9	105.3	109.8	125.6	118.2	100.4
广　东	Guangdong	106.3	102.6	102.8	101.9	114.8	104.9	111.1	129.4	122.1	97.5
广　西	Guangxi	102.7	104.1	103.0	104.6	113.0	106.2	108.2	120.8	121.1	101.1
海　南	Hainan								128.1	128.4	102.1
重　庆	Chongqing										
四　川	Sichuan	102.7	102.2	101.2	102.2	107.3	104.7	107.6	119.9	119.8	103.8
贵　州	Guizhou	103.1	103.6	101.6	102.8	107.7	105.4	107.1	119.8	118.3	101.8
云　南	Yunnan	100.8	101.7	100.6	101.9	108.2	106.1	107.0	119.8	118.6	102.8
西　藏	Tibet										
陕　西	Shaanxi	103.6	100.4	102.2	103.4	107.4	106.1	108.2	118.8	118.5	102.4
甘　肃	Gansu	102.7	102.2	100.6	103.3	109.2	106.6	107.6	119.1	117.9	103.2
青　海	Qinghai	101.3	101.8	100.7	103.4	110.7	106.2	107.2	118.0	117.5	105.1
宁　夏	Ningxia	102.1	102.8	101.6	103.3	108.6	105.8	107.3	117.1	117.2	107.1
新　疆	Xinjiang	102.4	100.1	102.2	102.4	107.8	107.3	107.2	114.7	116.0	105.0

表 5-1 续表 1　Continued

省(区、市)	Region	1991	1992	1993	1994	1995	1996	1997	1998	1999	2000
全　国	**Nation**	**103.4**	**106.4**	**114.7**	**124.1**	**117.1**	**108.3**	**102.8**	**99.2**	**98.6**	**100.4**
北　京	Beijing	111.9	109.9	119.0	124.9	117.3	111.6	105.3	102.4	100.6	103.5
天　津	Tianjin	110.2	111.4	117.6	124.0	115.3	109.0	103.1	99.5	98.9	99.6
河　北	Hebei	103.4	106.1	113.8	122.6	115.2	107.1	103.5	98.4	98.1	99.7
山　西	Shanxi	104.8	107.3	115.1	125.2	116.9	107.9	103.1	98.6	99.6	103.9
内蒙古	Inner Mongolia	104.6	107.4	114.1	122.9	117.5	107.6	104.5	99.3	99.8	101.3
辽　宁	Liaoning	105.6	106.7	115.2	124.3	116.1	107.9	103.1	99.3	98.6	99.9
吉　林	Jilin	106.8	108.0	112.6	120.6	115.2	107.2	103.7	99.2	98.0	98.6
黑龙江	Heilongjiang	107.4	109.2	114.8	121.9	116.1	107.1	104.4	100.4	96.8	98.3
上　海	Shanghai	110.5	110.0	120.2	123.9	118.7	109.2	102.8	100.0	101.5	102.5
江　苏	Jiangsu	104.9	106.6	118.2	123.2	115.8	109.3	101.7	99.4	98.7	100.1
浙　江	Zhejiang	103.5	107.5	119.8	124.8	116.6	107.9	102.8	99.7	98.8	101.0
安　徽	Anhui	106.1	108.2	114.7	126.9	114.8	109.9	101.3	100.0	97.8	100.7
福　建	Fujian	103.5	105.9	115.4	125.3	115.2	105.9	101.7	99.7	99.1	102.1
江　西	Jiangxi	102.8	105.7	114.6	126.9	116.9	108.4	102.0	101.0	98.6	100.3
山　东	Shandong	104.9	106.8	112.7	123.4	117.6	109.6	102.8	99.4	99.3	100.2
河　南	Henan	102.3	105.4	110.4	125.2	116.5	110.5	103.5	97.5	96.9	99.2
湖　北	Hubei	104.9	109.6	118.4	125.3	120.0	109.4	103.2	98.4	97.8	99.0
湖　南	Hunan	104.4	110.7	116.8	125.3	119.0	107.7	102.8	100.2	100.5	101.4
广　东	Guangdong	101.2	107.3	121.6	121.7	114.0	107.0	101.9	98.2	98.2	101.4
广　西	Guangxi	102.8	105.9	122.0	126.0	118.4	106.5	100.8	97.0	97.7	99.7
海　南	Hainan	103.9	108.7	123.3	126.7	113.5	104.3	100.8	97.3	98.3	101.1
重　庆	Chongqing							103.1	96.4	99.3	96.7
四　川	Sichuan	103.0	107.4	116.8	124.6	118.5	109.3	105.1	99.6	98.5	100.1
贵　州	Guizhou	104.4	107.8	116.0	122.8	121.4	109.1	103.4	100.1	99.2	99.5
云　南	Yunnan	103.1	108.9	121.3	119.2	121.3	108.7	104.3	101.7	99.7	97.9
西　藏	Tibet									100.0	99.9
陕　西	Shaanxi	106.6	110.3	113.1	126.7	119.0	109.7	104.8	98.4	97.8	99.5
甘　肃	Gansu	104.9	107.2	115.4	123.7	119.8	110.2	102.9	99.0	97.6	99.5
青　海	Qinghai	107.6	108.0	113.2	121.8	118.0	110.8	104.8	100.7	99.5	99.5
宁　夏	Ningxia	106.3	108.3	114.3	123.1	117.1	106.8	103.8	100.0	98.7	99.6
新　疆	Xinjiang	108.6	108.6	113.0	126.7	119.7	110.5	103.7	100.2	97.4	99.4

表 5-1 续表 2 Continued

省(区、市)	Region	2001	2002	2003	2004	2005	2006	2007	2008	2009	2010
全 国	**Nation**	**100.7**	**99.2**	**101.2**	**103.9**	**101.8**	**101.5**	**104.8**	**105.9**	**99.3**	**103.3**
北 京	Beijing	103.5	98.2	100.2	101.0	101.5	100.9	102.4	105.1	98.5	102.4
天 津	Tianjin	101.2	99.6	101.0	102.3	101.5	101.5	104.2	105.4	99.0	103.5
河 北	Hebei	100.5	99.0	102.2	104.3	101.8	101.7	104.7	106.2	99.3	103.1
山 西	Shanxi	99.8	98.4	101.8	104.1	102.3	102.0	104.6	107.2	99.6	103.0
内蒙古	Inner Mongolia	100.6	100.2	102.2	102.9	102.4	101.5	104.6	105.7	99.7	103.2
辽 宁	Liaoning	100.0	98.9	101.7	103.5	101.4	101.2	105.1	104.6	100.0	103.0
吉 林	Jilin	101.3	99.5	101.2	104.1	101.5	101.4	104.8	105.1	100.1	103.7
黑龙江	Heilongjiang	100.8	99.3	100.9	103.8	101.2	101.9	105.4	105.6	100.2	103.9
上 海	Shanghai	100.0	100.5	100.1	102.2	101.0	101.2	103.2	105.8	99.6	103.1
江 苏	Jiangsu	100.8	99.2	101.0	104.1	102.1	101.6	104.3	105.4	99.6	103.8
浙 江	Zhejiang	99.8	99.1	101.9	103.9	101.3	101.1	104.2	105.0	98.5	103.8
安 徽	Anhui	100.5	99.0	101.7	104.5	101.4	101.2	105.3	106.2	99.1	103.1
福 建	Fujian	98.7	99.5	100.8	104.0	102.2	100.8	105.2	104.6	98.2	103.2
江 西	Jiangxi	99.5	100.1	100.8	103.5	101.7	101.2	104.8	106.0	99.3	103.0
山 东	Shandong	101.8	99.3	101.1	103.6	101.7	101.0	104.4	105.3	100.0	102.9
河 南	Henan	100.7	100.1	101.6	105.4	102.1	101.3	105.4	107.0	99.4	103.5
湖 北	Hubei	100.3	99.6	102.2	104.9	102.9	101.6	104.8	106.3	99.6	102.9
湖 南	Hunan	99.1	99.5	102.4	105.1	102.3	101.4	105.6	106.0	99.6	103.1
广 东	Guangdong	99.3	98.6	100.6	103.0	102.3	101.8	103.7	105.6	97.7	103.1
广 西	Guangxi	100.6	99.1	101.1	104.4	102.4	101.3	106.1	107.8	97.9	103.0
海 南	Hainan	98.5	99.5	100.1	104.4	101.5	101.5	105.0	106.9	99.3	104.8
重 庆	Chongqing	101.7	99.6	100.6	103.7	100.8	102.4	104.7	105.6	98.4	103.2
四 川	Sichuan	102.1	99.7	101.7	104.9	101.7	102.3	105.9	105.1	100.8	103.2
贵 州	Guizhou	101.8	99.0	101.2	104.0	101.0	101.7	106.4	107.6	98.7	102.9
云 南	Yunnan	99.1	99.8	101.2	106.0	101.4	101.9	105.9	105.7	100.4	103.7
西 藏	Tibet	100.1	100.4	100.9	102.7	101.5	102.0	103.4	105.7	101.4	102.2
陕 西	Shaanxi	101.0	98.9	101.7	103.1	101.2	101.5	105.1	106.4	100.5	104.0
甘 肃	Gansu	104.0	100.0	101.1	102.3	101.7	101.3	105.5	108.2	101.3	104.1
青 海	Qinghai	102.6	102.3	102.0	103.2	100.8	101.6	106.6	110.1	102.6	105.4
宁 夏	Ningxia	101.6	99.4	101.7	103.7	101.5	101.9	105.4	108.5	100.7	104.1
新 疆	Xinjiang	104.0	99.4	100.4	102.7	100.7	101.3	105.5	108.1	100.7	104.3

表 5-1 续表 3 Continued

省(区、市)	Region	2011	2012	2013	2014	2015	2016	2017	2018	2019
全 国	**Nation**	**105.4**	**102.6**	**102.6**	**102.0**	**101.4**	**102.0**	**101.6**	**102.1**	**102.9**
北 京	Beijing	105.6	103.3	103.3	101.6	101.8	101.4	101.9	102.5	102.3
天 津	Tianjin	104.9	102.7	103.1	101.9	101.7	102.1	102.1	102.0	102.7
河 北	Hebei	105.7	102.6	103.0	101.7	100.9	101.5	101.7	102.4	103.0
山 西	Shanxi	105.2	102.5	103.1	101.7	100.6	101.1	101.1	101.8	102.7
内蒙古	Inner Mongolia	105.6	103.1	103.2	101.6	101.1	101.2	101.7	101.8	102.4
辽 宁	Liaoning	105.2	102.8	102.4	101.7	101.4	101.6	101.4	102.5	102.4
吉 林	Jilin	105.2	102.5	102.9	102.0	101.7	101.6	101.6	102.1	103.0
黑龙江	Heilongjiang	105.8	103.2	102.2	101.5	101.1	101.5	101.3	102.0	102.8
上 海	Shanghai	105.2	102.8	102.3	102.7	102.4	103.2	101.7	101.6	102.5
江 苏	Jiangsu	105.3	102.6	102.3	102.2	101.7	102.3	101.7	102.3	103.1
浙 江	Zhejiang	105.4	102.2	102.3	102.1	101.4	101.9	102.1	102.3	102.9
安 徽	Anhui	105.6	102.3	102.4	101.6	101.3	101.8	101.2	102.0	102.7
福 建	Fujian	105.3	102.4	102.5	102.0	101.7	101.7	101.2	101.5	102.6
江 西	Jiangxi	105.2	102.7	102.5	102.3	101.5	102.0	102.0	102.1	102.9
山 东	Shandong	105.0	102.1	102.2	101.9	101.2	102.1	101.5	102.5	103.2
河 南	Henan	105.6	102.5	102.9	101.9	101.3	101.9	101.4	102.3	103.0
湖 北	Hubei	105.8	102.9	102.8	102.0	101.5	102.2	101.5	101.9	103.1
湖 南	Hunan	105.5	102.0	102.5	101.9	101.4	101.9	101.4	102.0	102.9
广 东	Guangdong	105.3	102.8	102.5	102.3	101.5	102.3	101.5	102.2	103.4
广 西	Guangxi	105.9	103.2	102.2	102.1	101.5	101.6	101.6	102.3	103.7
海 南	Hainan	106.1	103.2	102.8	102.4	101.0	102.8	102.8	102.5	103.4
重 庆	Chongqing	105.3	102.6	102.7	101.8	101.3	101.8	101.0	102.0	102.7
四 川	Sichuan	105.3	102.5	102.8	101.6	101.5	101.9	101.4	101.7	103.2
贵 州	Guizhou	105.1	102.7	102.5	102.4	101.8	101.4	100.9	101.8	102.4
云 南	Yunnan	104.9	102.7	103.1	102.4	101.9	101.5	100.9	101.6	102.5
西 藏	Tibet	105.0	103.5	103.6	102.9	102.0	102.5	101.6	101.7	102.3
陕 西	Shaanxi	105.7	102.8	103.0	101.6	101.0	101.3	101.6	102.1	102.9
甘 肃	Gansu	105.9	102.7	103.2	102.1	101.6	101.3	101.4	102.0	102.3
青 海	Qinghai	106.1	103.1	103.9	102.8	102.6	101.8	101.5	102.5	102.5
宁 夏	Ningxia	106.3	102.0	103.4	101.9	101.1	101.5	101.6	102.3	102.1
新 疆	Xinjiang	105.9	103.8	103.9	102.1	100.6	101.4	102.2	102.0	101.9

36 个大中城市居民消费价格指数(2003~2019,以上年价格为 100)
Consumer Price Indices in 36 Major Cities(preceding year=100)

表 5-2

城　市	City	2003	2004	2005	2006	2007	2008	2009	2010
36 个城市平均	**Average**	**100.7**	**102.4**	**101.4**	**101.5**	**103.9**	**105.7**	**99.2**	**103.1**
北　京	Beijing	100.2	101.0	101.5	100.9	102.4	105.1	98.5	102.4
天　津	Tianjin	101.0	102.3	101.5	101.5	104.2	105.4	99.0	103.5
石家庄	Shijiazhuang	102.0	102.5	101.5	101.8	104.3	106.7	100.3	103.0
太　原	Taiyuan	101.9	103.9	101.1	101.6	104.1	107.4	99.9	103.0
呼和浩特	Hohhot	101.7	102.4	102.2	101.7	103.7	104.6	100.1	102.6
沈　阳	Shenyang	100.9	102.2	100.7	101.8	104.5	104.4	99.9	102.9
大　连	Dalian	100.6	102.6	101.4	101.4	104.0	104.4	100.2	102.7
长　春	Changchun	101.0	104.1	101.7	101.3	103.7	104.4	99.8	103.6
哈尔滨	Harbin	100.1	103.1	100.5	101.1	104.1	104.7	100.2	103.7
上　海	Shanghai	100.1	102.2	101.0	101.2	103.2	105.8	99.6	103.1
南　京	Nanjing	101.4	103.0	102.1	101.7	103.7	106.2	100.1	104.2
杭　州	Hangzhou	99.5	102.5	101.7	101.2	103.5	104.9	98.6	103.9
宁　波	Ningbo	101.2	102.7	102.0	101.9	103.9	105.0	99.4	103.7
合　肥	Hefei	101.2	102.2	100.9	100.9	105.6	106.4	99.1	102.7
福　州	Fuzhou	99.4	103.9	102.5	100.3	104.1	104.2	98.7	103.5
厦　门	Xiamen	101.0	103.1	101.0	100.8	104.6	104.9	97.3	103.0
南　昌	Nanchang	100.5	103.2	101.0	101.9	104.3	106.1	99.7	103.3
济　南	Jinan	99.9	102.5	101.1	100.9	103.9	105.7	100.3	102.1
青　岛	Qingdao	101.4	102.1	102.3	100.9	104.5	104.7	100.5	102.2
郑　州	Zhengzhou	102.0	105.7	102.4	101.4	105.6	106.1	99.8	103.0
武　汉	Wuhan	102.3	103.3	102.7	101.4	104.1	105.7	99.4	103.0
长　沙	Changsha	100.9	103.2	101.9	101.1	104.9	105.2	99.4	102.9
广　州	Guangzhou	100.1	101.7	101.5	102.3	103.4	105.9	97.5	103.2
深　圳	Shenzhen	100.7	101.3	101.6	102.2	104.1	105.9	98.7	103.5
南　宁	Nanning	100.8	104.2	101.1	102.5	104.4	108.4	98.2	102.5
海　口	Haikou	99.8	103.0	101.3	101.3	104.4	105.8	99.9	104.2
重　庆	Chongqing	100.6	103.7	100.8	102.4	104.7	105.6	98.4	103.2
成　都	Chengdu	102.1	103.9	102.3	101.8	105.2	104.3	100.3	103.0
贵　阳	Guiyang	100.8	102.1	100.7	101.1	105.1	107.0	97.7	102.9
昆　明	Kunming	101.6	106.5	102.0	101.6	105.8	105.8	100.8	104.2
拉　萨	Lhasa	100.4	101.8	101.3	100.6	103.2	106.4	101.7	102.2
西　安	Xi'an	100.5	102.3	100.3	101.6	104.7	106.0	99.7	103.5
兰　州	Lanzhou	100.9	101.1	100.6	101.7	105.3	107.2	99.6	103.8
西　宁	Xining	101.8	102.6	99.9	101.8	106.4	108.2	102.2	104.5
银　川	Yinchuan	101.7	103.2	101.7	101.6	105.3	107.6	99.7	103.8
乌鲁木齐	Urumqi	100.6	100.9	99.5	100.1	104.6	107.0	100.4	102.7

表 5-2 续表 Continued

城 市	City	2011	2012	2013	2014	2015	2016	2017	2018	2019
36 个城市平均	**Average**	**105.3**	**102.8**	**102.7**	**102.1**	**101.7**	**102.2**	**101.8**	**102.2**	**102.8**
北 京	Beijing	105.6	103.3	103.3	101.6	101.8	101.4	101.9	102.5	102.3
天 津	Tianjin	104.9	102.7	103.1	101.9	101.7	102.1	102.1	102.0	102.7
石家庄	Shijiazhuang	105.7	102.8	102.9	102.0	101.0	101.6	101.4	102.3	102.7
太 原	Taiyuan	105.4	102.1	103.1	102.2	100.4	101.2	101.8	101.8	102.7
呼和浩特	Hohhot	105.5	103.1	103.8	101.2	101.8	101.4	101.4	102.1	102.6
沈 阳	Shenyang	105.4	103.0	102.5	102.2	101.2	101.7	101.4	103.0	102.4
大 连	Dalian	105.4	103.4	102.5	102.0	101.6	101.9	102.1	103.0	102.4
长 春	Changchun	105.5	102.3	103.0	102.2	101.3	101.4	101.3	102.0	102.9
哈尔滨	Harbin	105.6	103.2	102.1	102.0	101.4	101.8	101.6	102.5	102.6
上 海	Shanghai	105.2	102.8	102.3	102.7	102.4	103.2	101.7	101.6	102.5
南 京	Nanjing	105.4	102.7	102.7	102.6	102.0	102.7	101.9	102.4	103.1
杭 州	Hangzhou	104.8	102.5	102.5	102.0	101.8	102.6	102.5	102.3	103.1
宁 波	Ningbo	105.3	101.7	102.2	101.9	101.8	102.1	101.8	102.2	103.0
合 肥	Hefei	105.7	102.2	102.7	102.0	101.6	102.6	101.4	102.0	102.9
福 州	Fuzhou	104.9	102.0	102.6	101.7	101.4	102.5	101.4	101.5	102.5
厦 门	Xiamen	105.2	102.1	102.3	102.2	101.7	101.7	102.0	101.8	103.0
南 昌	Nanchang	105.0	102.9	102.3	102.5	101.6	102.1	102.1	102.3	102.8
济 南	Jinan	105.4	102.4	102.8	102.2	101.9	102.7	102.0	102.6	103.3
青 岛	Qingdao	105.0	102.7	102.5	102.6	101.2	102.5	102.0	102.1	103.3
郑 州	Zhengzhou	104.9	102.7	102.8	102.0	101.1	102.3	101.8	102.4	103.1
武 汉	Wuhan	105.2	102.8	102.4	101.9	101.4	102.4	101.9	101.9	103.2
长 沙	Changsha	105.5	102.3	102.8	102.7	101.1	101.9	101.3	102.0	102.9
广 州	Guangzhou	105.5	103.0	102.6	102.3	101.7	102.7	102.3	102.4	103.0
深 圳	Shenzhen	105.4	102.8	102.7	102.0	102.2	102.4	101.4	102.8	103.4
南 宁	Nanning	105.7	102.9	102.1	101.6	101.9	101.4	102.3	102.5	103.4
海 口	Haikou	105.4	103.3	102.9	102.2	101.2	103.0	103.3	102.4	103.3
重 庆	Chongqing	105.3	102.6	102.7	101.8	101.3	101.8	101.0	102.0	102.7
成 都	Chengdu	105.4	103.0	103.1	101.3	101.1	102.2	102.0	101.4	102.8
贵 阳	Guiyang	105.5	102.6	103.2	102.7	102.3	101.1	101.0	101.7	102.7
昆 明	Kunming	104.9	103.1	103.9	103.1	102.4	101.7	100.5	101.7	102.3
拉 萨	Lhasa	105.0	103.2	103.4	103.0	102.2	102.6	101.4	101.1	102.2
西 安	Xi'an	105.6	102.8	102.7	101.4	100.7	100.9	102.0	101.9	102.7
兰 州	Lanzhou	105.4	102.4	103.5	102.2	101.3	100.8	101.5	101.7	102.2
西 宁	Xining	105.7	102.7	103.8	102.8	102.5	102.1	101.8	102.7	102.5
银 川	Yinchuan	105.5	102.6	103.5	102.1	101.6	101.7	101.7	102.2	102.2
乌鲁木齐	Urumqi	104.5	103.4	103.5	102.8	100.7	101.5	102.8	102.2	102.0

各省(区、市)商品零售价格指数(1981~2019,以上年价格为100)
Retail Price Indices by Region (preceding year=100)

表5-3

省(区、市)	Region	1981	1982	1983	1984	1985	1986	1987	1988	1989	1990
全　国	**Nation**	**102.4**	**101.9**	**101.5**	**102.8**	**108.8**	**106.0**	**107.3**	**118.5**	**117.8**	**102.1**
北　京	Beijing	101.4	102.0	100.6	102.1	118.6	106.7	108.7	121.9	118.5	104.1
天　津	Tianjin	101.5	100.5	100.5	101.8	113.9	107.2	106.9	117.7	115.1	102.7
河　北	Hebei	102.1	101.5	101.4	103.4	107.8	105.2	108.3	118.1	118.4	99.9
山　西	Shanxi	102.3	102.2	101.2	103.0	107.6	105.3	107.5	121.0	119.1	102.1
内蒙古	Inner Mongolia	101.8	101.7	101.0	104.4	108.5	105.0	108.1	116.3	115.9	102.9
辽　宁	Liaoning	101.6	101.2	101.5	103.9	110.0	106.0	109.0	119.3	118.4	102.7
吉　林	Jilin	101.7	103.0	102.6	104.2	109.7	105.4	107.5	119.9	116.9	103.9
黑龙江	Heilongjiang	102.1	102.8	102.2	104.4	111.7	105.9	109.6	117.8	114.0	104.9
上　海	Shanghai	101.5	100.3	100.1	102.2	116.4	106.7	108.8	121.3	116.7	104.8
江　苏	Jiangsu	101.6	101.1	100.8	103.5	109.2	106.5	109.3	121.7	118.0	102.3
浙　江	Zhejiang	101.5	100.9	102.0	103.4	114.0	106.0	109.5	122.1	117.8	101.6
安　徽	Anhui	101.7	101.0	101.1	102.0	106.4	105.2	109.7	121.8	117.1	101.9
福　建	Fujian	103.4	103.6	101.5	101.9	110.6	105.9	109.4	126.5	118.8	98.9
江　西	Jiangxi	104.6	102.9	101.4	102.5	108.3	105.8	106.9	121.8	118.6	101.3
山　东	Shandong	101.8	100.9	100.5	102.6	107.1	104.2	108.0	118.3	117.1	101.8
河　南	Henan	101.6	101.5	102.3	102.1	104.9	105.0	108.1	120.2	118.3	99.7
湖　北	Hubei	101.4	100.7	101.4	103.0	107.5	104.2	107.6	119.5	117.0	102.9
湖　南	Hunan	100.9	101.7	102.4	103.1	111.1	104.8	110.6	125.9	118.1	99.4
广　东	Guangdong	109.3	102.3	100.7	101.2	113.6	104.8	111.7	130.2	121.0	95.6
广　西	Guangxi	101.7	103.1	102.8	104.2	111.2	105.1	108.0	121.0	121.3	100.1
海　南	Hainan								127.8	126.8	100.6
重　庆	Chongqing										
四　川	Sichuan	101.8	102.3	100.7	102.3	106.8	103.9	107.5	120.0	118.3	103.1
贵　州	Guizhou	102.3	102.0	100.7	102.5	107.7	105.3	107.3	120.2	117.4	101.4
云　南	Yunnan	101.2	101.9	101.0	102.7	108.0	105.0	106.6	199.6	119.3	102.1
西　藏	Tibet										
陕　西	Shaanxi	103.0	101.0	101.5	103.9	106.5	105.2	108.6	119.0	118.8	101.6
甘　肃	Gansu	102.0	101.4	100.2	103.0	108.5	106.0	107.4	118.6	116.4	103.4
青　海	Qinghai	101.4	101.8	100.7	103.8	110.7	106.1	107.3	118.3	117.7	104.5
宁　夏	Ningxia	102.0	102.5	101.1	103.2	107.8	104.9	108.0	117.5	117.8	104.2
新　疆	Xinjiang	101.6	100.2	101.5	103.1	108.1	106.7	107.1	114.6	116.7	104.1

表 5-3 续表 1　Continued

省(区、市)	Region	1991	1992	1993	1994	1995	1996	1997	1998	1999	2000
全　国	**Nation**	**102.9**	**105.4**	**113.2**	**121.7**	**114.8**	**106.1**	**100.8**	**97.4**	**97.0**	**98.5**
北　京	Beijing	108.5	108.3	116.9	117.9	112.6	107.3	103.8	98.3	98.8	98.9
天　津	Tianjin	108.0	109.4	114.3	115.6	110.6	105.1	100.7	96.6	97.5	98.6
河　北	Hebei	102.8	105.2	110.5	121.4	115.8	106.2	102.1	97.7	97.8	99.1
山　西	Shanxi	103.9	106.3	113.1	121.6	115.6	106.2	101.3	97.0	96.8	97.1
内蒙古	Inner Mongolia	104.5	106.8	112.5	119.3	116.8	105.8	102.3	98.1	97.7	98.8
辽　宁	Liaoning	104.1	106.0	113.5	120.6	114.0	105.4	101.0	97.6	96.1	98.4
吉　林	Jilin	105.1	107.1	111.3	119.9	114.2	105.1	101.8	97.9	96.7	98.0
黑龙江	Heilongjiang	106.5	108.5	114.6	120.7	114.3	105.1	102.2	98.4	96.1	97.8
上　海	Shanghai	109.5	109.7	117.5	117.5	113.0	105.0	98.8	95.1	97.3	96.4
江　苏	Jiangsu	104.4	104.8	115.4	123.6	114.3	106.8	99.3	98.2	96.9	98.6
浙　江	Zhejiang	103.0	106.6	116.7	121.7	113.5	105.8	100.3	98.4	97.7	99.0
安　徽	Anhui	105.7	106.6	112.9	123.3	112.7	107.1	99.4	98.1	96.6	98.0
福　建	Fujian	103.6	105.0	113.4	123.0	114.4	104.5	99.8	98.5	96.5	98.9
江　西	Jiangxi	102.4	105.6	111.1	125.1	115.9	106.6	99.6	98.8	96.8	98.5
山　东	Shandong	104.7	105.9	110.7	120.3	114.2	107.0	100.8	97.1	97.1	98.6
河　南	Henan	101.7	101.4	108.4	120.6	114.9	107.9	100.5	96.6	96.2	98.5
湖　北	Hubei	104.3	107.0	115.0	124.9	116.6	106.5	101.5	97.1	95.9	97.8
湖　南	Hunan	104.1	109.5	115.1	125.3	115.5	105.2	100.3	97.9	97.6	99.3
广　东	Guangdong	100.6	105.8	118.2	118.9	111.6	104.4	99.8	97.0	96.7	99.9
广　西	Guangxi	102.5	104.6	118.9	124.4	116.4	104.5	99.6	96.3	97.2	98.6
海　南	Hainan	103.1	108.7	123.9	121.8	111.3	102.3	99.4	96.5	96.6	99.9
重　庆	Chongqing							101.6	94.5	96.5	95.5
四　川	Sichuan	102.3	106.4	113.9	123.9	117.0	107.7	102.9	97.7	97.3	97.7
贵　州	Guizhou	103.3	107.4	114.8	119.5	117.2	106.9	101.5	98.9	97.9	97.3
云　南	Yunnan	103.7	107.7	118.9	116.0	118.1	106.6	102.3	99.2	98.3	97.6
西　藏	Tibet									98.8	99.2
陕　西	Shaanxi	105.8	109.5	111.8	125.9	117.0	108.1	101.6	96.2	97.5	98.3
甘　肃	Gansu	104.6	105.8	113.0	122.5	116.5	106.6	101.6	98.1	97.2	99.1
青　海	Qinghai	106.3	106.4	112.5	123.2	116.3	107.8	103.0	99.6	98.5	99.0
宁　夏	Ningxia	105.7	107.4	112.8	120.1	115.3	106.7	102.2	97.5	97.9	97.6
新　疆	Xinjiang	108.0	108.1	112.6	125.7	116.7	108.8	101.8	99.7	96.2	98.3

表 5-3 续表 2 Continued

省(区、市)	Region	2001	2002	2003	2004	2005	2006	2007	2008	2009	2010
全　国	**Nation**	**99.2**	**98.7**	**99.9**	**102.8**	**100.8**	**101.0**	**103.8**	**105.9**	**98.8**	**103.1**
北　京	Beijing	98.8	98.4	98.2	99.2	99.7	100.2	100.8	104.4	97.8	100.4
天　津	Tianjin	98.6	97.4	97.4	100.8	99.9	100.4	103.2	105.1	98.9	103.4
河　北	Hebei	99.8	99.2	100.2	103.2	101.1	101.5	104.1	106.7	99.0	103.1
山　西	Shanxi	99.0	98.6	100.3	103.1	100.3	101.2	104.2	107.2	99.1	102.3
内蒙古	Inner Mongolia	100.0	99.4	99.6	102.7	101.5	101.4	103.6	104.7	99.5	103.0
辽　宁	Liaoning	99.4	97.4	98.9	101.9	100.1	101.3	104.4	105.3	99.8	103.2
吉　林	Jilin	100.9	99.0	100.5	103.5	101.1	101.5	103.3	106.2	99.3	104.1
黑龙江	Heilongjiang	100.4	98.5	99.7	102.8	100.4	101.5	105.6	105.8	98.9	103.1
上　海	Shanghai	98.6	98.7	99.0	100.9	99.4	100.2	102.4	105.3	99.4	101.7
江　苏	Jiangsu	98.9	98.4	99.8	102.2	100.3	100.8	102.9	104.9	98.9	103.2
浙　江	Zhejiang	98.1	98.7	99.6	102.7	100.9	100.8	103.8	106.3	98.8	103.9
安　徽	Anhui	99.6	99.2	101.3	102.7	100.6	100.8	104.5	106.3	99.0	103.2
福　建	Fujian	98.0	98.3	99.1	102.7	100.6	100.5	104.3	105.7	97.9	103.4
江　西	Jiangxi	98.4	100.2	100.1	103.0	100.9	101.2	104.0	106.1	99.1	102.7
山　东	Shandong	100.0	98.8	100.2	102.8	100.6	100.6	103.6	104.9	99.4	102.7
河　南	Henan	99.8	99.2	101.3	105.7	101.7	100.9	104.4	107.5	99.4	103.7
湖　北	Hubei	97.4	98.8	101.2	104.1	102.1	101.1	104.2	106.3	98.6	103.1
湖　南	Hunan	98.8	99.2	100.6	103.9	102.3	101.3	104.3	105.6	98.5	103.1
广　东	Guangdong	98.7	98.5	100.0	102.9	101.8	101.5	103.4	106.0	96.8	103.3
广　西	Guangxi	97.8	98.1	100.2	103.9	101.1	100.3	104.8	107.6	98.0	103.0
海　南	Hainan	97.7	98.4	100.4	103.4	100.9	101.3	103.8	106.7	98.5	104.6
重　庆	Chongqing	99.0	98.9	99.5	101.4	98.7	101.6	103.7	105.0	97.3	101.7
四　川	Sichuan	100.8	99.4	100.1	103.7	100.6	101.7	105.3	105.3	100.1	103.0
贵　州	Guizhou	98.4	99.3	100.0	103.2	101.3	100.9	104.2	107.2	97.6	103.0
云　南	Yunnan	98.4	98.1	99.9	104.7	100.1	100.8	104.4	106.1	100.1	103.6
西　藏	Tibet	99.6	99.5	99.4	100.7	100.8	100.2	101.7	103.9	99.5	101.0
陕　西	Shaanxi	99.1	98.6	100.5	102.5	100.1	101.8	105.0	106.9	99.9	103.6
甘　肃	Gansu	99.6	98.9	100.2	102.1	99.9	101.2	104.4	107.9	101.8	104.6
青　海	Qinghai	99.9	99.3	100.8	102.6	100.7	102.0	106.0	110.6	101.6	104.3
宁　夏	Ningxia	100.0	98.6	99.5	102.8	100.4	101.3	104.1	108.5	99.5	103.2
新　疆	Xinjiang	102.5	97.9	99.2	100.7	99.4	101.8	105.1	108.5	100.4	104.6

表 5-3 续表 3　Continued

省(区、市)	Region	2011	2012	2013	2014	2015	2016	2017	2018	2019
全　国	**Nation**	**104.9**	**102.0**	**101.4**	**101.0**	**100.1**	**100.7**	**101.1**	**101.9**	**102.0**
北　京	Beijing	103.2	100.6	99.8	99.1	98.5	98.1	99.2	101.1	100.5
天　津	Tianjin	104.7	103.0	101.7	100.9	100.3	100.5	100.8	101.6	101.7
河　北	Hebei	105.0	102.2	102.2	101.0	100.2	101.2	101.4	102.2	101.8
山　西	Shanxi	104.9	101.8	101.8	100.6	99.3	100.5	101.3	101.7	101.8
内蒙古	Inner Mongolia	104.9	102.5	102.6	100.7	100.5	100.6	101.2	101.6	101.5
辽　宁	Liaoning	105.0	102.2	101.6	101.0	100.5	101.0	100.7	101.4	101.7
吉　林	Jilin	104.9	101.7	101.6	101.2	99.8	101.3	101.4	102.4	102.1
黑龙江	Heilongjiang	104.5	102.2	101.1	100.8	100.1	101.1	99.9	101.1	102.1
上　海	Shanghai	104.1	101.2	100.2	100.9	101.1	100.8	100.9	101.6	100.4
江　苏	Jiangsu	104.6	102.1	101.4	101.6	100.6	100.8	101.9	102.6	102.6
浙　江	Zhejiang	105.5	101.9	101.0	100.9	99.9	101.0	101.4	102.1	102.5
安　徽	Anhui	105.3	102.1	101.3	100.4	99.7	100.8	101.7	101.9	101.9
福　建	Fujian	104.8	101.8	101.1	101.1	99.9	100.7	100.6	101.5	101.9
江　西	Jiangxi	104.8	102.1	101.5	101.2	100.5	100.6	101.0	101.0	101.9
山　东	Shandong	104.7	101.6	101.4	101.0	100.2	101.3	100.8	102.2	102.2
河　南	Henan	105.7	102.3	101.9	101.0	99.8	100.3	101.3	102.9	102.4
湖　北	Hubei	105.6	102.6	101.8	100.9	100.5	100.8	100.3	101.2	102.6
湖　南	Hunan	105.5	101.7	101.7	101.2	99.9	101.0	101.3	102.3	102.3
广　东	Guangdong	105.1	102.2	101.0	101.4	99.6	100.8	101.6	102.1	101.4
广　西	Guangxi	106.0	102.3	101.2	101.4	100.1	100.4	101.2	101.6	103.2
海　南	Hainan	105.4	102.7	101.5	101.2	99.8	101.0	102.0	102.5	102.5
重　庆	Chongqing	104.7	101.6	101.8	100.9	100.2	101.3	100.8	101.2	101.6
四　川	Sichuan	104.6	101.6	101.7	100.6	100.2	100.8	100.5	101.4	102.7
贵　州	Guizhou	105.5	102.0	101.5	101.2	100.1	100.2	100.9	101.8	101.7
云　南	Yunnan	105.1	102.4	102.6	101.6	100.8	100.7	101.3	101.5	101.5
西　藏	Tibet	103.7	102.9	103.0	102.2	101.4	102.1	101.4	101.5	102.0
陕　西	Shaanxi	104.8	102.3	101.8	100.7	99.8	100.3	101.3	102.1	102.4
甘　肃	Gansu	105.4	102.6	102.6	101.7	101.0	100.9	101.4	101.7	101.9
青　海	Qinghai	105.4	102.1	102.7	101.5	101.0	100.4	101.2	102.1	102.0
宁　夏	Ningxia	105.3	101.0	102.4	100.9	100.1	100.7	101.8	102.9	101.1
新　疆	Xinjiang	105.1	103.3	103.3	101.7	99.6	100.5	100.9	100.9	101.3

36 个大中城市商品零售价格指数（2003~2019,以上年价格为 100）
Retail Price Indices in 36 Major Cities (preceding year = 100)

表 5-4

城　市	City	2003	2004	2005	2006	2007	2008	2009	2010
36 个城市平均	**Average**	**99.6**	**101.0**	**100.0**	**100.7**	**102.6**	**105.3**	**98.6**	**102.5**
北　京	Beijing	98.2	99.2	99.7	100.2	100.8	104.4	97.8	100.4
天　津	Tianjin	97.4	100.8	99.9	100.4	103.2	105.1	98.9	103.4
石家庄	Shijiazhuang	99.7	101.3	101.0	101.8	104.4	107.7	100.1	103.4
太　原	Taiyuan	100.9	102.0	100.2	100.6	102.9	107.9	99.1	102.6
呼和浩特	Hohhot	100.1	101.7	101.7	101.6	102.7	105.4	99.9	102.6
沈　阳	Shenyang	99.7	100.7	99.3	101.9	103.2	105.0	97.9	102.6
大　连	Dalian	99.4	101.5	99.5	101.4	101.9	106.0	99.4	104.0
长　春	Changchun	100.7	102.7	101.3	101.5	102.1	105.6	99.6	104.6
哈尔滨	Harbin	98.9	100.9	99.2	100.3	103.7	105.3	98.5	101.9
上　海	Shanghai	99.0	100.9	99.4	100.2	102.4	105.3	99.4	101.7
南　京	Nanjing	98.1	98.1	96.7	98.9	99.9	103.7	98.7	103.5
杭　州	Hangzhou	98.1	101.6	100.3	100.2	103.1	106.0	98.6	103.7
宁　波	Ningbo	101.6	102.0	101.1	101.8	103.3	107.1	98.8	103.9
合　肥	Hefei	101.4	100.8	99.7	100.6	104.6	106.3	99.8	102.1
福　州	Fuzhou	97.6	102.4	101.1	99.9	103.1	104.4	99.1	102.9
厦　门	Xiamen	99.0	100.8	99.0	100.3	103.9	104.5	97.8	102.8
南　昌	Nanchang	99.7	101.3	100.0	101.9	103.5	106.2	99.4	103.0
济　南	Jinan	98.0	100.6	100.4	100.3	102.2	104.5	98.7	101.3
青　岛	Qingdao	98.3	99.0	99.3	99.7	102.7	103.9	98.6	101.4
郑　州	Zhengzhou	101.5	105.6	101.2	100.9	102.7	106.0	100.3	102.7
武　汉	Wuhan	100.4	101.0	100.9	100.7	103.0	105.1	98.4	103.1
长　沙	Changsha	99.2	101.3	100.4	101.1	102.3	103.9	97.7	103.8
广　州	Guangzhou	99.1	102.1	101.6	101.2	102.9	105.7	96.8	103.2
深　圳	Shenzhen	100.0	100.7	101.2	101.8	103.5	106.5	97.5	103.2
南　宁	Nanning	99.5	102.7	100.3	101.0	103.1	107.9	98.5	102.3
海　口	Haikou	99.9	102.6	100.4	100.6	103.4	105.6	99.2	103.7
重　庆	Chongqing	99.5	101.4	98.7	101.6	103.7	105.0	97.3	101.7
成　都	Chengdu	100.2	101.4	99.8	101.2	104.2	104.5	99.0	102.4
贵　阳	Guiyang	97.6	100.4	100.2	100.3	102.8	105.4	98.2	103.2
昆　明	Kunming	100.7	104.6	100.5	99.7	103.4	105.4	100.0	103.6
拉　萨	Lhasa	99.9	100.0	100.4	99.6	101.2	104.6	100.1	101.2
西　安	Xi'an	100.0	101.9	99.7	101.5	103.7	105.4	99.5	102.7
兰　州	Lanzhou	99.2	101.0	98.8	100.3	103.1	107.2	100.5	103.9
西　宁	Xining	101.9	103.2	100.9	102.6	105.7	110.1	102.3	104.6
银　川	Yinchuan	99.8	102.0	100.6	101.3	103.6	105.9	98.5	102.5
乌鲁木齐	Urumqi	100.2	101.1	99.9	99.9	104.6	108.7	100.1	103.4

表 5-4 续表　Continued

城　市	City	2011	2012	2013	2014	2015	2016	2017	2018	2019
36 个城市平均	**Average**	**104.5**	**101.8**	**101.0**	**100.8**	**99.8**	**100.7**	**100.9**	**101.7**	**101.6**
北　京	Beijing	103.2	100.6	99.8	99.1	98.5	98.1	99.2	101.1	100.5
天　津	Tianjin	104.7	103.0	101.7	100.9	100.3	100.5	100.8	101.6	101.7
石家庄	Shijiazhuang	104.9	101.9	102.1	101.2	100.2	101.7	100.9	101.9	101.6
太　原	Taiyuan	104.8	101.2	101.3	100.7	98.6	100.8	101.7	101.7	101.5
呼和浩特	Hohhot	104.7	101.5	101.9	98.6	99.5	101.1	101.2	101.6	101.3
沈　阳	Shenyang	105.2	102.4	101.6	101.3	100.0	100.6	101.0	101.7	101.4
大　连	Dalian	104.4	102.5	101.0	101.0	99.5	102.0	101.5	101.5	102.1
长　春	Changchun	104.8	101.8	101.3	101.2	99.1	101.2	101.2	102.9	102.2
哈尔滨	Harbin	104.4	102.5	101.2	101.5	100.2	101.6	99.7	100.7	102.2
上　海	Shanghai	104.1	101.2	100.2	100.9	101.1	100.8	100.9	101.6	100.4
南　京	Nanjing	104.2	101.4	101.2	102.0	100.6	100.5	101.6	102.8	102.1
杭　州	Hangzhou	104.4	101.9	101.5	100.8	100.2	101.5	101.0	102.0	103.1
宁　波	Ningbo	105.7	101.8	101.0	100.3	100.4	101.8	101.1	102.1	102.3
合　肥	Hefei	105.1	101.9	101.2	100.3	99.5	100.8	102.3	101.7	101.6
福　州	Fuzhou	104.0	101.1	101.0	100.6	99.4	100.7	100.3	101.5	101.8
厦　门	Xiamen	104.7	101.6	100.4	100.7	100.0	100.0	100.8	101.8	102.5
南　昌	Nanchang	105.2	102.4	101.3	101.1	100.5	100.4	101.0	100.8	101.3
济　南	Jinan	104.6	101.8	101.3	101.2	100.3	100.8	101.0	102.6	102.5
青　岛	Qingdao	104.5	101.7	101.4	102.3	100.0	102.0	100.8	101.8	102.4
郑　州	Zhengzhou	104.9	102.4	101.4	101.1	99.0	100.2	101.7	103.6	103.0
武　汉	Wuhan	104.7	102.3	100.9	100.5	100.0	101.3	100.1	101.4	102.5
长　沙	Changsha	105.4	101.5	101.2	101.7	99.6	100.9	101.4	102.5	102.2
广　州	Guangzhou	105.1	101.9	100.5	101.5	99.1	101.2	102.0	102.2	100.6
深　圳	Shenzhen	105.3	102.4	100.7	101.0	99.7	100.3	101.5	102.0	101.3
南　宁	Nanning	104.9	101.7	100.8	100.7	100.4	99.8	100.9	101.1	103.1
海　口	Haikou	105.0	102.8	101.6	101.2	100.2	100.9	101.7	102.4	102.4
重　庆	Chongqing	104.7	101.6	101.8	100.9	100.2	101.3	100.8	101.2	101.6
成　都	Chengdu	104.3	101.4	101.7	100.4	99.5	100.8	99.4	100.7	101.9
贵　阳	Guiyang	105.0	102.0	101.9	101.2	99.7	99.5	101.4	102.3	102.3
昆　明	Kunming	104.9	102.0	102.5	101.8	100.7	100.8	101.3	101.1	101.5
拉　萨	Lhasa	103.9	102.9	103.5	102.3	101.5	102.4	101.2	101.1	102.3
西　安	Xi'an	104.4	102.3	101.7	100.7	99.7	100.1	101.7	102.2	102.1
兰　州	Lanzhou	105.4	102.4	102.7	101.8	100.6	100.7	101.8	101.7	102.0
西　宁	Xining	106.0	102.3	102.5	101.2	100.2	100.6	101.4	102.0	101.9
银　川	Yinchuan	104.2	100.6	102.3	100.8	100.2	100.8	101.5	102.7	101.1
乌鲁木齐	Urumqi	104.1	102.9	103.5	102.4	99.4	100.6	100.7	100.5	101.2

各省(区、市)工业生产者出厂价格指数(1992~2019,以上年价格为100)
Producer Price Indices for Industrial Products by Region(preceding year=100)

表 5-5

省(区、市)	Region	1992	1993	1994	1995	1996	1997	1998	1999	2000	2001
全　国	**Nation**	**106.8**	**124.0**	**119.5**	**114.9**	**102.9**	**99.7**	**95.9**	**97.6**	**102.8**	**98.7**
北　京	Beijing	107.8	128.3	111.8	116.7	103.2	100.6	95.1	97.8	102.5	99.4
天　津	Tianjin	105.2	126.3	120.4	110.2	102.8	98.3	94.7	96.4	102.8	95.9
河　北	Hebei	108.6	129.1	119.1	111.4	101.1	98.8	94.4	95.9	105.3	99.9
山　西	Shanxi	114.2	132.5	120.1	113.5	106.4	102.2	97.5	95.3	100.9	100.3
内蒙古	Inner Mongolia	109.8	133.2	112.1	109.1	101.7	101.5	98.0	100.4	102.8	100.1
辽　宁	Liaoning	111.8	138.4	119.9	109.9	102.1	100.1	95.8	102.0	108.8	98.6
吉　林	Jilin	111.4	127.9	115.7	115.0	103.8	101.4	96.9	100.1	105.1	100.3
黑龙江	Heilongjiang	111.6	141.3	127.7	116.0	104.6	102.3	97.7	107.4	122.9	95.9
上　海	Shanghai	110.4	128.0	118.2	107.9	97.6	97.8	93.9	97.6	102.5	96.7
江　苏	Jiangsu	103.6	118.5	121.4	114.1	100.7	97.9	94.5	96.1	101.1	99.1
浙　江	Zhejiang	104.8	117.3	117.5	112.3	99.5	99.2	96.0	96.8	101.1	98.3
安　徽	Anhui	108.7	125.3	120.9	117.1	101.6	99.4	96.4	92.9	98.9	98.6
福　建	Fujian	102.7	117.1	116.9	115.7	101.8	100.3	95.7	96.6	100.5	98.1
江　西	Jiangxi		115.3	124.7	114.8	104.1	101.7	98.4	96.1	101.0	98.1
山　东	Shandong	109.5	123.0	124.2	117.0	104.2	101.1	96.0	97.2	105.9	99.1
河　南	Henan	106.2	118.1	124.1	115.0	104.1	100.6	95.3	95.4	104.0	100.5
湖　北	Hubei	111.0	126.3	126.2	113.1	102.7	98.6	96.2	97.8	101.7	99.0
湖　南	Hunan	111.1	128.9	117.6	121.4	105.7	99.2	95.9	98.5	102.9	99.8
广　东	Guangdong		124.1	126.0	112.3	101.8	100.1	94.8	97.7	103.4	98.5
广　西	Guangxi	112.5	121.1	118.8	117.2	102.6	97.7	95.4	95.6	105.5	106.3
海　南	Hainan										
重　庆	Chongqing	117.2	118.4	113.4	112.4	104.1	98.0	94.6	97.7	98.6	98.1
四　川	Sichuan	106.1	127.4	114.7	112.2	102.2	101.2	97.3	97.0	98.1	100.4
贵　州	Guizhou	101.6	118.1	113.3	113.1	104.9	101.2	98.2	99.7	100.4	102.2
云　南	Yunnan	105.3	125.0	116.7	110.2	101.4	100.7	97.2	98.2	101.2	99.9
西　藏	Tibet										
陕　西	Shaanxi	107.9	119.8	119.9	112.6	104.2	103.7	96.6	97.9	101.5	100.4
甘　肃	Gansu	112.1	125.3	121.2	114.9	104.4	104.9	95.2	98.1	107.2	98.5
青　海	Qinghai	102.6	124.4	124.9	114.6	106.7	104.3	100.7	102.8	108.1	93.7
宁　夏	Ningxia						100.3	97.7	98.4	103.6	100.3
新　疆	Xinjiang	107.5	126.2	118.4	117.2	104.9	104.9	95.8	100.2	129.4	96.3

表 5-5 续表 1　Continued

省(区、市)	Region	2002	2003	2004	2005	2006	2007	2008	2009	2010	2011
全　国	**Nation**	**97.8**	**102.3**	**106.1**	**104.9**	**103.0**	**103.1**	**106.9**	**101.7**	**105.9**	**106.0**
北　京	Beijing	96.6	101.5	103.0	101.3	99.1	99.7	103.3	100.1	101.8	102.3
天　津	Tianjin	95.9	102.5	104.1	100.1	100.6	101.5	104.1	101.6	105.1	103.8
河　北	Hebei	99.4	107.1	111.6	104.4	100.8	106.9	116.7	101.5	111.6	107.7
山　西	Shanxi	103.6	112.2	116.1	110.2	101.0	107.4	122.4	99.6	112.3	107.5
内蒙古	Inner Mongolia	99.3	103.2	105.1	105.1	103.0	105.7	112.5	100.9	108.8	107.8
辽　宁	Liaoning	97.8	103.6	107.1	105.1	104.1	104.4	110.9	104.2	106.6	106.5
吉　林	Jilin	98.6	102.5	105.0	104.3	101.7	102.7	104.9	105.1	104.3	105.4
黑龙江	Heilongjiang	97.8	111.9	113.1	116.7	109.9	105.3	114.0	121.2	106.8	112.0
上　海	Shanghai	96.4	101.4	103.6	101.7	100.6	101.2	102.2	93.8	102.3	102.9
江　苏	Jiangsu	97.6	102.3	106.5	102.6	101.5	102.6	104.6	102.7	108.8	106.2
浙　江	Zhejiang	96.9	100.6	105.0	102.3	103.8	102.4	104.3	102.0	106.4	105.0
安　徽	Anhui	99.8	103.5	108.2	103.3	103.1	103.6	108.4	103.7	111.2	108.3
福　建	Fujian	97.2	100.7	102.6	100.2	99.2	100.8	102.7	100.0	104.4	103.9
江　西	Jiangxi	98.5	104.0	109.7	108.8	109.7	106.2	106.4	118.1	112.2	111.3
山　东	Shandong	98.8	103.5	106.4	103.7	102.3	103.3	108.6	102.5	108.1	106.0
河　南	Henan	98.6	105.0	110.2	106.1	104.3	105.2	112.1	103.5	108.7	107.2
湖　北	Hubei	98.2	103.5	105.7	104.5	102.9	103.9	106.1	100.2	105.7	106.6
湖　南	Hunan	99.2	102.6	108.0	106.0	104.3	106.1	109.3	103.4	109.2	108.5
广　东	Guangdong	96.5	99.3	101.7	101.5	101.4	101.3	103.1	101.5	103.0	103.7
广　西	Guangxi	95.6	102.8	109.7	104.9	109.6	104.5	109.0	109.4	112.7	108.5
海　南	Hainan	98.7	99.5	100.0	99.5	100.8	102.7	104.5	97.6	106.9	108.8
重　庆	Chongqing	97.6	100.6	103.3	103.0	102.2	103.5	105.8	99.5	103.9	103.8
四　川	Sichuan	97.7	100.5	105.4	104.0	101.9	103.9	109.3	99.5	107.5	107.3
贵　州	Guizhou	98.9	103.4	108.0	107.2	104.3	105.0	112.4	99.6	105.5	105.4
云　南	Yunnan	98.2	101.4	108.8	104.5	104.6	105.7	105.8	106.8	105.6	104.7
西　藏	Tibet					106.0	101.1	105.6	99.2	107.2	104.3
陕　西	Shaanxi	100.7	105.7	107.3	110.4	109.6	102.9	108.4	103.7	107.1	107.2
甘　肃	Gansu	97.9	110.0	114.3	109.6	109.8	105.5	104.9	107.1	111.3	111.0
青　海	Qinghai	97.6	105.5	111.2	110.2	110.2	104.2	107.6	114.4	106.7	107.4
宁　夏	Ningxia	99.7	103.9	110.0	106.2	106.2	103.7	112.9	100.2	111.9	109.5
新　疆	Xinjiang	97.3	115.1	116.4	116.6	114.4	106.3	116.4	130.1	111.9	114.8

表 5-5 续表 2　Continued

省(区、市)	Region	2012	2013	2014	2015	2016	2017	2018	2019
全　国	**Nation**	**98.3**	**98.1**	**98.1**	**94.8**	**98.6**	**106.3**	**103.5**	**99.7**
北　京	Beijing	98.4	97.4	99.1	96.9	98.1	100.7	100.0	99.6
天　津	Tianjin	97.0	97.0	96.3	90.3	97.9	108.4	105.4	99.3
河　北	Hebei	94.7	96.6	95.2	89.1	99.9	115.0	106.2	100.2
山　西	Shanxi	94.5	90.7	91.4	87.7	96.8	119.4	106.7	99.7
内蒙古	Inner Mongolia	100.2	97.0	97.3	94.0	98.9	110.6	103.2	102.1
辽　宁	Liaoning	99.9	99.0	98.2	93.9	98.8	108.1	104.8	99.5
吉　林	Jilin	99.1	98.7	99.1	95.3	98.4	103.1	102.8	98.9
黑龙江	Heilongjiang	100.0	98.0	97.1	86.0	95.1	109.3	109.0	98.2
上　海	Shanghai	98.4	98.2	98.9	96.1	98.8	103.5	101.7	98.8
江　苏	Jiangsu	97.1	98.0	98.3	95.3	98.1	104.8	102.8	98.9
浙　江	Zhejiang	97.3	98.2	98.8	96.4	98.3	104.8	103.4	98.9
安　徽	Anhui	98.3	98.2	97.4	93.9	98.5	108.0	103.0	100.3
福　建	Fujian	98.7	98.4	98.6	97.0	99.1	104.1	102.8	100.6
江　西	Jiangxi	96.5	98.5	97.8	93.7	98.6	107.9	104.2	98.9
山　东	Shandong	98.4	98.4	98.4	95.2	98.5	105.5	103.7	99.7
河　南	Henan	99.4	98.5	98.1	95.4	99.0	106.8	103.6	100.2
湖　北	Hubei	100.3	99.2	98.4	96.7	99.0	105.6	104.2	100.2
湖　南	Hunan	99.1	98.5	98.4	96.3	98.9	105.8	103.2	99.6
广　东	Guangdong	99.5	98.8	98.9	96.8	99.4	103.3	101.8	100.2
广　西	Guangxi	97.8	98.2	98.4	97.0	99.1	107.6	103.2	99.3
海　南	Hainan	100.8	99.5	97.6	89.8	96.0	108.8	108.2	97.4
重　庆	Chongqing	99.9	98.0	98.3	97.2	98.6	104.1	102.1	99.8
四　川	Sichuan	98.6	98.7	98.7	96.4	98.9	106.5	103.6	100.4
贵　州	Guizhou	101.0	97.4	98.3	96.1	97.9	107.2	101.8	99.8
云　南	Yunnan	97.9	97.5	97.8	94.9	97.6	105.2	102.4	100.0
西　藏	Tibet	99.7	99.8	99.0	93.2	102.9	110.0	100.1	98.9
陕　西	Shaanxi	100.7	97.3	97.1	90.8	97.6	110.8	105.4	100.8
甘　肃	Gansu	96.8	96.9	96.7	87.0	94.9	114.5	109.5	98.3
青　海	Qinghai	96.9	97.0	96.1	93.1	98.5	116.7	104.8	98.5
宁　夏	Ningxia	97.4	96.0	96.3	93.7	99.1	112.1	107.3	99.4
新　疆	Xinjiang	96.9	96.5	96.2	82.4	94.5	113.7	111.2	98.5

各省(区、市)工业生产者购进价格指数(1992~2019,以上年价格为100)

Purchasing Price Indices for Industrial Producers by Region (preceding year = 100)

表 5-6

省(区、市)	Region	1992	1993	1994	1995	1996	1997	1998	1999	2000	2001
全　国	**Nation**	**111.0**	**135.1**	**118.2**	**115.3**	**103.9**	**101.3**	**95.8**	**96.7**	**105.1**	**99.8**
北　京	Beijing	114.2	142.7	123.8	119.8	104.2	103.4	98.1	95.8	100.0	100.5
天　津	Tianjin	108.4	139.1	121.7	112.8	101.9	99.0	95.9	96.3	104.5	98.8
河　北	Hebei	111.4	134.9	119.9	110.9	106.3	102.0	96.2	95.4	103.3	101.0
山　西	Shanxi	111.9	135.9	115.1	113.1	104.8	102.0	97.3	97.0	102.0	101.8
内蒙古	Inner Mongolia	112.1	132.6	116.8	112.8	100.8	100.9	98.1	96.8	106.5	101.3
辽　宁	Liaoning	121.2	149.9	118.2	114.2	104.8	103.1	99.3	99.1	103.9	99.9
吉　林	Jilin	127.1	173.9	113.9	113.8	102.4	103.9	96.6	100.5	106.8	101.8
黑龙江	Heilongjiang	112.9	139.6	117.6	112.7	104.2	104.4	98.6	98.2	108.6	99.5
上　海	Shanghai	109.6	129.2	121.6	113.3	97.6	98.6	94.1	97.1	107.1	98.7
江　苏	Jiangsu	110.3	125.8	120.1	117.6	104.3	98.0	91.5	94.4	107.1	99.5
浙　江	Zhejiang	106.3	126.4	124.8	119.2	101.5	96.5	92.6	96.2	107.2	99.6
安　徽	Anhui	113.9	128.8	122.3	117.9	109.9	101.7	96.0	94.5	102.6	101.2
福　建	Fujian	109.3	129.6	115.2	119.6	104.3	98.6	92.5	97.9	112.4	96.7
江　西	Jiangxi		129.4	123.4	114.7	105.8	100.4	95.4	96.9	101.2	99.3
山　东	Shandong	111.0	134.7	120.1	113.2	105.7	100.6	93.4	93.4	104.7	100.0
河　南	Henan	110.0	133.0	122.0	114.1	105.3	100.7	94.8	94.3	105.1	101.9
湖　北	Hubei	110.2	135.5	116.6	118.2	108.4	101.5	95.2	95.6	105.6	100.2
湖　南	Hunan	116.2	139.7	119.6	117.6	105.9	100.1	94.8	96.2	106.7	101.1
广　东	Guangdong		134.3	121.1	118.7	104.6	97.3	91.4	97.8	110.9	99.1
广　西	Guangxi	105.2	141.7	117.8	112.9	103.4	99.3	95.3	93.6	100.9	103.7
海　南	Hainan										
重　庆	Chongqing	123.8	124.5	124.6	111.6	106.3	100.1	95.1	96.9	105.6	99.5
四　川	Sichuan	112.5	137.2	119.1	113.5	106.1	101.6	95.3	96.8	101.7	98.5
贵　州	Guizhou	113.5	144.6	115.0	114.9	108.1	101.9	95.7	97.0	102.9	100.2
云　南	Yunnan	115.2	138.1	110.3	113.2	110.3	102.9	100.7	98.8	101.5	99.4
西　藏	Tibet										
陕　西	Shaanxi	111.5	138.4	115.6	114.3	109.1	106.8	97.1	95.5	100.0	100.5
甘　肃	Gansu	122.2	139.4	118.3	113.7	107.4	102.2	96.4	98.3	111.8	101.4
青　海	Qinghai	105.3	138.9	112.3	110.2	108.3	110.7	101.3	99.1	98.9	99.1
宁　夏	Ningxia						103.5	101.1	97.0	105.8	102.5
新　疆	Xinjiang	121.1	136.4	110.9	116.8	107.0	104.5	95.6	98.2	115.2	98.9

表 5-6 续表 1 Continued

省(区、市)	Region	2002	2003	2004	2005	2006	2007	2008	2009	2010	2011
全　国	**Nation**	**97.7**	**104.8**	**111.4**	**108.3**	**106.0**	**104.4**	**110.5**	**103.0**	**109.5**	**106.0**
北　京	Beijing	97.1	104.7	114.2	111.4	105.5	105.0	115.8	107.5	106.8	102.3
天　津	Tianjin	95.9	108.7	115.4	104.9	104.7	105.7	112.9	102.3	112.3	103.8
河　北	Hebei	97.3	109.4	118.4	107.0	105.0	107.8	115.9	102.9	112.8	107.7
山　西	Shanxi	102.6	107.8	114.5	108.2	102.6	105.3	118.3	97.1	111.5	107.5
内蒙古	Inner Mongolia	99.9	102.9	109.2	109.9	105.9	104.8	111.7	99.6	106.4	107.8
辽　宁	Liaoning	98.3	105.1	112.1	108.1	104.2	104.8	111.5	100.2	109.9	106.5
吉　林	Jilin	97.8	104.8	110.5	107.0	103.8	105.2	111.3	103.1	107.7	105.4
黑龙江	Heilongjiang	99.3	107.6	115.2	111.8	105.6	105.0	114.1	105.6	108.2	112.0
上　海	Shanghai	97.7	106.4	116.4	106.8	104.8	104.1	110.3	89.8	111.2	107.5
江　苏	Jiangsu	98.6	106.5	116.3	107.6	106.4	105.0	115.0	104.4	112.1	106.2
浙　江	Zhejiang	97.5	105.8	113.4	105.4	105.6	105.3	110.6	103.9	110.9	105.0
安　徽	Anhui	98.2	106.7	115.0	107.1	103.9	105.1	112.4	101.1	113.3	108.3
福　建	Fujian	97.6	106.3	113.3	108.1	103.9	104.3	110.2	103.7	110.0	103.9
江　西	Jiangxi	98.6	106.5	114.5	110.0	108.6	107.9	114.2	100.5	114.2	111.3
山　东	Shandong	98.7	105.7	113.4	105.9	104.3	104.8	113.1	104.2	110.3	106.0
河　南	Henan	97.6	107.8	115.7	108.3	105.3	106.4	111.9	104.9	111.4	107.2
湖　北	Hubei	97.7	108.2	113.1	107.0	104.9	104.5	110.9	104.4	111.3	106.6
湖　南	Hunan	99.3	106.7	114.4	109.4	106.5	106.1	112.0	101.6	112.6	108.5
广　东	Guangdong	96.3	104.1	110.7	105.0	103.6	103.3	107.9	100.3	107.6	103.7
广　西	Guangxi	95.6	101.2	116.3	108.2	111.4	106.1	110.6	108.5	113.0	108.5
海　南	Hainan	101.5	102.2	105.9	104.2	101.5	105.0	111.6	94.3	113.1	108.8
重　庆	Chongqing	99.2	104.9	110.3	108.2	104.8	106.2	112.2	102.2	107.9	107.3
四　川	Sichuan	97.6	101.7	112.0	109.3	104.3	105.7	112.4	102.4	109.1	105.4
贵　州	Guizhou	97.6	106.0	109.6	107.4	107.3	107.5	112.5	100.1	111.7	104.7
云　南	Yunnan	99.1	102.7	113.0	106.5	107.6	108.2	111.6	101.5	109.0	104.3
西　藏	Tibet										
陕　西	Shaanxi	98.8	104.8	110.4	107.5	106.7	106.3	111.2	102.2	108.7	107.2
甘　肃	Gansu	98.4	105.6	112.5	109.9	108.8	104.3	110.2	104.0	110.3	111.0
青　海	Qinghai	102.8	101.8	108.5	105.3	102.8	104.4	110.4	100.5	109.5	107.4
宁　夏	Ningxia	97.8	106.8	117.3	109.7	108.5	107.1	121.8	100.0	117.5	109.5
新　疆	Xinjiang	94.9	114.8	118.2	110.7	111.1	103.8	117.8	115.1	116.3	114.8

表 5-6 续表 2　Continued

省(区、市)	Region	2012	2013	2014	2015	2016	2017	2018	2019
全　国	**Nation**	**98.2**	**98.0**	**97.8**	**93.9**	**98.0**	**108.1**	**104.1**	**99.3**
北　京	Beijing	98.7	97.8	98.8	93.7	98.5	104.4	100.8	99.6
天　津	Tianjin	97.1	97.4	97.1	92.4	98.3	111.1	106.2	98.8
河　北	Hebei	96.2	97.6	95.6	90.3	98.3	114.5	104.0	102.1
山　西	Shanxi	98.1	95.5	96.2	93.1	98.1	115.2	105.5	101.1
内蒙古	Inner Mongolia	102.0	99.3	98.4	95.9	97.4	106.3	102.4	101.1
辽　宁	Liaoning	99.0	98.5	98.0	93.5	97.9	108.0	104.5	100.8
吉　林	Jilin	99.3	99.4	99.2	96.6	97.8	103.4	103.5	99.2
黑龙江	Heilongjiang	98.8	98.7	97.6	88.2	96.0	110.2	109.0	100.3
上　海	Shanghai	94.7	96.5	95.9	90.6	97.7	108.9	105.2	98.7
江　苏	Jiangsu	95.8	97.1	97.0	92.1	98.0	109.7	104.6	97.2
浙　江	Zhejiang	96.7	97.7	98.2	94.5	97.8	109.6	105.1	97.1
安　徽	Anhui	98.2	96.9	97.2	93.5	98.4	109.2	105.3	99.9
福　建	Fujian	97.7	98.4	98.3	96.1	98.0	105.3	102.8	99.0
江　西	Jiangxi	98.3	98.4	98.4	93.6	97.7	107.2	103.2	98.2
山　东	Shandong	99.2	98.4	98.2	95.0	98.0	107.3	103.6	99.2
河　南	Henan	99.2	99.3	98.4	95.4	99.2	107.3	104.0	101.2
湖　北	Hubei	98.9	98.2	97.8	92.8	98.3	108.3	104.8	99.3
湖　南	Hunan	100.1	98.4	97.9	94.5	98.0	107.2	103.5	100.2
广　东	Guangdong	99.5	98.2	98.8	95.3	98.0	105.3	102.5	99.2
广　西	Guangxi	99.2	98.9	98.2	95.7	98.3	106.5	103.4	99.5
海　南	Hainan	99.6	97.0	99.0	88.5	94.8	112.4	110.8	103.1
重　庆	Chongqing	99.5	97.6	98.1	97.1	98.4	104.4	102.5	100.1
四　川	Sichuan	100.0	99.2	98.7	96.7	98.8	108.3	105.3	100.6
贵　州	Guizhou	102.3	96.4	98.6	97.5	98.5	109.7	103.4	99.4
云　南	Yunnan	99.3	98.8	99.0	96.9	95.9	106.2	104.4	99.0
西　藏	Tibet								
陕　西	Shaanxi	100.0	99.3	98.5	95.2	95.9	106.4	104.2	100.3
甘　肃	Gansu	98.7	97.8	97.6	87.0	94.6	115.5	109.8	99.0
青　海	Qinghai	98.6	98.8	97.6	97.7	96.2	108.0	104.5	98.2
宁　夏	Ningxia	99.5	97.0	97.0	92.1	96.9	112.9	106.5	97.5
新　疆	Xinjiang	97.9	97.8	97.5	84.3	95.5	112.8	109.2	100.0

各省(区、市)固定资产投资价格指数(1991~2019,以上年价格为100)
Price Indices for Investment In Fixed Assets by Region(preceding year=100)

表 5-7

省(区、市)	Region	1991	1992	1993	1994	1995	1996	1997	1998	1999	2000
全　国	**Nation**	**109.5**	**115.3**	**126.6**	**110.4**	**105.9**	**104.0**	**101.7**	**99.8**	**99.6**	**101.1**
北　京	Beijing	107.3	112.2	126.6	116.2	113.9	108.2	102.7	100.8	99.9	101.0
天　津	Tianjin		119.4	122.9	111.9	107.6	102.5	100.8	98.9	99.2	99.9
河　北	Hebei	106.8	129.3	124.8	110.0	106.9	103.9	101.5	97.8	99.4	101.1
山　西	Shanxi	107.8	116.8	124.8	108.3	106.8	104.9	101.5	98.8	99.7	101.8
内蒙古	Inner Mongolia	107.1	109.3	124.5	106.7	103.9	105.3	99.7	101.7	101.9	101.9
辽　宁	Liaoning	108.2	121.0	136.4	117.4	104.9	102.2	102.3	99.8	100.0	101.1
吉　林	Jilin	111.9	116.4	128.8	107.3	109.6	102.9	104.4	100.8	102.2	102.0
黑龙江	Heilongjiang	107.6	113.5	127.9	109.0	106.5	103.4	102.7	100.8	99.7	101.5
上　海	Shanghai	107.3	113.0	131.4	108.8	103.1	107.0	100.5	98.4	98.1	100.0
江　苏	Jiangsu	104.5	112.1	138.8	114.6	107.4	103.2	99.2	98.4	98.3	101.1
浙　江	Zhejiang			138.8	112.4	107.2	101.3	99.5	97.6	98.2	100.3
安　徽	Anhui	114.8	119.8	123.0	120.1	106.5	103.4	101.3	100.0	99.3	101.6
福　建	Fujian	108.6	114.9	134.1	107.3	104.8	104.7	101.1	98.0	98.5	100.2
江　西	Jiangxi	110.4	110.1	129.8	114.6	107.2	105.8	101.4	102.1	98.6	101.4
山　东	Shandong	112.4	119.4	122.1	115.8	106.6	103.1	100.4	99.2	99.6	102.4
河　南	Henan	109.4	119.8	126.7	106.0	105.9	103.9	102.9	98.7	98.0	102.9
湖　北	Hubei	108.3	117.0	127.4	107.9	105.0	104.0	102.1	100.5	99.5	101.7
湖　南	Hunan	108.1	116.4	129.5	113.5	109.5	104.9	101.8	102.7	100.5	102.3
广　东	Guangdong										
广　西	Guangxi	101.7	117.9	131.2	112.3	103.4	103.6	100.3	99.9	96.1	101.4
海　南	Hainan										101.8
重　庆	Chongqing							101.7	98.7	100.5	102.5
四　川	Sichuan	108.1	113.9	133.2	107.3	101.2	104.8	102.2	97.5	100.5	100.9
贵　州	Guizhou	110.6	120.2	126.9	113.1	107.6	105.4	101.4	100.0	99.4	102.2
云　南	Yunnan	112.1	117.6	135.4	113.6	104.0	104.3	105.4	101.8	100.7	101.6
西　藏	Tibet										
陕　西	Shaanxi	112.9	119.1	129.5	111.7	107.9	107.8	105.3	101.8	101.2	103.6
甘　肃	Gansu	116.5	117.4	126.2	112.6	109.4	104.9	102.7	100.3	101.0	103.3
青　海	Qinghai		115.1	125.9	108.4	105.3	103.5	103.0	98.5	100.1	101.6
宁　夏	Ningxia	110.4	117.3	123.0	112.6	109.3	107.4	102.2	102.1	99.7	104.5
新　疆	Xinjiang	114.8	117.0	126.5	112.3	106.2	105.6	103.2	102.0	99.0	103.6

表 5-7 续表 1　Continued

省(区、市)	Region	2001	2002	2003	2004	2005	2006	2007	2008	2009	2010
全　国	**Nation**	**100.4**	**100.2**	**102.2**	**105.6**	**101.6**	**101.5**	**103.9**	**108.9**	**97.6**	**103.6**
北　京	Beijing	100.6	100.4	102.2	104.3	100.7	100.4	102.8	107.8	97.1	102.5
天　津	Tianjin	99.7	99.5	102.6	107.3	101.2	100.7	102.6	109.2	97.6	102.6
河　北	Hebei	99.9	99.5	102.3	107.0	101.9	101.7	103.8	109.6	96.5	103.7
山　西	Shanxi	101.7	100.5	102.9	105.2	103.0	101.5	104.1	113.3	98.1	103.7
内蒙古	Inner Mongolia	100.8	101.0	102.6	105.0	103.7	103.3	103.8	108.1	98.5	105.4
辽　宁	Liaoning	100.4	100.7	102.5	104.8	102.8	102.1	104.3	109.1	97.0	103.3
吉　林	Jilin	101.1	101.2	101.1	104.1	102.0	102.2	103.9	107.3	99.4	102.4
黑龙江	Heilongjiang	100.1	100.2	102.3	105.0	102.2	102.1	104.5	109.0	97.6	105.2
上　海	Shanghai	100.7	100.3	102.4	106.7	100.8	100.1	103.5	107.9	97.0	103.8
江　苏	Jiangsu	100.8	101.7	104.3	109.4	100.9	101.2	104.9	110.0	97.7	105.1
浙　江	Zhejiang	100.4	100.5	103.5	105.9	100.3	101.5	104.4	109.3	96.7	104.7
安　徽	Anhui	99.5	101.1	103.5	106.1	101.0	101.9	105.4	109.4	96.0	105.4
福　建	Fujian	99.5	99.7	101.4	103.4	100.7	102.0	105.9	105.9	98.0	103.3
江　西	Jiangxi	98.9	100.0	105.1	107.4	100.5	103.2	105.4	110.4	96.1	104.8
山　东	Shandong	101.4	101.1	102.9	107.4	102.9	101.8	104.0	107.7	96.9	103.6
河　南	Henan	100.4	98.7	103.8	110.1	101.4	101.6	104.6	109.0	96.4	103.5
湖　北	Hubei	100.1	99.8	103.3	106.0	102.2	101.8	104.1	109.4	98.8	104.7
湖　南	Hunan	101.3	100.3	102.8	105.5	103.6	103.1	105.8	109.9	99.7	104.0
广　东	Guangdong	100.2	99.7	102.2	106.4	101.6	100.7	102.4	108.6	96.7	103.0
广　西	Guangxi	102.0	100.3	101.8	104.6	101.4	101.2	102.3	107.9	97.9	103.0
海　南	Hainan	100.3	98.2	103.2	105.6	101.2	101.0	106.1	113.3	97.7	105.2
重　庆	Chongqing	100.8	100.7	102.9	105.1	102.3	101.7	104.7	108.9	100.5	102.7
四　川	Sichuan	101.5	100.5	102.2	106.8	103.9	102.9	103.5	107.4	98.1	102.7
贵　州	Guizhou	100.4	100.2	102.3	104.9	101.4	101.1	104.2	110.2	97.8	102.1
云　南	Yunnan	101.0	100.0	102.2	108.0	104.6	101.8	105.5	112.5	98.3	102.5
西　藏	Tibet										
陕　西	Shaanxi	103.6	102.0	101.7	104.5	103.7	102.6	104.0	109.5	99.3	103.6
甘　肃	Gansu	102.0	100.2	101.7	105.5	102.2	104.1	102.8	106.7	101.5	103.5
青　海	Qinghai	100.3	103.2	102.0	102.8	102.1	102.4	104.2	110.5	100.9	103.8
宁　夏	Ningxia	101.5	100.7	102.3	104.9	102.1	101.3	103.2	109.0	100.2	104.2
新　疆	Xinjiang	102.5	100.2	103.4	104.5	102.8	102.2	104.4	111.2	98.0	104.6

表 5-7 续表 2　Continued

省(区、市)	Region	2011	2012	2013	2014	2015	2016	2017	2018	2019
全　国	**Nation**	**106.6**	**101.1**	**100.3**	**100.5**	**98.2**	**99.4**	**105.8**	**105.4**	**102.6**
北　京	Beijing	105.7	101.3	99.9	100.0	97.6	99.7	104.7	103.8	102.1
天　津	Tianjin	105.7	100.0	99.5	100.5	99.9	99.4	104.3	104.5	101.7
河　北	Hebei	105.5	100.3	99.9	100.2	98.0	99.4	106.7	105.0	103.0
山　西	Shanxi	105.5	101.2	100.5	99.6	98.2	100.0	106.3	104.5	104.0
内蒙古	Inner Mongolia	106.3	101.6	99.6	99.8	98.0	99.5	103.4	103.6	101.7
辽　宁	Liaoning	106.6	101.0	100.0	99.7	97.9	99.2	104.0	103.5	103.1
吉　林	Jilin	105.6	100.4	100.0	100.2	97.6	98.7	104.7	104.6	102.6
黑龙江	Heilongjiang	107.5	100.8	100.1	100.0	99.0	99.4	103.4	103.3	100.8
上　海	Shanghai	106.5	99.4	100.2	100.5	97.0	99.6	106.7	105.6	101.4
江　苏	Jiangsu	106.8	98.6	100.5	101.1	96.2	98.8	107.6	106.0	101.3
浙　江	Zhejiang	107.5	99.2	100.0	100.6	97.4	99.5	105.8	105.7	102.1
安　徽	Anhui	108.1	101.0	100.2	100.3	96.9	99.2	107.4	105.8	102.3
福　建	Fujian	106.2	100.3	100.1	100.4	98.3	100.0	105.6	104.9	101.5
江　西	Jiangxi	108.4	101.0	100.4	100.1	96.8	100.0	106.1	106.4	102.4
山　东	Shandong	106.8	100.8	100.4	100.3	97.7	99.1	105.8	106.1	102.8
河　南	Henan	107.4	101.0	99.9	100.0	97.6	99.2	107.4	105.4	103.2
湖　北	Hubei	107.3	101.8	100.5	101.0	99.4	100.1	105.9	106.6	104.0
湖　南	Hunan	107.2	101.7	101.3	101.5	100.4	100.4	105.7	104.8	101.7
广　东	Guangdong	105.5	101.5	101.4	101.5	99.0	100.3	105.3	106.2	104.2
广　西	Guangxi	106.2	100.6	100.1	101.6	98.8	99.5	104.4	104.5	102.4
海　南	Hainan	106.4	102.0	99.3	100.6	99.4	100.1	104.1	106.2	103.3
重　庆	Chongqing	105.2	101.8	100.5	100.3	98.2	98.9	105.3	105.0	103.4
四　川	Sichuan	105.4	101.0	100.4	100.5	97.9	99.8	107.7	106.4	101.6
贵　州	Guizhou	104.6	101.5	100.9	101.1	98.4	98.6	106.1	105.2	102.3
云　南	Yunnan	105.9	101.4	101.1	101.0	99.1	100.1	104.9	104.9	102.3
西　藏	Tibet									
陕　西	Shaanxi	105.9	102.6	102.0	101.1	98.8	99.9	105.3	105.4	102.6
甘　肃	Gansu	104.7	102.1	100.4	100.1	97.7	98.7	105.9	104.6	102.6
青　海	Qinghai	106.5	102.2	101.5	100.9	98.2	99.6	106.1	104.3	102.5
宁　夏	Ningxia	107.5	101.5	99.8	100.8	97.5	99.6	105.9	103.5	102.0
新　疆	Xinjiang	107.1	100.6	100.5	100.3	98.3	99.9	103.5	103.7	102.8

主要统计指标解释

■居民消费价格指数

居民消费价格指数是度量一组代表性消费商品及服务项目价格水平随着时间而变动的相对数,反映居民家庭购买的消费品及服务价格水平的变动情况。它是宏观经济分析和决策、价格总水平监测和调控以及国民经济核算的重要指标。其按年度计算的变动率通常被用来作为反映通货膨胀或紧缩程度的指标。

现行的居民消费价格指数按用途分为八个大类,包括食品、烟酒、衣着、家庭设备用品及维修服务、医疗保健和个人用品、交通和通信、娱乐教育文化用品及服务、居住。

■商品零售价格指数

商品零售价格指数是反映一定时期内城乡商品零售价格变动趋势和程度的相对数。商品零售价格的变动直接影响城乡居民的生活支出和国家的财政收入,影响居民购买力和市场供需的平衡,影响消费与积累的比例关系。因此,该指数可以从一个侧面对上述经济活动进行观察和分析。

■工业生产者出厂价格指数

是反映一定时期内全部工业产品出厂价格的变动趋势和程度的统计指标,包括工业企业售给本企业以外所有单位的各种产品和直接售给居民用于生活消费的产品,可用于扣除工业总产值及增加值中价格变动因素的影响。

■工业生产者购进价格指数

是反映工业企业作为生产投入,从物资交易市场和能源、原材料生产企业购买原材料、燃料和动力产品的价格变动趋势和程度的统计指标,可用于扣除工业企业物质消耗成本中价格变动因素的影响。

■固定资产投资价格指数

是反映一定时期内固定资产投资品及项目的价格变动趋势和程度的相对数,由建筑安装工程投资完成额、设备工器具购置投资完成额和其他费用投资完成额三部分组成的,可用于扣除按现价计算的固定资产投资指标中的价格变动因素的影响。

Explanatory Notes on Main Statistical Indicators

■Consumer Price Index

It is an index that reflects the time-based change of prices of a group of representative consumption commodities and services. It is an important reference factor for macro-economic analysis and strategy, monitoring and adjustment of overall price level and the national economic budgeting. The year-on-year change of the index is often a norm reflecting the inflation or deflation.

The current CPI covers eight categories of goods and services:Food, Cigarettes and Liquors, Clothing, Housing, Living Articles and Services, Transportation and Communication, Education, Culture and Recreation, Medical and Health Services, and Other Articles and Services.

■Retail Price Index

It reflects the trend and degree of change in retail prices of commodities during a given period. The change in retail prices of commodities directly affect the living expenditure of urban and rural residents, government revenue, purchasing power of residents and the equilibrium of market supply and demand, and the ratio of consumption to accumulation. Therefore, the retail price indices are useful to analyze the changes of the above economic activities.

■Producer Price Index for Industrial Products

Producer Price Index for Industrial Products reflects the trend and degree of changes in general sales prices of all industrial products during a given period, including sales of industrial products by an industrial enterprise to all units outside this enterprise, as well as sales of consumer goods to residents. It can be used to remove the impact of price changes on gross output value and value-added of the industrial sector.

■Purchasing Price Index for Industrial Producers

Purchasing Price Index for Industrial Producers reflects the trend and degree of changes in prices paid by industrial enterprises when they purchase productive inputs such as raw materials, fuels and power from the market or from other enterprises during a given period. It can be used to measure the real consumption of inputs of industrial enterprises by removing the impact of price changes.

■Price Index for Investment in Fixed Assets

Price Index for Investment in Fixed Assets reflects the trend and degree of changes in prices of investment in fixed assets during a given period. The investment in fixed assets consists of three components, namely, the investment in construction and installation, the investment in aquisition of equipment and instruments, and other investment ependitures. This index can be used to remove the impact of price changes on the investment in fixed asstes which is often calculated at current prices.

Chapter 6

第六篇

上海调查年鉴 SHANGHAI SURVEY YEARBOOK

浦东开发开放 30 周年特篇

SPECIAL CHAPTER FOR THE 30TH ANNIVERSARY OF THE OPENING AND DEVELOPMENT OF PUDONG NEW AREA

简要说明

本篇章主要内容和资料来源

一、本篇资料主要包括浦东社会经济发展和居民生活的综合资料。

二、本篇资料由国家统计局浦东调查队和上海市浦东新区统计局编辑整理。

BRIEF INTRODUCTION

Main Contents and Sources of Data

I.This chapter consists of three parts:summary data on economy,social development and people′s living conditions in Pudong New Area.

II.Data in this chapter are compiled by Pudong Survey Team of National Statistics Bureau and Shanghai Pudong New Area Statistics Bureau.

浦东新区历年生产总值结构(1990~2019)
Structure of Total Gross Domestic Production of Pudong New Area in Main Years

表 6-1 单位:%(Unit:%)

年 份 Year	生产总值 Gross Domestic Product	第一产业 Primary Industry	第二产业 Secondary Industry	第三产业 Tertiary Industry
1990	100.0	3.7	76.2	20.1
1991	100.0	3.4	74.7	21.9
1992	100.0	1.9	72.6	25.5
1993	100.0	1.3	69.8	28.9
1994	100.0	1.1	67.7	31.2
1995	100.0	1.0	68.5	30.5
1996	100.0	0.9	64.5	34.6
1997	100.0	0.8	62.0	37.2
1998	100.0	0.7	58.6	40.7
1999	100.0	0.7	54.4	44.9
2000	100.0	0.6	52.9	46.5
2001	100.0	0.6	51.5	47.9
2002	100.0	0.5	51.1	48.4
2003	100.0	0.5	50.8	48.7
2004	100.0	0.3	51.5	48.2
2005	100.0	0.3	50.8	48.9
2006	100.0	0.2	50.5	49.3
2007	100.0	0.2	46.8	53.0
2008	100.0	0.2	45.4	54.4
2009	100.0	0.8	42.6	56.6
2010	100.0	0.7	43.2	56.1
2011	100.0	0.6	42.1	57.3
2012	100.0	0.6	39.1	60.3
2013	100.0	0.5	35.1	64.4
2014	100.0	0.4	32.6	67.0
2015	100.0	0.3	27.7	72.0
2016	100.0	0.3	24.8	74.9
2017	100.0	0.2	25.1	74.7
2018	100.0	0.2	24.0	75.8
2019	100.0	0.2	22.5	77.3

浦东新区历年人口情况(1990～2019)
Population of Pudong New Area in Main Years

表6-2　　单位:万人 (Unit:10 000 Persons)

年　份 Year	年末常住人口 Year-end Resident Population	年末户籍人口 Registered Population at Year-end
1990		133.94
1991		137.34
1992		140.67
1993		143.73
1994		146.20
1995		148.63
1996		151.11
1997		153.40
1998		156.18
1999		160.08
2000	240.23	164.87
2001	247.56	168.45
2002	255.11	172.82
2003	262.89	176.69
2004	270.91	180.90
2005	279.19	184.81
2006	285.30	187.56
2007	305.35	191.16
2008	305.70	194.29
2009	419.05	272.28
2010	504.44	275.80
2011	517.50	278.53
2012	526.39	281.12
2013	540.90	283.79
2014	545.12	288.44
2015	547.49	291.87
2016	550.10	295.77
2017	552.84	298.96
2018	555.02	302.94
2019	556.70	307.71

浦东新区历年固定资产投资（1990～2019）
Investment in Fixed Assets of Pudong New Area in Main Years

表 6-3　　单位：亿元（Unit：100 million yuan）

年　份 Year	投资总额 Total Invetsment	城市基础设施投资 Investment in Urban Infrastructure	房地产开发投资 Investment in Real Estate	工业投资 Investment inIndustry
1990	14.15	7.50		
1991	28.95	5.42		
1992	75.00	21.84		
1993	164.56	54.73		
1994	261.13	78.76		
1995	285.07	53.42	18.26	
1996	395.04	98.68	95.45	112.55
1997	504.36	119.32	125.00	140.95
1998	583.22	177.24	134.87	209.11
1999	438.20	156.54	103.88	135.50
2000	351.06	54.51	110.74	140.65
2001	416.18	105.36	111.66	161.48
2002	587.20	171.36	215.80	192.87
2003	602.16	155.63	245.81	191.00
2004	651.94	121.21	279.49	200.29
2005	693.61	125.95	287.92	144.61
2006	659.97	156.04	257.81	139.56
2007	784.10	234.54	247.46	224.59
2008	872.68	311.30	279.97	158.59
2009	1 420.77	490.77	431.36	298.71
2010	1 432.30	261.92	555.74	336.72
2011	1 435.39	272.02	589.45	361.03
2012	1 454.98	261.86	600.30	356.55
2013	1 679.22	267.63	826.13	329.40
2014	1 765.73	279.25	897.87	303.80
2015	1 772.94	256.40	969.22	280.12
2016	1 825.74	301.11	976.11	296.81
2017	1 903.70	346.68	966.62	330.94
2018	2 003.09	397.17	1 005.08	421.76
2019	2 126.06	442.03	996.51	491.07

浦东新区历年社会消费品零售总额(1990～2019)
Total Retail Sales of Social Consumer Goods of Pudong New Area in Main Years

表 6-4　　单位:亿元(Unit:100 million yuan)

年 份 Year	社会消费品零售总额 Total Retail Sales of Social Consumer Goods
1993	41.92
1994	82.74
1995	110.00
1996	140.21
1997	162.23
1998	178.97
1999	198.31
2000	215.17
2001	233.02
2002	284.24
2003	313.24
2004	358.21
2005	353.69
2006	400.02
2007	456.04
2008	526.89
2009	859.63
2010	1 036.88
2011	1 204.04
2012	1 349.73
2013	1 598.01
2014	1 740.23
2015	1 883.80
2016	2 037.33
2017	2 201.34
2018	2 977.46
2019	3 160.60

浦东新区历年进出口总值(1990~2019)
Total Value of Imports and Exports of Pudong New Area in Main Years

表 6-5 单位:亿美元(Unit:USD 100 million yuan)

年 份 Year	进出口总值 Total Value of Imports and Exports	进口总值 Total Import Value	出口总额 Total Export Value
1990			
1991			
1992			
1993	25.92	13.90	12.02
1994	47.35	24.14	23.21
1995	71.96	32.34	39.63
1996	80.78	42.03	38.75
1997	99.01	53.15	45.86
1998	119.82	67.02	52.80
1999	153.65	86.98	66.67
2000	254.86	159.06	95.80
2001	297.83	187.61	110.22
2002	368.98	232.96	136.02
2003	581.33	369.41	211.92
2004	808.07	484.29	323.78
2005	894.75	522.63	372.12
2006	1 073.10	628.39	444.71
2007	1 280.52	752.41	528.10
2008	1 449.59	845.36	604.23
2009	1 389.89	813.39	576.50
2010	1 865.62	1 126.83	738.79
2011	2 260.00	1 371.02	888.98
2012	2 398.93	1 459.10	939.83
2013	2 496.08	1 537.83	958.25
2014	2 678.71	1 672.61	1 006.10
2015	16 903.70	10 883.82	6 019.88
2016	17 594.88	11 402.48	6 192.40
2017	19 565.04	12 925.84	6 639.20
2018	20 582.68	13 505.66	7 077.02
2019	20 514.73	13 385.24	7 129.49

浦东新区历年全社会房屋施工面积、竣工面积(1990~2019)
Total Floor Space Under Construction and That of Completed of Pudong New Area in Main Years

表 6-6　　单位:万平方米(Unit:10 000 sq・m)

年　份 Year	施工面积 Floor Space Under Construction	竣工面积 Floor Space Completed
1990		
1991		
1992	312.15	104.70
1993	764.36	169.44
1994	1 158.24	458.33
1995	1 577.21	404.58
1996	2 226.58	674.49
1997	1 954.70	581.03
1998	2 014.17	578.31
1999	1 766.88	573.20
2000	1 549.57	544.22
2001	1 526.45	469.53
2002	2 328.47	611.48
2003	2 242.65	671.70
2004	2 250.62	632.76
2005	2 390.79	684.96
2006	2 204.65	779.65
2007	1 983.86	516.59
2008	1 964.30	477.85
2009	2 977.23	742.28
2010	3 211.12	424.90
2011	3 511.82	487.81
2012	3 527.25	626.96
2013	3 560.04	569.03
2014	3 739.22	704.86
2015	3 723.47	508.91
2016	3 892.60	708.79
2017	3 899.21	982.68
2018	3 577.32	916.36
2019	3 450.82	493.79

浦东新区居民家庭基本情况
Background of Urban Families of Pudong New Area

表 6-7

指　标	Indicators	单位　Unit	2017 年	2018 年	2019 年
调查户数	Households Surveyed	户 household	1 000	600	600
调查户总人口	Total Population of Households Surveyed	人 person	2 456	1 508	1 577
调查户就业人口	Employed Persons in Households Surveyed	人 person	1 212	680	675
平均每户常住人口	Average Number of Permanent Residents Per Household	人 person	2.46	2.51	2.63
平均每户就业人口	Average Number of Employed Persons Per Household	人 person	1.2	1.13	1.13
平均每户就业面	Average Employment Rate Per Household	%	49.2	45.0	43.0
平均每一就业者赡养人口	Number of Persons Supported by Each Employed Person	人 person	2.03	2.22	2.33
平均消费倾向	Average Propensity to Consumption	%	68.7	67.4	65.0
平均每人年可支配收入	Annual Disposable Income Per Capita	元 yuan	60 715	66 179	71 647
平均每人年消费性支出	Annual Consumption Spending Per Capita	元 yuan	41 706	44 605	46 590

浦东新区居民家庭人均收支情况
Income and Expenditure of Urban and Suburban Residents of Pudong New Area

表6-8 单位:元(Unit:yuan)

指 标	Indicators	2017年	2018年	2019年
居民人均可支配收入	**Disposable Income of Urban Residents**	**60 715**	**66 179**	**71 647**
工资性收入	Wage Income	34 890	37 162	40 190
经营净收入	Net Operational Income	1 749	2 075	2 369
财产净收入	Net Property Income	11 957	13 218	13 876
转移净收入	Net Transferable Income	12 119	13 724	15 212
居民人均消费支出	**Total Expenses Per Capita of Urban Residents**	**41 706**	**44 605**	**46 590**
食品烟酒	Foodstuff	8 933	9 523	10 084
衣 着	Clothing	1 736	1 954	2 094
居 住	Habitation	16 618	17 329	17 109
生活用品及服务	Family Appliances and Services	1 840	1 964	2 172
交通通信	Traffic and Communications	4 295	4 901	5 731
教育文化娱乐	Education, Culture and Amusement Services	5 118	5 479	6 027
医疗保健	Medical Care	2 092	2 292	2 249
其他用品和服务	Miscellaneous Commodities and Services	1 074	1 163	1 124
*社会保障支出	*Social Security Expenses	2 976	3 346	3 980

浦东新区居民家庭生活基本情况(2015~2019)
Basic Information OF Households' Living Conditions of Pudong New Area

表 6-9

年 份 Year	调查户数(户) Households Surveyed (household)	平均每户就业面(%) Average Employed Persons Per Household(%)	平均每一就业者 负担人数(人) Number of Dependents Per Employee(person)	平均每人年 可支配收入(元) Annual Per Capita Disposable Income(yuan)
2015	1 000	53.0	2.00	50 726
2016	1 000	50.2	2.00	55 776
2017	1 000	49.2	2.03	60 715
2018	600	45.0	2.22	66 179
2019	600	43.0	2.33	71 647

注：2015 年住户调查数据为城乡一体化新口径数据。
Note： Household Survey data is 2016 are integrated data of urban and household.

浦东新区每百户居民家庭年末耐用消费品拥有量
Possession of Durable Consumer Goods Per 100 Urban Households at Year-End of Pudong New Area

表 6-10

指 标	Indicators	单位 Unit	2017 年	2018 年	2019 年
摩托车	Motorcycle	辆 in number	6	5	4
助力车	Scooter	辆 in number	74	62	62
家用汽车	Household Car	辆 in number	34	45	47
洗衣机	Washing Machine	台 set	95	98	99
电冰箱	Household Refrigerator	台 set	100	102	104
彩色电视机	Color TV Set	台 set	182	172	178
家用电脑	Personal Computer	台 set	103	83	88
照相机	Camera	架 set	40	33	35
中高档乐器	Medium and High-grade Musical Instrument	架 set	9	10	11
微波炉	Microwave Oven	台 set	85	89	87
空调器	Air Conditioner	台 set	194	201	207
淋浴热水器	Water Heater	台 set	91	102	102
健身器材	Fitness Goods	套 set	10	8	9
普通电话	Fixed Telephone	部 set	72	63	38
移动电话	Mobile Phone	部 set	223	206	210

浦东新区居民家庭人均年消费支出状况
Annual Nonproductive Expenditure Per Capita for Urban Families of Pudong New Area

表6-11　　单位:元(Unit:yuan)

指　标	Indicators	2017年	2018年	2019年
总　计	**Total**	**41 706**	**44 605**	**46 590**
食品烟酒	**Food**	**8 933**	**9 523**	**10 084**
粮油类	Cereals & Oils	770	802	838
蔬菜类	Vegetables	732	733	715
肉禽蛋水产品	Meat, Poultry, Eggs and Aquatic Products	2 378	2 386	2 661
奶　类	Milk	418	420	437
干鲜瓜果类	Dry and Fresh Fruits	706	789	848
糖果糕点类	Cakes, Milk and Dairy Products	246	290	309
烟酒类	Alcohol and tobacco	652	688	630
饮料类	Beverages	189	260	276
饮食服务及其他	Catering services and others	2 842	3 155	3 370
衣　着	**Household Appliances and Service**	**1 736**	**1 954**	**2 094**
服　装	Durable Consumer Goods	1 358	1 572	1 651
鞋　类	Household Ornaments	377	382	443
居　住	**Furniture and Materials**	**16 618**	**7 329**	**17 109**
#租赁房房租	Household Services	1 106	1 579	2 090
住房维修及管理	Health Care	783	790	625
水电燃料及其他	Medicines	926	1 002	1 200
生活用品及服务	**Nutritious Health Products**	**1 840**	**1 964**	**2 172**
家具及室内装饰品	Medical Treatment	316	328	340
家用器具	Household appliances	473	509	473
家用纺织品	Home textiles	171	170	177
家庭日用杂品	Household daily groceries	352	360	461
个人用品	Education, Culture, Entertainment Services	360	412	547
家庭服务	Cultural and Entertainment Products	168	185	174
交通通信	**Transportation and Telecommunications**	**4 295**	**4 901**	**5 731**
交　通	Transportation	3 052	3 651	4 489
通　信	Telecommunications	1 243	1 250	1 242
教育文化娱乐	**Accommodation**	**5 118**	**5 479**	**6 027**
教　育	Water, Electricity, Fuel and Others	1 925	2 090	2 587
文化娱乐	Accommodation Services	3 193	3 389	3 440
医疗保健	**Health Care**	**2 092**	**2 292**	**2 249**
医疗器具及药品	Medical devices and Drugs	489	585	565
医疗服务	Medical service	1 603	1 707	1 684
其他用品和服务	**Miscellancous Stuff and Services**	**1 074**	**1 163**	**1 124**

主要统计指标解释

■生产总值(原国内生产总值)

指按市场价格计算的一个地区所有常住单位在一定时期内生产活动的最终成果。生产总值有三种表现形态,即价值形态、收入形态和产品形态。从价值形态看,它是所有常住单位在一定时期内所生产的全部货物和服务价值超过同期投入的全部非固定资产货物和服务价值的差额,即所有常住单位的增加值之和;从收入形态看,它是所有常住单位在一定时期内所创造并分配给常住单位和非常住单位的初次收入之和;从产品形态看,它是所有常住单位在一定时期内最终使用的货物和服务减去货物和服务的进口价值。在实际核算中,生产总值有三种计算方法,即生产法、收入法和支出法。三种方法分别从不同的方面反映生产总值及其构成。根据国务院和国家统计局有关我国GDP核算和数据发布制度的规定,上海国内生产总值自2004年起更名为"上海市生产总值",简称"上海市GDP"。

■人　口

人口数为每年12月31日的年末总人口。根据统计口径的不同,分为户籍人口和常住人口。户籍人口是指在公安部门办理了户籍登记的人口。常住人口是指实际上经常居住在一个地方(住所)的人口,一般都以在其住所居住半年以上者为常住人口。

■全社会固定资产投资

固定资产投资是国民经济再生产活动的一个重要部分。固定资产投资额是以货币形式表现的在一定时期内建造和购置固定资产的工作量以及与此有关的费用总称。它是反映固定资产投资规模、结构和发展速度的综合性指标。按照现行国家统计制度,全社会固定资产投资包括建设项目投资、房地产开发投资和农户投资。

■外贸进出口总额

外贸进出口总额是指海关统计中按经营单位即进出口企业在海关注册地的行政区域口径统计的数据,它反映的是上海浦东新区行政辖区内各类具有进出口经营权企业(外贸企业)的进出口。它不包含外省市外贸企业途径上海浦东新区口岸由上海海关结关放行及统计的进出口商品,但包含上海浦东新区外贸企业经由非上海口岸进出口结关放行及统计的商品。

■社会消费品零售总额

指批发和零售业、餐饮业、新闻出版业、邮政业和其他服务业等,售予城乡居民用于生活消费的商品和社会集团用于公共消费的商品之总量。

■施工面积

指报告期内施工的全部房屋建筑面积。包括本期新开工的面积和上期开工跨入本期继续施工的房屋面积，以及上期已停在本期恢复施工的房屋面积。本期竣工和本期施工后又停缓建的房屋，其建筑面积仍计入本期房屋施工面积中。

■竣工面积

指在报告期内房屋建筑按照设计要求已经全部完工，达到住人和使用条件，经验收鉴定合格（或达到竣工验收标准），正式移交使用单位的各栋房屋建筑面积的总和。

■居民可支配收入（城镇/农村常住居民）

指居民可用于最终消费支出和储蓄的总和，即居民可用于自由支配的收入。既包括现金收入，也包括实物收入。按照收入的来源，可支配收入包含四项，分别为：工资性收入、经营净收入、财产净收入和转移净收入。

■居民消费支出（城镇/农村常住居民）

指居民用于满足家庭日常生活消费需要的全部支出，既包括现金消费支出，也包括实物消费支出。消费支出可划分为食品烟酒、衣着、居住、生活用品及服务、交通通信、教育文化娱乐、医疗保健以及其他用品及服务八大类。

Explanatory Notes on Main Statistical Indicators

■Gross Regional Product(former Gross Domestic Product)

It refers to the final products at market prices by all resident units of a region during a certain period of time. Gross product is expressed in three different forms, i.e value, income, and products respectively.The form of value added refers to the total value of all products and services produced by all resident units during a certain period of time minus the total value of inputs of non-fixed-assets products and services or the summation of the value added of all resident units; the form of income includes all the income items produced by all resident units and distributed primarily to all resident and non-resident units; the form of product refers to all final goods and services minus the value of imports of goods and services. In the practice of national accounting, it is calculated by three approaches, i.e. product approach, income approach, and expenditure approach, respectively, to reflect Gross Product and its composition of different aspects.According to the regulations of GDP national accounting and data release issued by the State Council and National Bureau of Statistics, since 2004 Shanghai Gross Domestic Product has been renamed as Shanghai Gross Product Value, for short Shanghai GDP.

■Population

It refers to the total population by December 31 every year. According to different statistical approaches, there are two definitions of population named as population with registered residence and population with permanent residence. The former refers to the population with registration in the police while the latter refers to the population that actually reside in a place (residence) permanently, usually longer than half a year.

■Total Investment in Fixed Assets

Investment in Fixed Assets constitutes an important portion of the national economic reproduction. Fixed assets investment is a general term for both the work volume of production and purchase of fixed assets and relevant expenditure, in the form of currency, during a certain period. It is a comprehensive indicator of scale, structure and development speed of fixed assets investment. As stipulated in the current national statistics regulations, the social fixed assets investment includes the investment into infrastructure and reformation, real estate development, urban and rural collective economic bodies, private house construction in urban and rural areas and other economic bodies.

■The Volume of Foreign Trade

The Volume of Foreign Trade is offered by Customs authorities,covering the operation units,or the enterprises involved in import and export,that have registered in the administrative regions where the Customs operate. It reflects the import and export of all the enterprises with import and export rights(foreign trade enterprises)under the administration of Shanghai Pudong New Area Municipality. It excludes those commodities of foreign trade enterprises from out of town that underwent customs clearance at Shanghai Pudong New Area ports but includes commodities of foreign trade enterprises of Shanghai Pudong New Area that underwent customs clearance in non-Shanghai ports.

■Total Retail Sales of Consumer Goods

Total Retail Sales of Consumer Goods refer to the sum of retail sales of commodities sold by wholesale, retail, catering, publishing, post and telecommunications and other service industries to urban and rural households for private consumption and to social institutions for public consumption.

■Floor Space under Construction

Floor Space under Construction refers total floor space of all buildings under construction during the reference period, including floor space of newly started buildings during the reference period, floor space of construction extended from the previous period to the current period, and floor space of construction suspended during the previous period and resumed in the current period, and floor space of construction completed in the current period, and floor space of construction started and then suspended in the current period are also included in the floor space under construction of the current year.

■Floor Space of Buildings Completed

Floor Space of Buildings Completed refers to the floor space of all buildings completed in the reference period, which have been appraised and accepted(or come up to the designed standards)and have been transferred to the owners for use.

■Disposable Income of Households (usual resident households in urban/rural areas)

It refers to the income of households for purpose of final expenditure and savings. It includes income both in cash and in kind. By sources of income, disposable income includes four categories: income from wages and salaries, net business income, net income from properties and net income from transfer.

■Consumption Expenditure of Households (usual resident households in urban/rural areas)

It refers to all expenditure of households for living expenditure to satisfy family daily living. It includes expenditure in cash and in kind. It includes eight categories: food, tobacco and liquor; clothing; residence; household facilities, articles and services; transportation and communications; education, culture and recreation; health care and medical services, and miscellaneous goods and services.

图书在版编目（C I P）数据

上海调查年鉴. 2020 = Shanghai Survey Yearbook 2020：汉英对照 / 国家统计局上海调查总队，上海市统计局编. -- 北京 ：中国统计出版社，2020. 10
ISBN 978-7-5037-9344-8

Ⅰ. ①上… Ⅱ. ①国… ②上… Ⅲ. ①统计资料－上海－2020－年鉴－汉、英 Ⅳ. ①C832. 51-54

中国版本图书馆 CIP 数据核字(2020)第 206173 号

上海调查年鉴 2020

作　　者/ 国家统计局上海调查总队、上海市统计局
责任编辑/ 李 冲
封面设计/ 方 敏
出版发行/ 中国统计出版社有限公司
通信地址/ 北京市西城区月坛南街 57 号　邮政编码/100826
办公地址/ 北京市丰台区西三环南路甲 6 号　邮政编码/100073
电　　话/ 邮购（010）63376909　书店（010）68783171
网　　址/ http://www.zgtjcbs.com
印　　刷/ 上海万卷印刷股份有限公司
经　　销/ 新华书店
开　　本/ 890mm×1240mm　1/16
字　　数/ 850 千字
印　　张/ 13.5　　　　彩　　页/ 14 面
版　　别/ 2020 年 11 月第 1 版
版　　次/ 2020 年 11 月第 1 次印刷
定　　价/ 280.00 元

如有印装差错，由本社发行部调换。